中西方税收制度理论与实践比较

孙世强　尤绪超　著

中国经济出版社
CHINA ECONOMIC PUBLISHING HOUSE
·北京·

图书在版编目（CIP）数据

中西方税收制度理论与实践比较 / 孙世强，尤绪超著．—北京：
中国经济出版社，2017.5（2024.1 重印）
ISBN 978 - 7 - 5136 - 4516 - 4

Ⅰ.①中…　Ⅱ.①孙…　②尤　Ⅲ.①税收制度 - 对比研究 -
中国、西方国家　Ⅳ.①F811.4

中国版本图书馆 CIP 数据核字（2016）第 300554 号

责任编辑　赵静宜
责任审读　贺　静
责任印制　巢新强
封面设计　华子图文

出版发行　中国经济出版社
印 刷 者　大连图腾彩色印刷有限公司
经 销 者　各地新华书店
开　　本　710mm × 1000mm　1/16
印　　张　19.25
字　　数　279 千字
版　　次　2017 年 5 月第 1 版
印　　次　2024 年 1 月第 2 次
定　　价　88.00 元
广告经营许可证　京西工商广字第 8179 号

中国经济出版社 **网址** www.economyph.com **社址** 北京市东城区安定门外大街 58 号 **邮编** 100011

前　言

比较出智慧。随着中国税收制度改革的不断深化，以分税制为基础的税收制度科学化为目的的制度设计越来越迫切。这一目的的实现，要求税制改革不仅要体现中国特色的社会主义社会的内在要求，借鉴国际成功经验，总结世界各国失败教训不能不说是科学化的必要举措。中国税制改革应传承中国历史和世界历史的优秀文化，我们发展和创新中国特色的税收制度，最大能力地沐浴和享受人类璀璨文化对现代人的恩赐是必要的。越认真体会这些优秀文化，人类对中国税收制度的创新就越有根基和内涵。中西方税收制度理论与实践比较得越深邃，给人类的启迪也就会越高远和智慧。

本书著者多年都从事税收理论与实践的教学与研究工作。在教学中，每一次对硕士研究生或博士研究生授课，中西方税收理论与实践比较内容欠缺的想法就多一次，补充和完善该项内容的想法也就越迫切。因为这些内容恰恰是财政专业和税收专业研究生必须知晓的，对财政及税收系统人员，尤其是系统领导更是必要，因为这些领导可能左右着财政制度与税收制度的顶层设计。作为长期从事该项内容教学与研究的“财政人”或“税收人”，这项内容的缺失，我们有愧，因为我们没有担当起作为教育者或研究者应有的责任。知彼知己，制度设计方能科学。作为第一著者的我，是国家教指委财政学教指委委员和中国税收学会理事，应该担起中西方税收理论与实践比较工作的重任，有义务为充实教学内容，完善学科体系，为提升研究生培养质量和教育水平，为中国税收制度改革创新尽些微薄之力。

本书是在多年为财政专业和税收专业研究生授课内容的基础上，不断充实完善而成的。为最大程度地提升内容的全面性、真实性和准确性，我们比较了16个国家的税收制度理论与实践，但包括发达国家和发展中国家，列入本书比较的只有11个，尚有5个国家的资料有待于进一步完善，会在本书修订后再版中加入。为保证质量，我们广泛搜集翻译相关资料，同时还直接到该国的相关网站找寻、翻译并综合相关信息，力求将该国税收制度理论与实践的最新内容与中国的相关内容对比。我们还直接到国外实地调研，其中，作为第一著者的我在2015年6月和2016年8月先后到日本京都大学、京都市左京区市役所、右京区市役所、青森县市役所和日本庆应义塾大学、东京大学和早稻田大学实地调研。尤绪超博士在美国加州州立理工大学访学期间，对美国税制和加拿大税制也进行了广泛深入的研究。另外，暨南大学财政系研究生李迅、河南大学财政系研究生时玉婷、雷銘、刘怡琳、施雨竹、丁恩超、朱文华等都为本书资料查询、翻译、校对等工作投入了大量的精力。

我们力求在税制结构、税制主体特征、税收制度要素、税收成本、税收负担、税收管理绩效、税收信息化程度、税收社会功能等理论与实践层面进行比较，在此基础上总结原因，最后得出启示。这种研究思路不容置疑，但我们自己还觉得有欠缺，一是比较的内容有待于进一步深入、细化。因为越细越能触及本质，原因分析及启示的信度及效度就会越强。二是个别国家的最近年限的，如2016年的最新资料，确实不公开，致使比较的时效性有些欠缺。在各个国家税收制度都在不断变革的今天，能够及时动态反映其变化是至关重要的。这些也只能在修订再版中进行补充完善了。

本书出版是我们多年的愿望，从准备到出版，历时3年，尽管存在这样或那样的困难，尽管存在这样或那样的不足，但对该领域内容不足的填补，一直想为教育事业尽些社会责任的初衷总算实现了。我们知道，到现在为止的所有工作，仅仅是迈出了一小步，因为将来动态补充、完善及不断扩大所对应的深挖税收制度理论与实践比较工作还很繁重。只有勇于并高质量地担起这份工作，才能为中国税收制度理论与实践改革，包括对中央与地方税收制度理论框架完善提供借鉴，才能为指导中国的税收改革实践提供参考，才能不断更新研究生教学内容，增进教学的时效性。也只有这样，该书的学术价值和理论意义，经济价值和实践意义才能彰显。本杰明·富兰克林说过：“在这个世界上，任何人都逃脱不掉死亡和税”。研究税收制度，尤其是在比较基础上研究税收制度，无论对国家，还是对个人，都是十分重要的。

诚恳希望并要求同仁提出宝贵意见！

孙世强

2016年12月2日星期五

目录

Contents

第一章

中德税收制度理论与实践比较

德国位于欧洲西部，是一个联邦议会共和制国家。人口约0.8亿，是欧盟人口最多的国家之一。德国属于资源较为匮乏的国家，除煤和盐的储量丰富之外，矿物原料、天然气、石油则主要依赖进口。德国是欧盟和北约连接中欧和西欧的桥梁，在欧洲与全球关系中发挥着重要作用。

德国国家政体为议会共和制，联邦总统为国家元首。联邦政府由联邦总理和联邦部长等若干人组成，联邦总理为政府首脑，议会由联邦议院和联邦参议院组成。《德意志联邦共和国基本法》规定德国是联邦制国家，规定外交、国防、货币、海关、航空、邮电属联邦管辖。联邦议院行使立法权，监督法律的执行，并负责选举联邦总理、联邦总统和监督联邦政府的工作等。联邦议院选举通常每四年举行一次，在选举中获胜的政党或政党联盟拥有组阁权。在选举方面，德国实行两票制选举制度：凡年满18周岁的具有德国国籍的公民都有选举权，每位选民拥有两张选票。第一票用于选出选民所在选区的议员候选人，第二票则用于选举政党。

德国是世界经济大国之一。工业较为发达。工业以重工业为主，汽车、机械制造、化工、电气等占全部工业产值的40%以上，德国的食品、纺织与服装、钢铁加工产业也是解决就业的重要支柱。德国农业发达，农业用地约占德国国土面积的一半。德国自产的产品可满足本国需要的80%，其不足部分主要靠进口。德国是啤酒生产大国，其啤酒产量居世界前列。近些年德国内需不旺，经济增长主要依赖出口拉动。为了刺激国内消费，德国政府也在不断地减少居民的赋税负担。

与其他国家相比较，德国财政收入中社会保障基金占的比重高于英、美、日等国，但低于丹麦、芬兰、瑞典等北欧国家。税收是德国财政收入的主要来源，德国现有34个税种，按收入归属划分为共享税、联邦税、州税、地方税四类，除此之外，德国还有教会税，征收的税款专用于教会。税收占财政收入的比重达到90%以上。

德国的社会福利水平较高。就教育而言，德国拥有良好的教育制度。德国实行的是义务教育制度，基本做到了中学毕业前全部免费上学，有的大学也免费，如法律专业为6年制，学费全由国家承担。德国更注重德育。德国各州的学校法中关于德育的规定，都将遵守行为规范，做到公正、诚实，对国家和社会负责，具有群体精神，承认并且运用自由和民主的基本条例，履行国家公民的权利和义务等列为重点，要求孩子们具有诚实、勤奋、秩序、公正、正直、团结、容忍、认真等品格，这些后天的塑造使德国人形成了民族整体上严谨、认真、守法的性格，从而在一定程度上有利于抑制腐败思想的滋长，而且这种教育也有助于培养未成年人今后自觉远离腐败、自觉抵制腐败。

德国的主要宗教信仰是基督教。全国大约有5500多万人信奉两个教派中的一个，其中约2760万人信福音新教，2750万人信罗马天主教，还有一小部分人属于其他的基督教团体。国家对教会没有行政监督作用，国家对宗教信仰持一种中立态度。教会具有独立的公法团体的地位，可以说是另一种形式的政党，是一支重要的政治力量。教会的社会福利和慈善活动是公众生活的一个重要组成部分。在医院、养老院和护理院工作、在生活各领域的咨询和照管以及学校和培训等方面的事业是不可替代的。德国社会的宗教气氛浓重，单纯的全国性的宗教节日就有13个，如三圣节、狂欢节、复活节、圣体节、圣诞节等，每逢这些节日，全国都要放假，由此可见，宗教对国家及社会的影响是相当大的。

一、德国税收制度结构及主要税种

（一）德国税收制度结构

德国是以直接税为主的国家，实行包含共享税在内的联邦、州、地方三级征税制度。

共享税税种主要包括增值税、工资税、个人所得税、公司所得税等。

联邦专享税包括关税、消费税（石油税、咖啡税、盐税、香槟酒税）、保险税、团结附加税等。

州专享税包括土地购置税、遗产（赠与）税、机动车税、啤酒税、赌场税、火灾防护税等。

地方专享税包括工商税、土地税、娱乐税、饮料税、养狗税、猎钓税、赛马税等。

（二）主体税种

1. 公司所得税

自2001年1月1日起，德国开始采用古典公司所得税制。在新的古典公司所得税制下，对公司的利润征收公司所得税，现行税率比改革前要低；对个人股东的股息所得征收个人所得税，且不再就这部分所得在公司层次已经缴纳的公司所得税进行归集抵免。为了消除双重征收，对个人股东的股息减半征收个人所得税。而对于公司股东，无论是居民公司还是非居民公司，都不就公司股东所获得的股息征税。公司须就分配的利润预提所得税，居民股东缴纳的预提税可在其缴纳公司所得税或个人所得税时完全抵免。此外，德国还对公司所得税的应纳税额额外征收税率为5.5%的团结附加税。

（1）纳税人。德国公司所得税的纳税人包括居民公司（居民有限责任公司和居民无限责任公司）和非居民公司。居民公司指法律注册地或实际管理机构在德国境内的公司。非居民公司指公司不在德国境内、管理机构也不在德国境内的公司。居民公司应就其来源于德国境内、境外的全部所得纳税，非居民公司只就其来源于德国境内的所得纳税。

（2）征税对象。自2001年1月1日起，德国实行改革后的公司所得税法。按照新税法，德国公司应当就公司经营所得、财产所得和资本利得缴纳所得税。

居民公司的征税对象是来源于德国境内、境外的所有经营所得，具体包括利润、利息、股息、分支机构和投资分红等的经营所得、资本利得等。非居民公司则仅就其来源于德国境内的全部所得纳税。具体还有诸多规定：

德国居民公司取得的来自国外分支机构的股息、红利，应当并入应纳税所得一并征收公司所得税和团结附加税。如果该公司不需要缴纳团结附加税，则其取得的国外公司的利润也不需要缴纳团结附加税。

德国居民公司作为股东所取得的股息免征公司所得税。来源于国内其他公司的已分配股息，其相关成本允许完全扣除，但不得在收到股息的同一财政年度扣除。来源于外国公司的已分配股息，不管其实际成本是否发生或者成本是否已经扣除，均按照收到的外国股息的5%纳税。

持有国内和外国公司股份的所得，只要持股期限超过1年，就可以免征资本利得税。转让持股时间不满1年的股份所实现的资本利得，必须全部纳税。如果该股份在转让以前的持股期限在1年以上，那么股份转让发生的资本损失将不允许扣除。

外国公司设在德国的分支机构所得应当缴纳所得税，适用税率比照德国居民公司适用的税率执行。

负有无限责任的德国公司出售各种商品获得的利润应当按照正常税率纳税。但是，如果无限责任公司出售其在一家外国公司中至少10%的股份，只要该外国公司的股息按照税收协定在德国应当是免税的，则出售该股份所得的部分也免税。

有限责任外国公司在本国与德国没有签订避免双重征税协定、拥有德国公司股份不超过25%的情况下，应当就其出售德国公司中的股份所取得的所得缴纳公司所得税。视同德国居民公司的外国公司或者按照商业法典应当保存账簿的其他法人处理不动产或者其他权利等所取得的所得也要缴纳公司所得税。

近年来德国政府对海外并购资金、风险投资和对冲基金的警惕性越来越高，在税制改革中采取了各种措施来加强对德国本土企业，特别是中小企业的保护力度。

（3）税率。德国现行的公司所得税的税率从2008年1月1日开始，无论是保留利润还是分配利润，税率均为15%，加上对应纳公司所得税额征收的5.5%的团结附加税，公司所得税的实际税率为15.83%。

股息以及其他分配利润的预提税税率为20%，加上5.5%的团结附加税，实际税率为21.1%。居民公司股东就分得的股息所缴纳的预提税可在其缴纳公司所得税时予以完全抵扣。

对不可转换债券、分红债券、参与贷款的利息，以有隐匿合伙人的收入征收税率为25%的预得所得税，加上5.5%的团结附加税，实际税率为26.38%。银行支付的利息以及某些支付给居民的债券利息的预提税税率为30%，加上5.5%的团结附加税，实际税率为31.65%。不通过金融机构的贷款利息，则要征收35%的预得税税率，加上5.5%的团结附加税，实际税率为36.93%。对利息征收的预提税都可以在缴纳公司所得税时予以抵扣。

（4）应纳税所得额和应纳税额的计算。德国公司所得税采用历年制，公司所得税按照公司每一年度的净所得额乘以适用税率计算。应纳税所得额按照财务制度和税法规定的项目加总，是所有经营所得与资本利得之和。资本利得是指资产销售价格与未折旧的原始成本之间的差额。应纳所得税额的计算：

应纳税额 = 应纳税所得额（包括应纳税资本利得额）×适用税率

2. 个人所得税

（1）纳税人。德国的个人所得税纳税人为居民个人和非居民个人。在德国有永久性住所或者在一个公历年度内在德国至少连续居住6个月的个人被视为居民个人。居民个人需就其来源于德国境内、境外的全部所得纳税。非居民个人只就其来源于德国境内的所得纳税。

对合伙制企业不征收公司所得税，而是对合伙人在分得利润时征收个人所得税。

（2）征税对象。在德国境内，凡是个人取得的工资和薪金所得、劳务报酬、津贴、资本利得、经营所得、专业利得、雇佣所得、租赁所得、股权转让所得、特许权使用费所得等，均应当缴纳个人所得税。某些非经常性、小额所得无须纳税，如职员年度郊游等补贴、对德国职员的再就业补偿费等。具体有以下7种所得的，要缴纳个人所得税：农林业所得；工商业所得；自由职业者劳务所得；雇员收入；资本投资所得（如利息和股息所得）；不动产或者其他有形财产的出租收入和特许权使用费；其他所得（如：退休金收入）。

（3）税率。德国的个人所得税采取超额累进税率，并且根据单身和已婚纳税人的不同，采用不同的税率①，见表1.1、表1.2。

表1.1 单身纳税人税率表

级数	年应纳税所得额（欧元）	税率（%）
1	不超过8652的部分	0
2	8004至13469的部分	14~24
3	13469至52881的部分	24~42
4	52881至250730的部分	42
5	超过250730的部分	45

表1.2 已婚纳税人税率表

级数	年应纳税所得额（欧元）	税率（%）
1	不超过17304的部分	0
2	16008至26938的部分	14~24
3	26938至105762的部分	24~42
4	105762至501460的部分	42
5	超过501460以上的部分	45

① 资料来源：http://www.ctaxnews.com.cn/guoji/guojifa/Germany/201410/t20141021_25501.htm。

（4）应纳税所得额和应纳税额的计算。已婚夫妇可以选择合并申报纳税或者分别申报纳税。一般情况下，除了至少一方请求分别申报纳税以外，均采用合并申报纳税。根据上述 7 种居民所得分类，不同类型的所得计算方式不同。前 3 种所得用经营年末和前一经营年末的净值差额（净值比较）来计算应纳税所得，第 4 ~ 7 种所得采用净所得法，即毛所得减去相关费用来计算。

在计算应纳税所得额时，以下项目应按照规定办法计算：

①雇佣所得。包括所有雇员的工资、薪金、实物性福利等。

②资本利得和投资所得。分为三类，利息和股息属于第 5 种所得，不动产出租和特许权使用费属于第 6 种租赁所得，其他投资所得属于第 7 种所得。资本利得视为普通所得，按照标准个人所得税税率纳税。长期资本（指使用时间长达 10 年以上的土地、建筑物和持有期长达 12 个月的股票等）利得免税。投资所得（例如利息和股息）计入个人所得税应纳税所得额。按现行标准，投资者可以享受 1370 欧元的投资补贴和 51 欧元的费用扣除，已婚夫妇合并申报个人所得税时可以双倍扣除。

③免税项目。各类保险赔偿金，包括健康保险、意外伤害保险、残障和老年保险；各类社会分配资金；法定养老保险的一次性支付金；各类科学和人文学科的奖学金。

④税款扣除。税款扣除包括以下几项：

慈善和科学捐赠。对德国和某些国际慈善机构的不超过总所得 5% 的捐赠可以扣除。用于科学方面的捐赠可以扣除 10%。最高扣除限额为 1534 欧元，已婚纳税人合并申报纳税者可以双倍扣除（即可以扣除 3068 欧元）。

16 岁以上的德国居民的子女每人每年可以扣除 3648 欧元；不足 16 岁的德国居民的子女每人每年可以扣除 2160 欧元；就读子女每人每年可以扣除 924 欧元；雇员每人每年可以扣除 1044 欧元。

经营性费用。雇员发生的不能从雇主处取得补偿的商务性必需费用可以扣除，包括交通费用、捐款、专业会费、购买业务读物的费用等。商务性费用最低扣除限额为每年 1044 欧元，实际支出达不到此数额时也按照此限额扣除。

社会保障税、保险费、抵押贷款利息等非商务性费用可以扣除。

雇员薪金的11%可以扣除，最高扣除额为1500欧元。纳税人的首次职业教育或者学习费用在一个公历年度内最高可扣除4000欧元。

⑤德国州一级不征收个人所得税，但是负有无限纳税义务者（包括外国人）来自德国营业机构的所得要缴纳地方所得税，来自主要宗教社区的所得要缴纳教会税。

⑥对雇员不征收地方所得税。

3. 增值税

（1）纳税人。在德国境内出售货物或者提供劳务的，应当就其提供的货物或者劳务数额缴纳增值税。纳税人为应税货物、劳务的出售人或者提供人。但是，从事某些特定业务交易的纳税人，例如欧盟内部供货等，增值税的纳税人是购买方而不是销售方。

（2）纳税对象。纳税对象是指在德国境内的货物或劳务提供。一般是在货物或劳务提供者的所在地纳税。但是也有例外，如不动产的提供地是土地所在地；可移动货物的提供地是该货物所在地；会议、展览、娱乐、培训和教育的提供地是劳务提供地；金融服务、咨询服务、设备租赁、知识产权的使用和广告业等，如果收受人是企业家，则在收受人所在地纳税。

非发生在德国境内的货物、劳务提供，不属于增值税的征税范围。但德国增值税也对从欧盟以外国家进口到德国的货物和按照欧盟统一市场程序从其他欧盟成员国进口的货物征收。

（3）税率。德国增值税税率主要采取固定比例税率。基本税率为19%。低档税率为7%，适用于农产品、食品、书籍、药物、报纸、剧院、博物馆和音乐厅的服务等。零税率主要适用于出口货物和欧盟内部贸易。

从2007年1月1日起，增值税标准税率从16%提高到19%。医疗、金融、保险、不动产交易或者长期租赁活动免缴增值税。

（4）应纳税额的计算。德国的增值税应纳税额按照世界惯例，采取税款抵法，即销项税额扣除进项税额。但对进项税额，有一些相关规定：

如果一个企业既涉及免税交易，又涉及非免税交易，进项税要分开计算。银行、保险和金融服务，财产交易，教育与健康服务，燃料、电力等某些非营利活动，房地产的出售和出租等，免征增值税。

享受免税优惠的纳税人无权要求从其所发生的其他应税项目的销项税额中抵扣免税货物的进项税额，但是国家鼓励的行业，如从事出口业务的纳税人，即使自身不需要缴纳增值税，也可以抵扣其进项税款。

当进项税额与德国以外的供货相关时，在德国从事增值税应税项目活动的外国企业所发生的增值税也允许抵扣进项税额。

4. 社会保障税

在德国，雇员和雇主都要缴纳社会保障税。社会保障税以工资、退休金等为征税对象，按照总所得和适用税率计算应纳税额，雇员和雇主各承担50%，雇员应当缴纳的社会保障税由雇主从雇员的报酬中代扣代缴。社会保障税在计算个人所得税应纳税额时可以扣除。德国社会保障税采取的是比例税率，且该比例根据不同的经济状况有所调整。我们以2006年社会保障税为例来了解德国的社会保障税税率，详见表1.3。

表1.3　德国2006年社会保障税税率表①

项目	税率
残疾人和老年人保险	1.7%（雇主与雇员各为0.85%。从2005年起，适用的税率23岁以上的无子女雇员要多承担0.25%，通用的税率为1.1%）。自2002年1月1日起，雇员每月缴纳的老年医疗保障税最高限额为29欧元
健康保险	13.3%（为平均税率，因为雇员可以选择不同的保险公司，因此税率也略有不同。雇主与雇员适用的平均税率为6.65%，从2005年起，雇员要多承担0.9%）
养老保险	19.5%（雇主与雇员各适用的平均税率为9.75%）
失业保险	6.5%（雇主与雇员适用的平均税率为3.25%。从2007年1月1日起为4.5%）

① 资料来源：http：//blog.sina.com.cn/s/blog_5379ecc80102e36f.html。

5. 遗产和赠与税

遗产和赠与税是联邦政府对遗产和财产的赠与征收的一种税。现规定遗产和财产赠与适用税率为3% ~70%不等。具体适用税率由两个因素决定：一是随着有关资产价值的升高而提高；二是随着继承人与被继承人、受赠人与捐赠人关系亲密程度的下降而上升。

6. 教会税

在宗教社区，根据应当纳税所得额征收教会税。教会税的纳税人为正式注册登记的教徒。教会税由雇主代扣代交到财政局，再由财政局直接返还给教会部门。教会税属于所得税附加性质的地方税，税率为8% ~ 9%不等，具体适用税率应根据所在州的地理位置确定。教会税不属于政府的财政收入，因此不包括在国家的财政收入统计中。

7. 土地税

土地税是地方税种，是市镇的直接税。德国在对土地征税时，把土地分为两类：农业生产用地和建筑用地。对农业生产用地征收A类土地税，对其他用地征收B类土地税。不同的土地课税价值的计算方法也不同，农业生产用地计税价值为产出价值，其他用地的计税价值为市场价值。

土地的市场价值评估，由州的专家评审委员会作出。专家评审委员会的任务是收集成交土地的价格，根据成交土地的价格作出非成交的同类土地的纳税价值。

德国土地税的税率规定：土地税的税率规定是由德联邦政府统一制定的，各地方政府也有自行确定稽征率的权力。全德统一的税率是6‰。但对住宅的土地税税率有不同的规定，独户住宅价值在7.5万马克之内的税率为2.6‰，价值在7.5万马克以上的税率为3.5‰。双户住宅的土地税税率为3.1‰。

8. 土地交易税

土地交易税属于财产交易税。税率也经历了自1983年以来的下降，再到1998年后的提升这一过程。在1998年以前，为了鼓励居民拥有自己所有的住宅，德国的土地交易税降低为2%。但是从1998年开始，土地交易税由2%提高到3.5%。这一措施一方面减少了以不动产投机为主要营业项目的企业盈利，另一方面也提高了私人的基本住宅投资和交易费用。

9. 房产税

在德国，居民自有自用的住宅（不包括度假村）本身不需要缴纳房产税。个人住宅的必要面积规定为1000平方米，1000平方米以上的面积，不能够享受使用价值的免税待遇。

德国是一个土地私有制国家，土地的所有权是可以自由买卖的。长期以来，德国采取促进居民拥有自己住宅所有权、房产地产一体化、把作为居民生活必需品的住宅与其他土地买卖和经营严格区别对待的税收政策。对于普通居民购置住宅来说，房基税不是重要的考虑因素。

为了鼓励居民拥有自有的住宅，购买和建筑住宅的居民可享受所得税特别扣除。总扣除额为房屋购置价值的5%～6%。分摊所得税扣除的时间为8年，每年的所得税扣除额最高在1.6万马克。因此，购置和装修住宅是德国中等收入阶层减少上交所得税的一个重要手段。

10. 团结附加税

1990年德国统一后，为减少支付统一带来的财政负担和加快东部地区建设，于1991年开征此税。原计划为临时征税，1993年曾一度废止，后于1995年恢复。个人和公司均是该附加税的征收对象，其税基是同期个人和公司应缴纳的所得税税额，税率为5.5%。

二、中德税收制度比较

（一）所得税为主体的税收制度

德国作为市场经济工业强国，其现行税种明显地表现为以所得税、且以个人所得税为主体的税制结构。原因在于德国多以私营经济为主。从具体税种来看，主要税种是个人所得税和公司所得税，除此之外还有增值税、社会保障税、遗产和赠与税、教会税和土地税等，总数高达52种。从税种数量看，呈现出多税种、宽覆盖、高重叠的特征，且遍及生产、流通、消费等各个环节，涉及法人和自然人，课税范围包括财产、收入和行为等。

相比之下，中国只有19个税种，且体现流转税和所得税双主体的税收制度结构。直接税以增值税、消费税、关税等税收收入为主体，间接税以企业所得税、个人所得税等税种的收入为主体。德国的大部分税收不能转嫁，而中国的大部分税收则能转嫁。

（二）税收征税依据差异

德国税法的法律依据：宪法是德国的基本法，它包括了税收立法权的分配规定，联邦、州税收征收管理权限的划分以及税收收入的分享规定等；以法令、规定等形式体现的各种法律的实施细则等；其他还有诸如税收协定、欧共体法律、行政规定等。联邦和州都有制定税法的权力，但绝大多数税法都是由联邦制定的，各州对税法的制定有很大的影响。

从法理依据上看，中国大部分税种并没有相应的税收法律，主要是以暂行条例等形式规定的。按照税收征收权限和收入支配权限分类，我国税收分为中央税、地方税和中央地方共享税三类。中央税由中央政府征收、管理和支配；地方税由地方政府负责征收管理，收入归地方政府支配使用；中央地方共享税由中央政府和地方政府共同负责征收管理，收入由中央政府和地方政府共享。

（三）税收级次内涵差异

德国是以共享税为主体的联邦、州、地方三级征税制度。中国是两级征税制度。各层级税种的划分存在差异，见表1.4。

表 1.4　中央税与地方税比较

级次＼国别	德国	中国
共享税/中央地方共享税	增值税、工资税、个人所得税、公司所得税	增值税（中央 50%，地方 50%）、企业所得税（中央 60%，地方 40%）、个人所得税（中央 60%，地方 40%）、证券交易印花税（中央 94%，地方 6%）、资源税
联邦专税/中央税	关税、消费税（石油税、咖啡税、盐税、香槟酒税）、保险税、团结附加税	消费税（含进口环节海关代征的部分）、车辆购置税、关税、海关代征的进口环节增值税等
州专享税	土地购置税、遗产（赠与）税、机动车税、啤酒税、赌场税、火灾防护税	—
地方专享税/地方税	工商税、土地税、娱乐税、饮料税、养狗税、猎钓税、赛马税	土地增值税、城市维护建设税、土地使用税、房产税、车船税等

（四）税收规模比较

中国和德国的税收总量存在明显的差异，我们列举了两个国家 2012—2014 年的税收规模情况，见图 1.1。

从图 1.1 可看出，自 2013 年以来，中国每年税收总量大致为德国的 1.3 倍。

（五）宏观税收比较

1. 税收总量占国内生产总值的比重

税收总量占国内生产总值的比重是衡量一个国家宏观税收负担的主要指标，中德宏观税负的比较见图 1.2。2015 年德国税收占 GDP 的比例为 37.25%。相比之下，德国的宏观税负均高于我国，2013 年、2014 年、

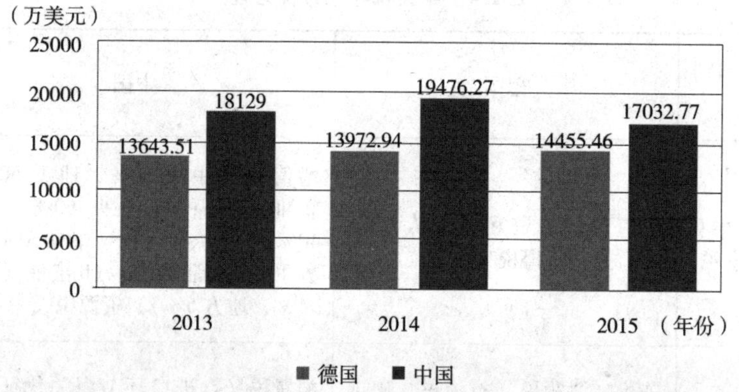

图 1.1　中德税收总量比较

数据来源：http：//oe. cd/israel - disclaimer.《中国统计年鉴（2013—2015）》《中国税务年度报告》(2015)。

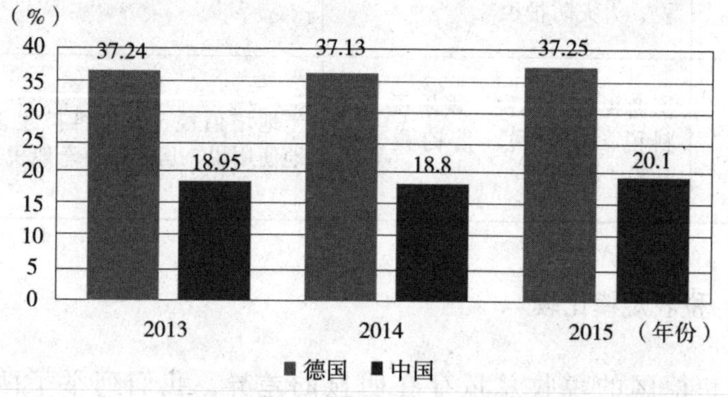

图 1.2　中德税收总量占 GDP 比重

数据来源：ODCE 数据库，Aggregate National Accounts，SNA 2008（or SNA 1993）和《中国统计年鉴（2013—2015)》。

2015 年每年平均超出近 18 个百分点。

2. 人均税收收入比较

人均税收收入是衡量税收负担的又一个关键性指标，中德人均税负差别较大，见表 1.5。将表 1.5 用柱状图形式表现，见图 1.3。

表 1.5　中德人均税收收入比较　　单位：亿美元

年份	德国	中国	德国/中国
2012	1.572	0.118	13.32
2013	1.687	0.133	12.68
2014	1.727	0.143	12.08
2015	1.759	0.124	14.19

数据来源：OECD 数据库，《中国统计年鉴》《中国税务年度报告（2015）》（2015 年德国人均税收收入由前几年平均增长率预测而得）。

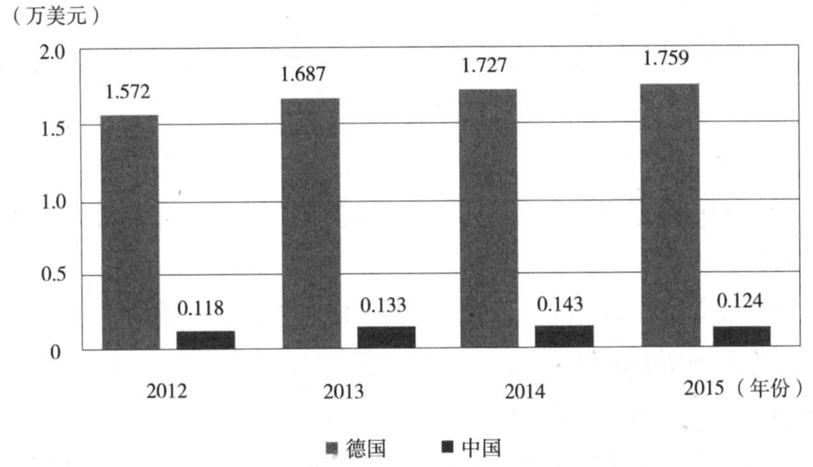

图 1.3　中德人均税收收入比较

由表 1.5 和图 1.3 分析可见，2012—2015 年中国人均税收负担为德国的 7.7%，德国的人均税收负担远远高于中国。

（六）征收管理对比

1. 征管理念上的差异

德国纳税服务与管理之间结合紧密，在整个征收管理过程中处处体现出程序简便、流畅，节约征纳双方成本，提高效率。所有的税务人员都将纳税服务的理念深深植根于意识和行动中，并不把服务仅仅看成是哪一个部门的职责和业务，也没有搞成形式上的服务。所以，德国的税务机关与纳税人之间是一种相互信赖、合作、平等、服务与被服务的关系。比较来看，我国纳税服务体系正在创建中，还没有从管理和执法的全过程中去落实服务。

2. 征管机构比较

中国的征税机构包括各级税务机关和其他可行使税收征管职权的财政机关和海关。德国共设有三级财政管理机构，从上至下依次为联邦财政部、州财政部、地方财政局，其他配套机构有财政工会和税务代理。

3. 征管手段差异

联邦德国的每个州使用统一的计算机税收管理软件，每个财政局设立一个局域网，财政局与州财政部通过广域网相连接。

4. 税法规范程度比较

（1）税法体系完备程度不同。德国政府制定了相对完善的法律规范。具体体现在：

①税收立法权高度统一。联邦宪法规定联邦拥有税收的主要立法权。目前，在德国所有的税法中，由联邦议会立法的占95%，仅有约5%的由州或州以下议会立法，州立法不得超越联邦立法。

②税收实体法体系完备。联邦宪法明确地划分了税收的立法权和征管权，并制定了联邦税收基本法——财政条例，及一整套税收实体法律。少量如遗产税、自动车辆税、不动产转让税、啤酒税、博彩税、防火税等由州立法。

③有效制定了税收程序法。为保障税法的严格实施，联邦专门规定一系列税收程序法，如财政法院条例、财政管理法，对税收检查、执法程序中止、延迟纳税时间以及税收减免均有专门的法律规范。此外，联邦为了方便为公众解疑，还制定了税务咨询法。

④独立规范的税收执法。税收执法不受税收计划任务的干扰。德国财政部和各州财政部均没有对税务执法部门规定年度税收计划任务，完全体现税收的法制主义精神。税务机关的行政管理不影响税务人员的独立执法。在德国，税收检查由一名税务官独立依法进行，税务机关的行

政领导在执法中不能由于其他原因干扰税务官的正常工作。税务机关、税务官员只对税法负责，而不对行政当局负责。

⑤税务机关拥有刑事调查权。法律规定税务机关内部需设立专门的税收刑事案件侦查部门，并赋予负责税收案件调查的机关、官员拥有和普通警察相同的刑事侦查权及税务机关特殊的准入、搜查和拘捕权，且可在刑事侦查过程中担任公共检察官的助手。

（2）税务检查权力比较。德国的税务机关拥有较大的审查权力。德国的税务检查具有严格、全面和针对性强的特点。德国在州和地方税务局内部均设有税务检查机构，专门负责税务审计工作，不仅包括对商业、农业企业及特定纳税人的综合税务审计，还包括对各类企业的增值税、交易税等进行特殊审计。一般情况下，税务局根据企业人数、经营规模及利润额的大小划定重点审计对象，确定审计频率、范围和严格程度。最具特色的是，如果税务局怀疑某纳税人偷逃税，则可以申请由税务局内部的侦缉部门负责稽查侦破，侦缉部门具有入室搜集证据、拘留审问疑犯的权力。对那些不按时申报纳税的企业，税务局内部还设有专门的强制执行机构，依照法定程序对这类纳税人进行控制管理，催促其缴纳税款。

（七）税收的社会功能比较

德国税收占国内生产总值的比重基本保持在21%～25%，总体上呈现稳中有降的趋势。目前，德国各级政府共征收30多种税。尽管税目繁多，但主体税种是所得税和增值税，二者分别约占德国税收总额的三成和四成，其余各种税的总和占约30%。这些税收来源因政府级次不同，其支出的功能也会不同，见表1.6。

表 1.6 德国各级税收来源及功能对应表①

	主要税收来源	社会功能
联邦	分享个人所得税、公司所得税和资本收益税 分享增值税（又称销售税） 分享营业税 团结附加税 矿物油税、电税 保险税 烟草税、烧酒税、咖啡税、啤酒税、葡萄酒与酒精饮料税	社会保障体系（特别是养老和失业保险） 外交与国防 交通 货币体系 部分经济促进职能 科研（大型科研机构）
州	分享个人所得税、公司所得税和资本利益税 分享增值税（又称销售税） 分享营业税 遗产（赠与）税、机动车税、地购置税、啤酒税、赌场税	文化 大学、中学、小学 警察、执法、维护社会秩序 卫生体系 住宅建设促进 税务管理
地方（市、镇）	分享个人所得税、公司所得税和资本收益税 分享营业税 地产税 小税种：如养狗税、饮料税、娱乐税、猎钓税等	水和能源供应、短途公共交通、绿化、市镇管网、垃圾清运 幼儿园和学校建设 社会救济 建筑项目审批，登记备案

三、德国税收制度的启示

（一）采用专项税收等财税手段，加强特定区域建设

德国政府对贫困州和经济发展落后的区域进行投资。德国统一

① 资料来源：http：//www. rf. hk/company/germany/14566. html.

后，每年联邦政府都向东部地区进行大量投资，用于改善该地区的基础设施和经济结构。联邦政府为扶持新州的发展，不仅以财政和金融的方式设立了“德国统一基金”，还开征了用于东部经济恢复和振兴的“团结税”。

这些做法对于我国目前实施中西部开发战略具有一定的借鉴意义。我国是一个地域辽阔、人口众多的国家，各地区间经济、文化、社会等各方面条件差异较大。瑷珲—腾冲线，或胡焕庸线的划分及其原因分析，不仅能体现人口的分布特征，也能体现地理环境及资源的分布特征。目前的中国东部经济和中西部经济发展相对滞后，针对该地区的发展建设，国家不仅要对中西部地区的经济发展给予财政方面的大力支持，进行一定数额的转移支付，用于建设交通、通信、电力、水利等基础设施，以及加大对中西部地区教育事业的投入，而且还要设立为期五年或十年的中长期“中西部开发基金”，其中一部分基金可以通过中央政府开设一些特别的税种来筹集。

（二）充分运用信息化手段，加强征收管理和纳税服务

运用信息化为纳税人提供良好的服务。德国统一后，经过多年的发展和完善，已经逐渐将税务管理业务纳入计算机管理，通过网络与信息技术进行集中处理，为纳税人提供规范、透明的管理和服务。具体包括以下内容：一是利用计算机给所有开展生产经营活动或开始取得收入的单位和个人建纳税编码和税卡；二是会计（税务）师通过信息数据处理中心及其分支机构为纳税人代行纳税申报；三是凭借电子计算机对纳税人的申报进行审核、征收和缴库；四是利用电子计算机网络对税源实施监控和稽查。

德国注重运用现代科技手段进行税收管理与服务。德国尽管是联邦制国家，联邦下是州，州下有县、县级市及专区，州与地方（县、县级市及专区的总称）都有较大的行政管理、立法、财政空间，而且财税部门的设置也较为灵活，但是税务信息化决策在联邦是统一的，信息管理架构相当固定，一个州只有一个信息处理中心，各地方分局只能设信息

站，各个信息站每天接受的数据都要传输到州信息处理中心统一处理使用，这样就从根本上杜绝了政出多门、软件不兼容、数据不统一、信息不能共享等问题。而这一问题恰恰是我国税收信息化建设中最突出、最棘手的问题。我们有必要强化统一规划，加快信息化建设步伐，与银行等部门联网，提高信息共享度，提升管理和服务水平。

（三）加强社会保障和逐步降低税负

德国十分重视公民公共利益，不断加强社会保障来提高公民的生活质量，不断提高养老、医疗、失业、住房福利。一方面，能激发公民的工作激情和国家归属感，进而提高国家的软实力；另一方面，也可以留住或聚集更多的人才。另外，德国通过降低税负保证企业的收入，提高企业投入到再生产的资金数量，使企业创造更多的工作岗位，解决就业难的问题。

德国的这种“一升一降”极大地改善了社会公众的生存环境，也极大地提升了经济投资的预期。

（四）健全完备的税收征管体系

德国以纳税人自核自缴、税务代理、税务稽查“三位一体”为目标，建立科学、严密、高效的税收征管体系，积极采用现代化办税手段，利用计算机建立起纳税人的登记、征收、稽查档案，进行全过程税收监控，并在税务系统内部建立审计、监察制度，加强对税务执法人员的监督管理。另外，德国加强了对社会中介机构的监督管理，充分发挥现有会计师事务所、审计师事务所等在社会经济生活中的作用，加强分税制财政体制的外部监督。内外配合，征管效果明显。

德国税收管理在以人为本的思想指导下，建立了较为完备的干部培训和干部绩效考核制度和机制，值得我们借鉴。特别是在涉及业务重组、流程优化、征管机构调整的征管改革过程中，建立和完善适应我国税务干部队伍建设要求的培训与绩效考核制度和机制，是当前十分重要的课题。

（五）财税监督社会效应高

德国的司法监督不仅体现在社会领域的司法监督，在财税领域也建立起了司法体系。具体体现在：

在税务系统内部，设立税务法庭，专门审理税收案件。重点严肃查处偷、抗、骗税案件。

建立税务警察，维护纳税秩序。税务机关拥有刑事调查权。税务机关内部设有专门的税收刑事案件侦查部门，并赋予负责税收案件调查的机关、官员拥有和普通警察相同的刑事侦查权及税务机关特殊的准入、搜查和拘捕权，且可在刑事侦查过程中担任公共检察官的助手。

税务系统内在具有的司法监督功能，极大地提升了税收案件的办事效率，克服了办案人员业务不熟的弊端，对违章纳税人也是一种极大的震慑。这一点是十分可取的。

第二章

中俄税收制度理论与实践比较

俄罗斯位于欧洲东部和亚洲北部，领土面积为1707.54万平方公里，占地球陆地面积的11.4%，是世界上领土面积最大的国家。截至2016年3月底，俄罗斯总人口1.44亿，共有民族193个，其中俄罗斯族占77%，近4/5的人口（包括乌拉尔工业区）和大部分城市包括首都莫斯科均位于欧洲地区。俄罗斯有世界最大储量的矿产和能源资源，是最大的石油和天然气输出国，石油探明储量65亿吨，占世界探明储量的12~13%。天然气探明蕴藏量为48万亿立方米，占世界探明储量的1/3强，居世界第一位。根据俄罗斯财政部统计，2015年俄罗斯联邦预算收入的50%来自矿产开采税和出口关税，来自石油和天然气的收入；森林覆盖面积8.67亿公顷，占国土面积的50.7%，居世界第一位；木材蓄积量807亿立方米；水力资源4270立方千米/年，居世界第二位。

俄罗斯是由22个自治共和国、46个州、9个边疆区、4个自治区、1个自治州、3个联邦直辖市组成的联邦共和立宪制国家。以俄罗斯联邦宪法为法律基础，根据立法、司法、行政三权分立原则行使职能。在俄罗斯联邦境内，总统、联邦议会、政府和法院行使国家的权力。

俄罗斯工业、科技基础雄厚，苏联曾是世界第二经济强国。苏联解体后俄罗斯经济一度严重衰退，持续下滑。自2000年普京执政至今，俄罗斯经济有所好转，外贸出口不断增长，投资环境有所改善，居民收入明显提高。主要工业部门有机械、冶金、石油、天然气、煤炭及化工等；航空航天、核工业具有世界先进水平。2015 年俄罗斯国内生产总值（GDP）为 804125.45 亿卢布，人均 GDP 为 8964 美元。

俄罗斯主要宗教为东正教，其次为伊斯兰教。其中 90% 以上的人信奉东正教，其余信奉伊斯兰教、天主教、犹太教和佛教等其他宗教。东正教对俄罗斯文化影响深远，其宗教思想已经渗透进日常生活，成为传统思想的组成部分。俄罗斯人被认为是最具宗教品格的一个民族，在现实生活和文学作品中，东正教所宣传的爱与宽恕的思想随处可见。俄罗斯文化中坚韧不拔的忍耐精神、团结协作的集体主义精神、拯救人类的救世精神都与东正教的教条有着紧密的联系。

俄罗斯的民主化变革进行到现在，呈现出一种奇特的现象，即俄罗斯虽然建立了民主机制，但其集权化趋势也越来越明显。在民主初建时期，国家建设陷于停滞，社会陷于混乱，但集权化的政治架构却带来了经济的增长和社会的初步稳定。国家首脑一直享有极大的权力，对国家政治、经济干预的影响也远远高于世界上的大多数国家。

一、俄罗斯税收制度特点及主体税种介绍

（一）俄罗斯税收制度特点

1. 俄罗斯税收体制和税制结构变革的基本原则

俄罗斯税收体制和税制结构变革的基本原则包括以下四个方面：①在课税问题上一视同仁，保护所有纳税人的合法权益；②在各级政权之间明确划分确定税种和征收税费的权限；③课税一次性，即同一课税对象只能在法律规定的课税期内一次性课征一种税；④分别对纳税人和税务机关确定具体的权利和责任范围。

2. 俄罗斯税制结构变化的内涵

俄罗斯税制结构变化的内涵包括：①增值税和消费税取代了周转税；②企业利润税取代了利润提成等利润上缴和转移支付形式；③自然人所

得税得以全面推行；④合并了一些税种并新设立了生态税、动物和水生物资源使用权税、赌博生意税等税种。

3. 现行俄罗斯的税制结构

现行俄罗斯的税制结构包括五个层次。①按照政权机关的管辖范围和税收支配权限划分，俄罗斯税制包括联邦税、地区税或联邦主体税和地方税。②按照国际通用的税收能否转嫁划分，可分为直接税和间接税。③按照税收客体的性质划分，可分为利润（收入）课税、产品销售收益课税或商品课税、财产课税、自然资源课税和对所产生费用额课税等。④按照税收的用途和目的划分，可分为普通税和目的税。普通税用于满足经常性经费的需要，纳入国家预算。俄罗斯绝大部分税种都属于普通税。目的税或称专项税是为满足特殊经费需要而课征的税收。该类税具有严格规定的固定用途，不得挪为他用，如道路交通税、生态税、国家预算外社会基金等。⑤按照税收客体所在地分类，可分为国内税和国境税。国内税是对国内的税收客体征收的税；国境税是对课税对象通过国境时所课征的税，如关税、反倾销税等。

（二）俄罗斯主要税种介绍

按照税收法典，俄罗斯实施的是分税制体制。税制划分是根据三级税制的划分原则，分别对联邦税、地区税、地方税加以具体规定。俄罗斯在划分联邦、地区和地方三级税收时，大体上遵循这样一些原则：①主要的和具有全局性意义的税种都划归联邦政府支配；②带有地方意义的税种，则划归地方政府支配；③对一些重要的税种，由原来统一征收、联邦和地区分成的办法，过渡到直接划分为两个税种，由联邦和地区分别管理和征收。按照这些原则，税种划分如下：

联邦税包括：增值税、消费税、联邦企业利润税、资本收入税、联邦自然人所得税、社会税、国家规费、关税和海关费、自然资源税、环境污染税、联邦注册和发放许可证税、使用俄联邦标志税。

地区税包括：地区企业利润税、地区自然人所得税、企业财产税、林业税、地区注册和发放许可证税、交通工具拥有者税、使用地区基础税、使用地区标志税。

地方税包括：土地税、自然人财产税、水源税、使用地方基础税、广告税、旅馆税、疗养税、财产继承和赠与税、使用地方标志税、地方许可证税。

下面就俄罗斯主要税种进行详细的介绍：

1. 增值税

增值税纳税人包括：组织机构、私营企业主或与向俄罗斯或其他受俄罗斯管辖的地区进口商品联系的纳税人。所有俄罗斯增值税纳税人均需进行纳税登记，此登记涵盖所有税种，包括增值税，因而增值税纳税无须进行单独登记。以下经营行为是增值税的应税行为：①销售货物（或者服务）、在俄罗斯境内转让房产；②为自身需要，在俄罗斯境内转让货物（或者服务），该转让交易相关的费用不能在企业利润税前列支；③用于自身消费目的的建筑和安装行为；④向俄罗斯和其他由俄罗斯管辖的地区进口商品。增值税的标准税率为：18%（标准税率），10%（如特定食品、儿童食品），0%（如部分出口商品、特定服务）。

增值税是俄罗斯的主体税种，为俄罗斯提供了稳定的税收来源。2015 年，俄罗斯的增值税已达到 411. 1 亿美元。增值税是对销售货物、劳务及所提供服务课征的一种税。其中货物包括产品、建筑物及其他不动产、电能、热力、气体、水等；劳务包括建筑、修理修配、科研、设计、工艺及勘察等；服务包括运输、出租、中介、通信、体育、广告、信息等。增值税最初税率为 28%，目前，俄罗斯增值税税率规定为 10% 和 20% 两种。对列入俄罗斯政府 1992 年 11 月 20 日第 888 号决议和 1995 年 11 月 13 日第 1120 号决议规定的商品清单的食品（征收消费税的食品除外）和儿童商品，均按 10% 的税率征税。销售用于工业加工和工业消费的食品用途的农产品和米粉产品，销售用于技术目的、饲料生产和药品制剂生产的粮食、鱼粉和海产品等，也按 10% 的税率征税。其他商品（工程、劳务），包括应课征消费税的食品，增值税税率为 20%。如果企业生产和销售按不同税率课税的商品，会计部门应根据规定的税率单独分开核算产品销售和增值税额，并按商品种类在结算凭证中指明增值税额。如不能保证分开核算，则采取20%的最高税率。

为了避免重复征税，对价税合一的和企业不能分开独立核算的，俄罗斯现行税法还规定了特种增值税税率——结算税率，为16.67%和9.09%。因此，俄罗斯增值税税率，应划分为标准税率、低于标准的税率和结算税率3种。

增值税计税是以应税周转额为计税基础的。应税周转额是按下述价格计算的已售商品（工程、劳务）的价值：不含增值税的自由（市场）价格、不含增值税的国家调节批发价格、含增值税的国家调节零售价格。

2. 企业（组织）利润税

企业（组织）利润税，即企业所得税。纳税人是所有的企业和组织，其中包括具备法人资格的组织、外资企业和进行经营活动的国际组织。企业所得税的课税对象是经济主体活动的最终价值成果，即企业总利润。企业的总利润由从事基本活动（如销售产品）的利润、销售固定资产的利润、销售其他财产的利润（这些财产包括无形资产、有价证券、属于流转资金的商品物资、企业的其他资产）、从销售业务以外获得的利润（如租赁财产取得的利润、按经济合同获得的罚款额、滞纳金和违约金等）四部分构成。

俄罗斯企业和在俄罗斯构成常设机构的外国企业需要缴纳企业利润税。俄罗斯企业指在俄罗斯注册成立的企业，需就其全球所得纳税。相对而言，外国企业仅需就其通过在俄罗斯常设机构取得的利润在俄罗斯纳税。俄罗斯税法对于“常设机构”的定义和经济合作与发展组织（OECD）在税收协定范本中做出的定义类似。

企业应税利润由非免税收入减去扣除项目计算得出，通过计算企业经营活动和非销售活动（如租赁收入和资本利得，但不包括从俄罗斯企业获得的股息）的利润或亏损来确定。企业利润税的税率为15.5%～20%，对符合特定要求的经营活动另有0%的优惠税率。基本的企业利润税率是由向中央政府支付的2%的税率和向地方政府支付的13.5%～18%的税率共同构成。向地方政府支付的税率由每个地区自行设定。分公司（常设机构）的企业利润税税率也在15.5%～20%之间。

俄罗斯对资本利得收益课征资本利得税，税率为15.5%～20%。对于某些特定的资本利得收益可以按零税率缴纳资本利得税。

自2016年起，企业计算和缴纳企业所得税，应根据俄罗斯联邦税法典第25章“企业所得税”生效的一系列最新条款。一是企业购置的资产超过10万卢布才可以确认为固定资产；二是企业每个季度收入总额不超过1500万卢布的，可以按季度预缴企业所得税，否则须按月预缴企业所得税；三是对集团纳税人汇总纳税的条件更加严格。

3. 消费税

俄罗斯政府对部分高档消费品征收消费税，实行价内税，税率采取比例税率和定额税率两种。消费税的征收目的主要是为了调节国内生产和消费结构。消费税的纳税对象主要包括酒精饮料、烟草制品、轻型汽车、金银首饰制品、宝石水晶制品、石油等高级消费品，取消了此前对巧克力等食品、毛皮制品、货车的课税。

近年来，俄罗斯消费税占GDP的比重由2002年的2.4%下降到2012年的1.3%，消费税对俄罗斯的经济贡献度降低。这是因为2004年俄罗斯取消了对天然气消费税的征收，随后，在2007年又开始对烟草产品实行最低零售价格，并以此价格实行从价定率计算消费税。在税率下降和税基减少的双重影响下，俄罗斯消费税收入下降。2015年消费税总收入仅为149.54亿美元。

2015年俄罗斯消费税全面上涨。其中，酒精消费税增幅达25.7%，同时，对家用燃气新征消费税，税费为每吨7735卢布（约合250美元）。

4. 自然人所得税

个人所得税与社会保险税。雇主代扣代缴个人所得税，不同类型的收入适用四种不同的税率，分别为13%、15%、30%、35%。员工工资的社会保险税由雇主负担，针对不同类型的员工及其居民身份，税率从13%至30%不等。企业还需承担员工工作场所意外事故的补充缴款，根据行业的不同，费率从0.2%到8.5%不等。

自然人所得税，亦称为个人所得税，是对在俄罗斯境内有住所、从境内或境外取得收入的自然人，及无住所而从境内取得收入的自然人征收的税种。俄罗斯税收法律规定，国家补助、退休金、献血奖金及赡养费等不计入应税收入。法律还规定对获得国家英雄称号的人及伤残军人、残疾人等实行税收优惠。

个人所得税，就其贡献度而言，是俄罗斯主体税种中仅次于企业所得税和增值税的第三大税种。纳税期限为日历年度内雇员取得收入的日期。自日历年度开始，每月期满后，由企业、机关和组织从公民总收入额中计算并扣除所得税，具体由企业会计部门计算所得税并在发放人员工资或应课税的其他款项时一并扣除该税并上缴。

俄罗斯自然人所得税税率经历了超额累进税率，税率最高为35%向13%的固定比例税率的变革。《俄罗斯联邦税法典（第二部分）》出台后，对自然人所得税的税率进行了大幅修改，开始实行比例税率。个人所得税的普遍适用税率为13%，这一税率比原来累进税率下的最低税率（12%）提高了1个百分点，但由于当年同时降低了养老基金缴纳的1个百分点，因此实际上纳税人的税负并没有增加。

除13%的规定比例税率外，现行税制中，还有其他两档税率，分别为35%和30%。35%的税率适用于下列情况：①从事博彩、赛马以及其他赌博活动的组织所支付的中彩收入；②各种博彩、竞赛的中彩、奖金收入和广告收入中超过2000卢布以上的收入部分；③从自愿性保险合同中获得的超过《税法典》有关规定的保险赔款；④纳税周期内卢布存款和外币存款超过中央银行规定利率情况下所获得的利息收入；⑤比照③的规定，纳税人个人借款所获得的利息收入。30%的税率适用于：①股息收入；②非注册纳税人性质的自然人的所得收入。

俄罗斯现行税法进一步细化税收优惠项目。《俄罗斯联邦自然人所得税法适用条例》对自然人所得税规定了一些优惠措施，主要包括：①从国家社会保险和社会保障系统获得的各种优抚金、养老金、补助金，以及银行存款利息收入，均不计入应税总收入之中。②患放射病，以及由于切尔诺贝利核电站事故和其他辐射污染造成残疾的人，减少20000卢布的年总收入计税额。③苏联和俄罗斯英雄、三级荣誉勋章获得者、国内战争和卫国战争的参加者、卫国战争的残废者、一级和二级自幼残疾者、核辐射受害者、集中营受迫害者，应税期总收入每月扣除相当于最低月劳动报酬 5 倍数额的计税收入。④为保卫苏联和俄罗斯以及执行其他军务而牺牲或蒙难的军人的父母和配偶、在阿富汗和其他国家履行国际义务人员、照料自幼残疾者或一级残疾者的父母的一方、配偶或监护人、父母已高龄的三级残疾者，应税期总收入每月扣除相当于最低月劳动报酬 3 倍数额的计税收入。⑤一年内收入不超过 5000 卢布的自然人，其应税期总收入每月扣除相当于最低月劳动报酬 2 倍数额的计税收入。⑥除上述③、④、⑤所列举的自然人外，其他自然人应税期总收入每月可扣除相当于最低月劳动报酬 1 倍数额的计税收入。⑦在法律规定的最低月劳动报酬数额内，自然人可以从总收入中扣除每月用于供养子女和被赡养人的费用。

个人所得税的计算采用简易计算法，先计算出应纳税所得额，后乘以相应税率。即

个人应纳税所得额 = 总收入 − 养老基金提成（1%） −2 倍、3 倍或 5 倍的最低月劳动报酬 − 其他税收优惠

应纳个人所得税额 = 应纳税所得额 × 税率

2015 年俄罗斯的个人所得税为 369.8 亿美元。

5. *矿产资源开采税*

矿产资源开采税是按照所开采商业矿产的价值或开采量征税。石油和天然气的矿产开采税税率是根据矿产体积或数量所设定的固定税率，但需要根据国际价格的变化来调整；其他矿产资源按所开采商业矿产的价值来征税。

矿产资源开采税是从 2002 年开始征收的一种联邦税。矿产资源开采税主要是对开采石油和天然气的行为征收的一种税。俄罗斯拥有世界 12% 的石油储量，45% 的天然气储量，石油和天然气等矿产资源开采税对俄罗斯联邦税收的贡献率很高。因此，石油和天然气价格的变化会影响矿产资源开采税的收入，该税种是俄罗斯财政收入的一个重要税种。见表 2.1。

表 2.1　2005—2015 年俄罗斯矿产资源开采税收入占 GDP 的比重　　%

年份	2005	2006	2007	2008	2009	2010	2011	2012	2015
比重	4.21	4.32	3.60	4.14	2.72	3.11	3.76	3.90	3.54

数据来源：根据俄罗斯统计局、联邦税务局数据计算得出。

从表 2.1 可以看出，2007 年和 2009 年的降幅较大，2007 年矿产资源开采税占 GDP 的比重同比减少了 7.2%，因为从 2007 年开始采用油气开采税的级差征税办法，给予油田一些税收优惠，同时，对东西伯利亚新油田区块实行矿产资源开采零税率政策。2009 年因受金融危机的影响，国际石油价格一再降低，俄罗斯油气部门也受到了严重影响，导致 2009 年矿产资源开采税减少，占 GDP 的比重为 2.72%。这是史无前例的低数值。随着俄罗斯开始实施一系列促进经济复苏的税收政策，2010 年起俄罗斯矿产资源开采税占 GDP 的比重开始稳步增长，到 2015 年，矿产资源开采税为 463.3 亿美元，占名义 GDP 的比重为 3.54%。具体动态变化见图 2.1。

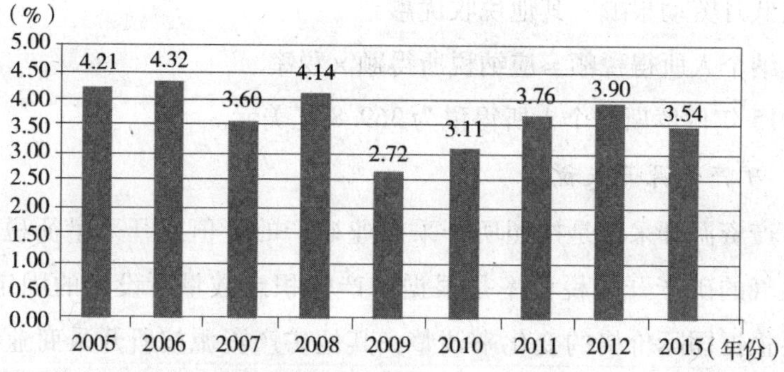

图 2.1　2005—2015 年俄罗斯矿产资源开采税收入占 GDP 的比重

6. 关税

出口关税。俄罗斯对特定种类的商品（如石油、天然气、木材）征收出口关税，税率根据货物种类确定。

进口关税。进口货物通常需要缴纳进口关税和进口增值税，对特定种类的商品（如酒、烟、私人轿车、汽油）还征收消费税，关税税率根据商品不同从 0% 到 20% 不等。

俄罗斯联邦海关关税是对货物或物品通过海关时征收的一种税，适用于俄罗斯联邦进出口的商品。在俄罗斯联邦主要有从价税、从量税和从价税与从量税混合税三种。

2014 年 9 月 1 日起俄罗斯实行新的关税税率。下调关税税率的商品涉及 4800 种，不过大多数商品下调幅度并不很大，在 1% ~3% 的范围内。对于其中的 1068 种商品降低关税，这是根据俄罗斯“入世”承诺的最后一次下调关税，加权平均关税税率从 7.8% 降至 7.1%。

7. 社会保障税

社会保障税是俄罗斯为维护雇员的社会福利而征收的一种税，又叫统一社会税，是一个新税种，它把原有的三种国家预算外基金，即退休基金、社会保险基金、医疗保险基金合在一起，以达到精减税种、减轻税负的目的。纳税人只是为雇员发工资的雇主，包括单位、个体经营者、北极地带从事传统行业的氏族和家庭小团体、农户（农场）、自然人。社会保障税由雇主缴纳，最高税率为 35.6%。符合条件的可以降低税率，但最低税率为 10.5%。根据俄罗斯法律，对于外国雇员，并没有强制要求雇主缴纳养老基金，因此支付给外国居民的部分一般都不征收统一社会税。

在俄罗斯，雇员不征收任何社会保障税。雇主还要按照工资额缴纳工作保险税，税率因不同行业在 0.2% ~8.5%。

8. 博彩业税

该税年征收标准为：赌场作为一方参加赌博，要按每个赌桌每年缴纳 1200 个最低劳动报酬的标准的税额；赌场作为组织者和（或）监督者参与赌博，要按每个赌桌每年缴纳 100 个最低劳动报酬的标准纳税；每台赌博用游戏机每年缴纳 45 个最低劳动报酬标准的税额；每台赛马赌金计算器每年缴纳 1200 个最低劳动报酬标准的税额；每个赛马赌金每年缴纳 600 个最低劳动报酬标准的税额。税收收入纳入联邦和联邦主体预算。俄罗斯 2014 年规定的最低劳动报酬标准即最低工资标准为 6200 卢布（约合人民币 990.76 元）。

9. 统一农业税

从2004年1月1日起，俄罗斯重新开征农业税。这一新的税收制度与过去的农业税收制度相比发生了很大的变化——农业企业可以不实行普通的税收制度，即缴纳增值税、消费税、所得税、财产税等普通税种的，改为缴纳单一农业税。

选择缴纳单一农业税的企业条件。有权选择缴纳单一农业税的企业，包括从事农产品和水产品生产、初加工、深加工及其产品销售的各类农业组织和个体农户，只要其过去9个月内销售自产农产品及初加工农产品的收入占到全部销售收入（包括商品、工程、服务收入）的70%以上即可。

单一农业税的计税依据。单一农业税的计税为企业生产经营收入减去生产经营支出后的纯收入。但单一农业税计税时扣除的支出项目与企业所得税所规定的成本开支项目有所区别，即不是扣除“所有”支出，而是扣除“税法中标明的”支出项目，凡税法中没有标明的支出项目在计税扣除时不能考虑。

单一农业税统一实行6%的单一比例税率。纳税期为一个日历年度，报告期为半年。税基按照自年初开始的累计额确定，如果纳税人全年出现亏损，则税基为零。亏损额在10年时间内冲减以后纳税期的税基，但冲减的每一纳税期的税基不得超过30%。

二、中俄税制差异比较

（一）税制结构比较

一国的税制结构可从三个层次来界定：第一，按照政权机关的管辖范围和税收支配权限划分，中国分为中央税、地方税和中央与地方共享税；俄罗斯分为联邦主体税和地方税。第二，按照国际通用的税收能否转嫁标准来分类，均可分为直接税和间接税。第三，按照税收客体的性质分类，中国的税收分为流转税、所得税、资源税、财产税、行为税及其他税等；俄罗斯税收分为利润（收入）课税、产品销售收益课税或称商品课税、财产课税、自然资源课税和对所产生费用额课税等。具体分类见表2.2。

表2.2　中俄两国现行税制结构分类

国家 标准	中国	俄罗斯
政权机关管辖范围和税收支配权	中央税：关税，海关代征消费税和增值税，消费税，中央企业所得税，地方银行和外资银行及非银行金融企业所得税，铁道部门、各银行总行、各保险总公司等集中缴纳的收入、车辆购置税等；地方税：地方企业所得税，个人所得税，城镇土地使用税，固定资产投资方向调节税，城市维护建设税，房产税，车船使用税，印花税，耕地占用税，契税，遗产或赠与税，土地增值税等；中央与地方共享税：增值税、资源税、证券交易税等	联邦税：增值税、消费税、自然人所得税、统一社会税、组织利润税、关税、动物和水生资源使用费、水税（2005年1月1日起征）、矿物开采税，以及一些专项税共12种；地区税或联邦主体税：销售税（已于2004年1月1日停征）、交通税、赌博税和组织财产税共计4种；地方税：个人财产税、土地税、个人经营注册税和广告税（2005年1月1日停征）共4种
税负是否转嫁	直接税：所得税、财产税 间接税：增值税、消费税、关税	直接税：有企业和组织利润（收入）税、自然人所得税、自然人财产税、企业和组织财产税等 间接税：增值税、消费税和关税等
课税对象	①流转税包括：增值税、消费税、关税等；②所得税：企业所得税、个人所得税等；③资源税：资源税、城镇土地使用税等；④财产税：房产税、城市房地产税等；⑤行为税：印花税、车船税、城市维护建设税，教育费附加等；⑥其他税：农林特产税、耕地占用税、契税等	①利润（收入），如利润税、所得税和资本收入税等；②产品销售收益或称商品，如增值税、消费税、销售税等；③财产，如企业和组织财产税、不动产税、自然人财产税、继承或赠与税等；④自然资源，如土地税、水资源税、林业税、地下资源使用税、矿物原料基地再生产税、动物和水生物资源使用权税等；⑤所产生费用额，如广告税等

（二）税收种类比较

在税收种类方面，中俄两国存在很大的差异，除了统一社会税、广告税、博彩税外，还有一些小的地方税种，是中国未曾设置或还未开收的税，比如不动产税和生态保护税、跑马场参赛费、跑马场参赌费、赌马中彩费、赌场开办费、养犬税和居民点环境清扫费等很多小的税种。

其中赌博税类是中国未设置也是俄罗斯占比相对较大的一个税种，比如赌马中彩费，此费由跑马场赌马中彩者缴纳，数额不超过奖金额的5%；跑马场参赌费，此费用以额定参赌收费的附加费形式缴纳，数额不超过额定收费的5%；赌场开办费（安装赌博机和其他可赢得奖品和奖金的装置、牌桌、轮盘及其他赌博设备），费率和收费程序由政权代表机构即地方人民代表会议规定。

还有一些中国设置但还未开征的税种，如遗产税和赠与税，该税种占俄罗斯税收的相当一部分比例，中国对于是否增收遗产税已讨论多年，但至今仍尚未开征。

（三）税收规模的比较

近几年来，为优化商业环境、促进经济增长、吸引国内外投资，俄罗斯进行了一系列旨在建立现代税收制度的税收改革，以简化税制、减少税种、降低税率、减轻税负。虽然实行了降低税负的政策，但是俄罗斯的税款总收入得到了稳定的增长。如果不考虑实际通货膨胀的影响，俄罗斯主体税率的下调和税负的降低不但没有导致实际税收收入的减少，反而促进了税收的稳定增长，这说明税制改革是有明显成效的。见表2.3，中俄两国税收规模的比较。

表 2.3　中俄两国税收规模比较　　单位：十亿美元

国家＼年份	2006	2007	2008	2009	2010	2011	2012	2013	2014	2015
中国	732.23	722.724	858.99	942.92	1159.64	1424.21	1600.73	1812.90	1947.62	1703.28
俄罗斯	137.94	170.21	201.95	155.52	186.90	259.45	289.73	353.9	405.4	207.3

数据来源：中华人民共和国统计局官网，世界银行，http://www.worldbank.org.cn/.

注：2015 年中俄两国税收规模普降，主要是本币贬值所致；2015 年中国税收规模是由国家税务总局网站 2015 中国税务年度报告而得。

可以看出中国的税收规模在不断扩大，因受国际金融危机的影响，2009 年税收增长速度虽有所减缓，但总规模仍在扩大。而金融危机给俄罗斯税收带来了严重的影响，俄罗斯为应对金融危机采取了一系列反危机措施，俄罗斯 2009 年虽然出现了负增长，但是 2010 年就恢复了增长。在税收总体规模上，中国远远超过俄罗斯。

见图 2.2，中俄两国税收规模比较图。

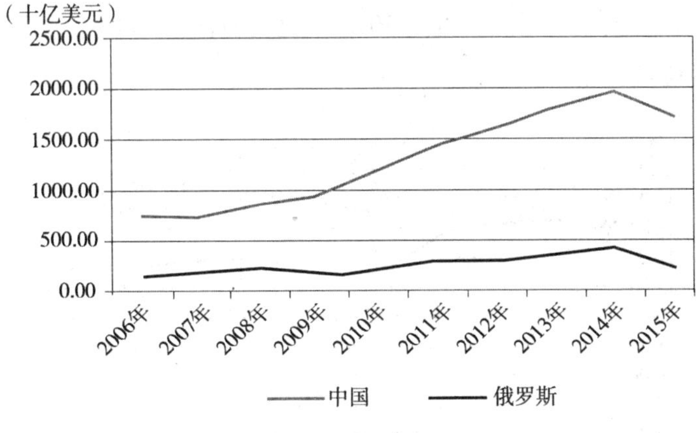

图 2.2　中俄两国税收规模比较

（四）税收负担比较

税收负担是指整个社会或纳税人（个人或法人）实际承受的税款，它表明国家课税对全社会产品价值的集中程度以及税款的不同分布所引起的不同纳税人的负担水平。从税负结构看，可以分为宏观税负和微观税负。

1. 宏观税负比较

宏观税负经常采取国内生产总值税率（即税收总额除以国内生产总值）来衡量。据统计，目前我国税负总体水平与世界发达国家相比偏低，但与俄罗斯相比相对较高。

表 2.4　中俄两国税负比较　　%

年份／国家	2006	2007	2008	2009	2010	2011	2012	2013	2014
中国	16.02	16.98	17.01	17.25	17.98	18.54	18.84	18.80	18.73
俄罗斯	16.57	16.55	15.82	12.96	13.05	14.05	14.00	13.29	13.44

数据来源：中华人民共和国统计局官网，世界银行 http：//www.worldbank.org.cn/.
注：2013—2014 年卢布与美元汇率为当年 12 月 31 日的中间价。

由表 2.4 可以看出，中国的税负一直处于增长状态，2013 年较 2012 年虽有所降低，但仍然达到 18.80%。俄罗斯的税负 2006—2009 年逐年降低，因受金融危机影响，2009 年下降幅度较大，但随着俄罗斯税收政策的调整，税收逐渐增加，直到 2012 年税负增长 14.00%。见图 2.3，俄两国宏观税负比较。

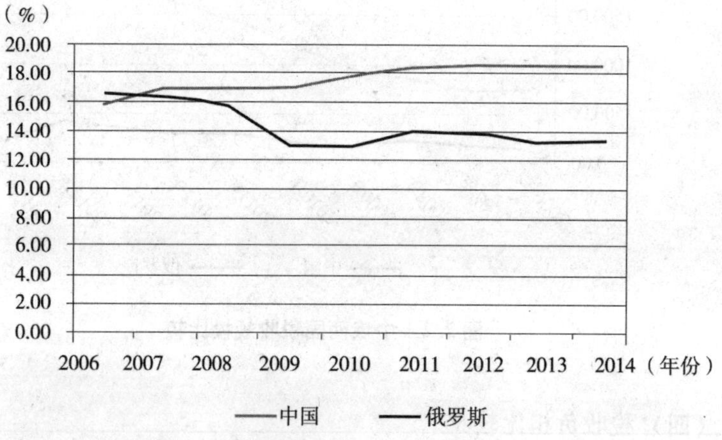

图 2.3　中俄两国宏观税负比较

总体来看，中国的税负相对俄罗斯而言仍然较高。

2. 微观税负比较

微观税收负担主要研究人均税收负担，即个人的税负水平。人均税负水平计算公式如下：

人均税负水平 = 税收收入总额/全国人口量

表 2.5 中俄微观税负比较 单位：美元/人

国家 \ 年份	2006 年	2008 年	2010 年	2012 年	2013 年	2014 年
中国	339.46	597.81	824.74	1183.23	1333.82	1425.99
俄罗斯	965.96	1417.18	1307.87	2026.11	1897.98	2066.10

数据来源：《中国统计年鉴》，世界银行，http：//www.worldbank.org.cn/.
注：美元汇率以每年的最后一天中间价为准。

由表 2.5 可以看出，俄罗斯人均税负远远高于中国，2008 年微观税负为中国的 2 倍多，2012 年人均税负达到 2026.11 美元。而中国的人均税负一直均衡增长，到 2014 年达到 1425.99 美元。中俄两国微观税负柱形图，如图 2.4 所示。

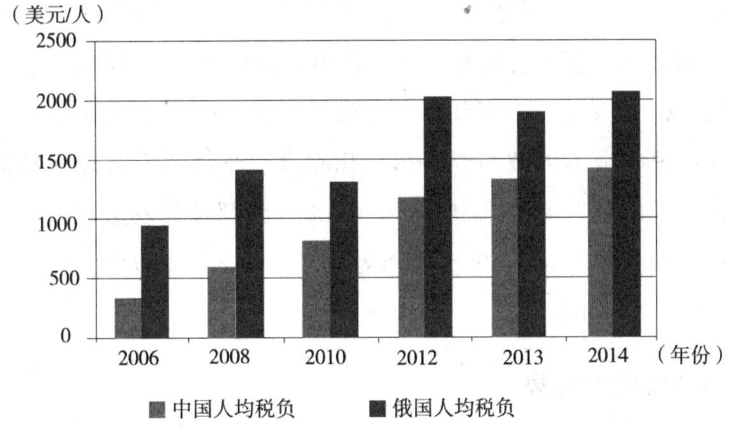

图 2.4 中俄微观税负比较柱形图

（五）税收成本比较

随着我国社会主义市场经济的不断完善和发展，税收成本随之增加亦属正常，特别是1994年税制改革后，由于两套税务机构的分设，无论从人员机构、办公场所，还是交易工具、业务经费等都必须增加投入，不论其来源于中央财政或地方财政，总体上税收成本都是要增加的。由于经济和技术等方面的原因，我国的税收征管水平与发达国家和地区相比，仍比较落后，税务人员的具体业务能力及执法水平也较欠缺，跟不上征管改革的发展需要，税收征收管理的效用不广，现代化程度不高。另外，各级税务机关在征管机制的设计上，出发点往往是最大限度地组织税收收入，而不是力求以最小的税收成本业换取最大的收益，税务机关为了便于监控、避免税收流失制定了许多严密甚至苛刻的征管制度，这些都会给纳税人履行纳税义务带来很多不便，增加税收成本。

据有关资料显示，目前发达国家的税收成本一般在1%～2%，低的如意大利为0.5%，美国为0.6%，日本为0.8%；高的如加拿大为1.6%，法国为1.9%。我国由于长期对成本和效率问题缺少系统的认识，自然也就谈不上广泛运用，因此，税务部门一直没有进行专门的成本计算，税收总成本、分税种成本的高低始终没有一个准确的数字可供考核和参考，据散见于各类报刊的资料，我国各地区税收成本有说5%～6%的，有说7%～8%的，个案调查有说已经达到10%的，差距悬殊。我国各地区税收征收成本大致与经济布局相吻合，东部及沿海地区较低，为4%～5%，如山东为4.3%，广东为4.7%；西部及欠发达地区较高，为10%左右，如内蒙古为9.6%，贵州为11%；中部地区大致为7%～8%，但北京较低，为4.6%。

（六）税收管理比较

1. 征收信息化程度

税收信息化的实现解决了纳税人业务范围和经营方式的变化以及税源流动性加强给税收工作带来的难题，为更加高效地进行科学决策提供了有利依据。

我国税收信息化的历史进程，可以分为两个阶段：

（1）税收管理电子化阶段。起步于1983年的PC机应用，主要以税收管理信息系统的普遍应用为标志，实现税收日常工作与税收征管操作以及管理环节的电子化。在这个阶段，征管软件、出口退税、办公自动化等各类业务建立了一些计算机应用管理系统，简单地讲，这个阶段完成了税收业务管理从手工向计算机的过渡，为税收管理效率的提高奠定了良好的基础。

（2）正在经历的税收管理与政府行政管理的信息化阶段。这个阶段是要在税务管理信息系统一体化总体建设目标的指导下，建立高度集成的各类业务系统的一体化应用，以及基于互联网技术的网络税收管理系统。这一阶段也包括金税工程的实施、中国税收管理信息系统（CTAIS）的推广应用，以及基于一体化的税收决策支持环节、行政管理环节的信息化。步入这一阶段后，中国税收管理的信息化建设从根本上产生了质的飞跃。

当前和今后一个时期内中国税收管理信息化建设的任务就是要搞好金税工程三期建设。各级税务机关按照国务院批准的立项要求，认真落实总局制定的实施方案，扎扎实实地做好三期建设的各项工作，主要包括做好标准体系和应用平台建设与抓好征收管理系统和外部信息系统建设。

俄罗斯税务机关自动化信息系统是以电子信息数据库为核心的相互作用的信息子系统的总和。这些子系统包括：地区级税收报表指标的存储和调阅子系统，地区税务机关管理子系统，地区国家税务机关综合工作效率指标形成的子系统，税款预测子系统，宏观与微观经济分析子系统，方法工作保证子系统，法律保证子系统，地区级基本子系统。

这些系统的主要任务是：①监督税法的实施；②对纳税人和向预算缴款的其他付款人进行及时和全面审计；③保证俄罗斯公民、外国公民和无国籍人士正确付款，保证这些付款纳入有关的预算；④监督纳税人及时提供会计报表、平衡表、税收计算表，以及与计税和纳税有关的其他报表、报单和凭证等；⑤通过银行和其他金融信贷机构返还多征收和多缴纳的税款以及其他必需的缴款；⑥保证正确使用法律规定的财政制裁措施；⑦进行罚没财产和无主财产的核算、评估和销售工作；⑧从企业、组织、财政机关和银行机构获得的对应缴纳税款额进行会计核算的凭证；⑨在不向国家税务机关及其公职人员提供会计报表、平衡表、税收计算表、报单和与计税纳税有关的其他凭证的情况下，暂时中止企业、机构、组织、公民在银行和其他金融信贷机构的结算账户和其他账户的业务；⑩编制、分析并向上级国家税务机关提供规定的报表，向市和区的财政机关提供实际缴纳税款的月报表；⑪审查在课税问题上公民、企业和组织的建议与申诉，以及对税务机关公职人员行为的控告；⑫按纳税人类型、地区、课税种类和活动方式对纳税人进行审计；⑬按纳税人类型、地区、税种、活动方式和银行来审计税收进款；⑭分析税收进款动态；⑮向政权机关提供税收进款信息；⑯完善课税系统的功能；⑰向纳税人提供税法问题的信息。

虽然我国的税制改革已取得了良好成效，但我国的税收信息化建设尚处于起步阶段，应吸取俄罗斯的经验教训，加强信息化建设，扩大税收信息化的社会效应。

2. 审计规范程度比较

俄罗斯的税收法典规定，为实行税收监督，纳税人必须按企业所在地、企业的分支机构和代表机构所在地、个人居住地，以及按其所有的应税的不动产和交通工具所在地，接受税务机关的审计。税务审计包括室内审计和实地审计（又称全面审计）两种，室内审计适用于所有纳税人，由税务机关强制实施；实地审计适用于所有法人（包括个体商户），由税务人员在纳税人生产经营场所进行实地审计。俄罗斯的税务审计的最大特点是规范、严格、审计弹性小。

在税务审计流程和方式上，我国与俄罗斯基本相同，但中国的税务审计工作还存在很多问题，在税务审计的规范、严格、审计弹性及社会公正方面还存在极大的提升空间，究其原因，主要包括以下几个方面：

（1）我国税务审计工作的管理体制还不够完善。目前我国的税务审计工作还缺少必要的法律支持，因而导致税务审计部分执行审计工作的强制力不足，导致审计工作常遇到很多阻挠，影响税务审计工作的进一步开展。而在税务审计工作内部，由于管理体制的不完善，税务审计工作人员自身的工作自觉性不足，在工作过程中缺少统一的执行标准，使得审计工作并不能真实反映纳税人的纳税情况。

（2）对税务审计工作的重视不够。税务审计所面对的工作十分繁重，有部分审计人员在工作中采取应付态度，对于纳税人提供的和税务机关所掌握的资料没有认真审核阅读，导致很多税务问题没有及时发现，阻碍了税收和审计工作的进展。

（3）税务审计人员的自身素质较为欠缺。税务审计工作不仅工作量大，而且技术含量较高，很多需要用到专业的会计或审核技术，像内控测试技术、复核技术、抽样技术等，而目前从事审计工作的人员一般都不具备这方面的知识技能，且在审计培训方面，也没有增加这些方面的内容，导致税务审计工作的质量大大下降。

3. 违章种类及处理方式

《俄罗斯联邦税收法典》对税收违法的种类及惩罚制裁措施做了具体规定，主要有：①纳税人违反税务审计申请书的提交期限，处以5000卢布罚款；②超过税务审计申请书应提交期限的90天以上，仍未递交审计申请书时，处以相当于超过期限所取得收入总额10%的罚款，但罚款额不能低于20000卢布；③纳税人违反税收法典的规定，未向税务机关提供在银行开立或撤销账户的信息，处以5000卢布罚款；④纳税人或其合法代表人在税法规定的期限内未向审计地的税务机关提交报税单，按每月该报税单应纳税额的5%～25%征收罚款；⑤粗暴破坏收支核算规则和课税对象核算规则，处以5000～15000卢布的罚款；⑥纳税人违反报税单编制规则，即未反映或未全部反映应纳税税款，处以5000卢布的罚款；⑦由于降低税基或不正确计税而不缴纳或不足额缴纳税款，按未交纳税款的20%罚款，如果上述行为是故意的，则按未交纳税款的40%罚款；⑧税务代理人不履行税法所赋予的扣税或向预算划拨扣税款的义务，按应扣税和应划拨数额的20%罚款；⑨纳税人或其合法代表人非法阻挠按税收法典规定进行税务检查的税务机关公职人员进入纳税人或其他责任人的场地或工作场所，处以5000卢布的罚款；⑩纳税人或税务代理人不遵守税收法典规定的被查封财产的占有、使用和支配制度，处以10000卢布的罚款；⑪不向实施税务检查的税务机关提供其所需的纳税人资料，或提供虚假资料，处以5000卢布的罚款；⑫纳税人拒绝就税务机关的函询提交凭证和物品，处以5000卢布的罚款：⑬证人拒绝提供证词以及提供明显的虚假证词，处以3000卢布的罚款；⑭拒绝鉴定专家、译员或其他专家参加税务检查，提供明显伪造的结论或译文，处以3000卢布的罚款；⑮银行违反纳税人账户开立制度，处以10000卢布的罚款；⑯银行违反税收划拨委托书的执行期限，每逾期一天按俄罗斯央行再融资利率的0.2%征收罚金；⑰银行不执行税务机关关于暂停办理纳税人或税务代理人账户业务的决定，按划款额的20%征收罚金。

我国的税收违章行为包括：①违反税务管理基本规定，如纳税人未按规定办理税务登记、纳税申报等；②偷税，纳税人伪造、变造、隐匿、擅自销毁账簿、记账凭证，或者在账簿上多列支出或者不列、少列收入，或者经税务机关通知申报而拒不申报或者进行虚假纳税申报，不缴或者少缴应纳税款；③逃税，纳税人逃避追缴欠税；④骗税，纳税人骗取国家出口退税；⑤抗税，纳税人以暴力、威胁方法拒不缴纳税款。对违章行为的处理措施，可以根据情节轻重，分别采取以下方式进行处理：批评教育、强行扣款、征收滞纳金、处以税务罚款、追究刑事责任等。

（七）税收征管文化比较

从内容上看，相比而言，俄罗斯联邦税务局制定的税收内涵，清楚易懂，方便实施，不仅能有效地指导税务机关对纳税人进行税务检查，同时也便于企业领导自查，并对自身的风险进行评估。

从税收刚性程度上看，俄罗斯联邦税务局的主要职能是严格按税收标准，将税收及时、准确地交至预算并进行监督和检查，税收法律非常具有权威性，纳税成为一件很有威望的事情。但在中国，人情税严重，税收刚性弱。

从税收指标确定来看，俄罗斯并没有给税务机关和人员下达增加税收的任务指标，而是侧重于对纳税行为的纠正和规范。相比较而言，我国一些地方的税务稽查工作更强调量化指标，如稽查收入任务、人均查案数量、罚款率等，导致稽查工作偏离本意，形成了“为完成稽查收入任务而稽查”的现状，结果失之过宽或过严，偷税的照样偷税，漏税的仍然漏税，没有真正起到严厉打击税收违章行为的作用。

三、中俄税制差异原因分析

中国与俄罗斯社会性质、国情和发展情况的差异，直接或间接地造成了中俄税制的各种差异。

（一）基于政治因素差异的税制构建

在政治上，俄罗斯人崇尚铁腕式的强权统治，以强权来追求强大，其对国家政治、经济干预的影响也要远远高于世界上的大多数国家。纵观俄罗斯历史，杰出领袖们在政治和外交方面都采取极端强硬的态度和铁腕政策，而这些人物在俄罗斯都是备受推崇的，他们在俄罗斯人心中的地位都是崇高的，这从一个侧面也表明了俄罗斯人在一些事情的处理上崇尚极端的方法。单一税率的个人所得税就是一个很好的例证。从另一个侧面看，俄罗斯人的性格也非常情绪化，他们更加渴望神奇和奇迹的出现，他们更加需要智勇双全的英雄和强人，这可以说是当今俄罗斯人极度崇拜和大力支持普京的原因。普京一上台就将税制改革作为维护俄罗斯国家经济安全、保护国家领土完整的任务提了出来，这也是俄罗斯的税收制度改革取得重大进展的原因。

中国的政治环境和俄罗斯恰恰相反，中国崇尚在无声无息间，潜移默化地达到天下大治，中国政府致力于构建和谐包容的社会环境，实现和平崛起和民族的伟大复兴，中国的税收制度，就是在这样平和的政治环境中产生、发展和不断完善的。

（二）基于宗教文化因素的税制差异

宗教在俄罗斯和中国的民族性格形成过程中有着巨大的作用和影响。

在西方有一句谚语：英国人和美国人谈论体育运动，法国人谈论美女，而俄罗斯人谈论宗教和上帝。信奉东正教的俄罗斯人在宗教品格上的虔诚令人叹为观止，因而他们有了“上帝使者”“上帝追随者”的称呼。初期的税收制度受到宗教思想的影响，呈现出明显的税收集权特点。现今的俄罗斯税制权利虽然在逐渐下放，但主要的税种以及大部分税收实权仍集中在联邦中央。

对比来看，宗教对中国的政权和税收制度也起到了至关重要的作用。中国的宗教不像俄罗斯那样单一，影响力最大的有“三教”——儒、道、释（佛教）。中国税收制度的发展衍化过程也处处体现出宗教思想的影响痕迹，税制改革历程一直处于温和缓慢的衍化过程。

（三）社会性格差异导致的税收差异

中俄两国人的性格差异对生产生活有着显著影响。俄罗斯人注重生活质量，十分会享受生活，他们有重精神而轻物质的生活态度，除此之外，俄罗斯人个性中还有严谨和认真，他们遵守规划，在税收制度执行的过程中也是如此，俄罗斯人严格按照税法规定纳税，违法行为相对较少。

对比来看，中国人的做法则是在原则允许的范围内尽可能地变通，注重适应事情的发展进程，提高或降低事情发展的速度，基于中庸原则，更好地达到目的。这种灵活变通的生活方式，也影响着中国的税收制度，中国的税制相对俄罗斯来说也显得较为灵活。

（四）思维方式差异导致的税收制度差异

两国思维方式的差异导致两国对事物的认知程度出现偏差，这直接导致中俄两国税制的差异。中国人的综合思维方式强调整体优先，即注重事物整体性、关联性，强调总体性原则。俄罗斯人运用分析性思维方式，非常注重实证分析，通过归纳、演绎推导，强调细节，缺乏总体原则。这就使得中国税制首先要符合社会主义制度大局的需要，各种税收要素的确定也要首先考虑社会主义发展的需要。

（五）资源差异导致的税收制度差异

俄罗斯位于欧亚大陆北部，地跨欧亚两大洲，是世界上面积最大的国家。俄罗斯拥有世界最大储量的矿产和能源资源，是最大的石油和天然气输出国，拥有世界最大的森林储备和约占世界25%的淡水湖泊，石油探明储量82亿吨（2009年数据），占世界探明储量的4%～5%，居世界第八位。天然气已探明蕴藏量为48万亿立方米，占世界探明储量的1/3，居世界第一位。丰富的资源储量使俄罗斯的资源经济发展迅速，资源税在其税制结构中占有重要地位。现在俄罗斯资源税征收范围在不断扩大，将土地、森林、草原、滩涂、海洋和淡水等自然资源都列入资源税的征收范围，并且是“专款专用”。资源税在俄罗斯税收收入中的作用不断提升。

中国目前实行的资源税呈现出总体税率偏低、资源税税收范围窄、资源税计征方式不恰当、资源税计征依据不合理等问题，导致我国全年的资源税额占税收总额的比例也一直偏低，我国资源税的经济效应影响甚微。从国家统计年鉴1998—2015年的数据分析得知，资源税占总税收的比例一直处于下降的趋势，虽然2004年后，出现了一定程度的上升，但总体处于较低水平，资源税占GDP比重的比重平均为0.082%。这种过低的资源税额，会导致生产经营者只顾自身利益，在资源开采过程中出现采富弃贫、采易弃难、采大弃小、乱采滥挖等破坏和浪费国家资源的现象，不仅不利于企业加大技术创新、提高资源利用效率，同时，过低的税率也不能有效地解决资源使用过程中对社会造成的巨大的负外部效应，给社会带来了严重的环境污染。

四、俄罗斯税收制度对我国税制建设的启示

（一）合理划分事权财权

中央集权是俄罗斯税收制度的一大特点。该类型的税收制度对平衡

全国财政收支，进行重点建设，支援贫困落后区域发挥了极其重要的作用，但也存在着地区经济发展不平衡、税负不均、宏观调控和行政干预过多、抑制区域发展等问题。所以，在处理中央与地方各级政府之间的税权关系时，中央集权与地方分权的适度平衡最重要。抑制区域发展程度越严重，越会使得宏观调控的难度和复杂性增加。

目前，我国实施的分税制对地方政府的事权范围界定仍然不明确，存在事权的“错位”“越位”“空位”现象，并由此导致财政支出范围的“错位”“越位”与“空位”现象，地方税收收入越来越少，这说明税收收入越来越往中央集中。如若不是这种结果，那将会更可怕，那就意味着地方经济质量在变坏。降低中央税收收入，提高地方税收收入是税收制度改革的一项重要内容。

（二）完善资源税

俄罗斯的资源税有开征范围有不断扩大、税率不断增加的趋势，该税种是保护和合理利用国家资源、减少浪费、实现可持续发展的一种重要机制。相对于俄罗斯而言，我国人口众多，人均资源量较少，尤其是近年来，为了经济发展，资源的不当开发利用比比皆是，资源的极度浪费已严重影响到我国的可持续发展。因此，完善现有的资源税结构，建立更加合理的资源税体系势在必行。

我国应根据现有的资源分布和经济发展现状，因地制宜地选择扩展资源税的范围，提升税率，不仅可促进中央、地方财政收入的稳步、协调增长和经济发展，更主要的是可有效保护和合理利用资源。取消水资源补偿费，对用水单位和个人区别对待，征收水资源税，开征环境保护资源税，对水土流失严重、不按规定退耕还林、造成大气污染等情况，按影响环境程度设置税率，逐步用经济手段提高民众的环境保护意识，强化环境保护行为，遏制环境日益恶劣的态势，逐渐将土地、森林、草原、山岭、滩涂等资源纳入征收资源税的范围。

（三）开征新税种

在避免税负重复征收的前提下，选择税基较大，税源较多，应该对社会产生不利影响的财产和行为进行征税。俄罗斯开征的养犬税、疗养税等就带有这方面的创意。在中国，为缓解交通堵塞，应减少车辆尾气排放，开征车辆的生态保护税；养犬等宠物的，只要对社会环境有害的，都要对其开征宠物税；开征遗产税和赠与税。当然，一些税种的开征一定要结合具体国情、民生所需和税种开征的社会效应。

（四）完善税务管理环境

俄罗斯比较强的税收法律意识和比较高的税收征管质量，是其税收制度的一大特点。这两方面也是中国要加强的。首先，建立健全有关税收法律体系，强化税收征管法规，完善税收基本法，维护税收法律的权威性和严肃性，同时完善税收征管的程序。其次，完善税收管理体制，国家税务机关和地方税务机关，在税收征管上存在相互重叠和高成本等问题。应进一步划分并明确国家与地方的管理权限，保障征税效率，减少征管成本。再次，采用多种征管手段，加大征管力度。加快信息化建设，加快网络化进程，优化、统一税务系统软件，加强对税务登记、申报纳税、税款征收、税务稽查等方面的工作。最后，提升征管质量，建立征管责任制，营造良好的税收执法环境。对涉嫌税收违法的行为，进行严格的查处，实行专业化管理，增强依法治税的权威性；要深入开展税收专项检查，严厉打击税收违法活动，有的放矢地在税收秩序较为混乱的行业和税收征管相对薄弱的区域开展税收专项检查和专项整治工作，尤其是要集中力量查处涉税违法犯罪案件，特别是影响恶劣、危害严重的大案要案，遏制重大涉税违法犯罪活动的蔓延。

第三章

中英税收制度理论与实践比较

英国处于欧洲西部，是世界三大金融中心之一。英国政治体制为议会民主制。英国分为英格兰、威尔士、苏格兰和北爱尔兰以及一系列附属岛屿，其中英格兰划分为43个郡，威尔士下设22个区，苏格兰下设29个区和3个特别管辖区，北爱尔兰下设26个区，此外英国还有12个海外属地。议会及其行政机构全面负责地方事务，外交、国防、货币政策、就业政策和社会保障等总体经济政策由中央政府控制。

英国交通便捷，公路和铁路系统既安全又高效，电信业也位列世界上最发达者之列。欧洲最大和最具国际特色的城市——伦敦是英国的政治文化中心，是众多国际组织和企业的总部所在地。英国是一个具有多元文化和开放思想的社会。英国的艺术、音乐、文化和饮食一直受到来自世界各地不同国家的人民和民族习惯的影响，并与许多国家有着悠久而密切的联系。直到现在，它仍与美国、加拿大、澳大利亚和新西兰等英语国家保持着牢固的关系。

英国是世界上第一个工业化国家，有许多科学发现和发明，如青霉素、脱氧核糖核酸（DNA）、第一部计算机和喷气式发动机等。英国经济发展居世界前列。

英国是典型的高福利国家，财政支出主要集中在社会保障和劳动就业方面。英国现在的净公共债务约为1.21万亿英镑，约等于GDP的

75.9%。截至2015年底，英国公共部门负债为15326亿英镑，占英国GDP的81%。

一、英国的税收制度现状

（一）现行英国税收管理体制

英国是中央集权型国家，财税管理的主要权力集中在中央。全国的税收立法权由中央掌握，地方只对属于本级政府的地方税才享有征收权及适当的税率调整权和减免权等。中央政府的财政职能包括资源配置、稳定经济、提供公共劳务等方面。地方政府的财政职能主要包括地方行政管理、城市维护与建设、维护地方公用设施等方面。财政收入方面，税收收入占总收入的96%，税收等各方面权力主要集中在中央，由中央统一协调。中央税收收入主要包括个人和公司所得税、社会保险税、增值税，地方税收收入主要是房产税。2010年以来，中央税和地方税所占比重大致为9∶1。

英国的税收由直接税和间接税构成，以直接税为主，间接税为辅。直接税主要有个人所得税、公司所得税、资本利得税、资本转移税、土地开发税、石油收益税、遗产税及赠与税；间接税主要包括增值税、关税、消费税和印花税。直接税种的所得税是英国税收的主体，占全部税收收入的60%以上；间接税在英国税制中处于辅助地位，在全部税收收入中占30%略多。

英国税收制度采用4月制。在纳税年度内，中央税和地方税分别征收。中央税由国内收入局、海关与消费税局（只负责关税、增值税、消费税）分别负责征收管理。税务委员会领导国内收入局。在委员会的领导下，国内收入局内设税政司、技术司、管理司、法律办公室、评价办公室、综合处、统计处等分管各项业务。在国内收入局领导下，全国各地分设15个地区税务局。在地区税务局的领导下，按职能在全国分设约800个计税局，负责确定纳税人的纳税义务，另设约250个稽征局，负责税收缴款入库工作。地方税由地方政府另设机构征收，组织上与国内收入局无关。

（二）英国现行主要税种

英国现行的主要税种有个人所得税、公司所得税、增值税、国民保险税、石油收益税、遗产税和赠与税等。

1. 个人所得税

个人所得税以分类所得为基础，采用以综合所得为计税依据的计税办法。它是按纳税年度（每年的4月6日至次年4月5日）申报缴纳的。个人所得税分类表中列举出的应纳个人所得税的所得分为六类，即：①经营土地、建筑物等不动产所取得的租赁费、租赁佣金及类似支付的所得；②森林土地所得；③在英国境内支付的英国与外国公债利息所得；④工薪所得；⑤英国居民公司支付的股息红利所得；⑥经营及专业开业所得、外国的经营与财产所得，未经源泉扣缴的利息、养老金、特许权使用费所得、外国有价证券利息以及其他类型所得。

纳税人分为常住居民和非居民两种。常住居民指：①在英国征税年度内停留6个月以上；②连续5年中每年有3个月以上居住在英国；③在英国有住所，并在英国居住，不论其停留时间长短，但自己全部时间在国外从事经营、其他职业或受雇佣者除外；④居民一般要按其在世界范围的所得纳税，居民如果具有英国国籍法规定的英国人资格，可在计算应税所得时享受基本生活扣除待遇；非居民则仅就其在英国的源泉所得征税，一般不享有基本生活扣除待遇，但是有英国国民资格者可按其英国所得占其在世界所得的比例给予基本生活扣除。

纳税人应税所得的计算是将各类所得分别扣除其法定扣除项目（如经营所得的合格经营费用），求得各类所得（包括已从源泉征税的所得）的综合所得，再扣除生计费用后，即为实际应纳税所得额。各类所得合并为综合所得时，允许依法冲抵盈亏（如经营亏损可用总所得冲抵），然后依分级差额累进税率计征。预扣的已缴税款可抵免应付税款。个人所得税采取自行申报办法纳税，同居夫妇可联合申报或分开申报。

（1）纳税人。英国个人所得税的纳税人是英国居民和非居民。

（2）课税对象。英国个人所得税对居民就其来源于国内外的一切所得征税，对非居民仅就其来源于英国的所得征税。

（3）计税依据。英国个人所得税的计税依据是应纳税所得额。应纳税所得额是指个人所得税分类表中规定的各种源泉所得，各自扣除允许扣除的必要费用后，加以汇总，再统一扣除生计费用后的余额。允许扣除的生计费用包括基础扣除、抚养扣除、劳动所得扣除、老年人扣除、病残者扣除、寡妇（鳏夫）扣除和捐款扣除等。这些扣除项目的金额，按法律规定，每年随物价指数进行调整。

（4）税率。英国个人所得税税率和税基，见表3.1。

表3.1　英国个人所得税的税率和税基（2012—2016）　　单位：人民币

	应纳税所得额			
	2012—2013年	2013—2014年	2014—2015年	2015—2016年
起征税率10%	0～25618	0～28500	0～26251	—
基本税率20%	25629～324910	28511～326995	26260～290443	46317～293236
高税率40%	324919～1417995	327005～153210	290452～1367220	293245～1383840
附加税率45%	—	超过1532320	超过1367229	超过1383849
附加税率50%	超过1418004	—	—	—

数据来源：英国税务机关和海关总署网站：http：//www.hmrc.gov.uk.
注：汇率计算以该纳税年度结束日4月5日当天汇率为准。

在税率方面，英国采用累进税率，起征储蓄所得税税率10%，基础税率20%，较高税率40%。从2010年开始，英国对年收入超过15万英镑的高收入者以50%的税率征税，从2013年4月起，又将50%的税率降到45%，因为提升以后的高税率并没有实现财政收入增加的预期效果，还阻碍了企业家精神，不利于社会经济的发展，也削弱了英国的国际竞争力，吸引的投资减少。虽然英国降低了最高的个税税率，但是在其他方面进行了一些改革，保证英国最富有的1%的人缴纳相当于当前法律所规定的五倍的税收，比如提高海外注册的企业拥有价值超过两百万英镑住房的税率，因为有很多富人利用这方面的空缺少缴纳房产税。英国还从2015年开始对富裕的外国购房者征收资产利得税，此税之前只对居住在英国的房产持有人征收。资本利得税的税率也从之前的18%调高到28%。

（5）应纳个人所得税额的计算。英国的个人所得税采用的是综合征收模式，即对公民所有收入综合扣除各项因素进行征税。

英国个人所得税的征收是通过扣除和税率分档的制度来运转的。每一个人都有个人扣除额，从税前总所得额中进行扣除得出应纳税所得额，各项所得的费用在汇总时已做扣除，个人扣除额依年龄的增长而增加。除个人扣除额之外，还有已婚夫妇扣除额，也是随年龄的增长而增加的。具体的免税税额见表3.2。

表3.2 英国的个人所得税免税额（2012—2016年） 单位：人民币

年度 免税额	2012—2013年	2013—2014年	2014—2015年	2015—2016年
1. 个人免税额				
1948年4月5日后出生免税额	76619	96433	91148	97791
1938年4月6日到1948年4月5日出生免税额	99260	107262	95705	97791
1938年4月5日前出生免税额	100772	108896	97164	98345
2. 残疾人免税额	102096	111348	100263	102404
3. 已婚夫妇免税额	27982 ~ 72838	31055 ~ 80855	28620 ~ 74422	29706 ~ 77080
4. 盲人免税额	19852	22065	20326	21127

数据来源：英国国家财政预算（2011—2015年），HM Treasury，London：The Stationery Office.

注：汇率计算以该纳税年度结束日4月5日当天汇率为准。

（6）征收方法。英国个人所得税采用源泉扣缴和查实征收两种方法。前者主要适用于对工资、薪金、利息所得的征税，后者主要适用于对其他各项所得的征税，但都采取综合征收的模式。近年来，英国政府不断就个人所得税进行改革，除税率降低外，不断地提升起征点。从2012年4月1日起，英国个税起征点从年收入7045英镑上调至8105镑，2013起征点进一步调高至9205英镑，2015年将个税起征点提高至年收入10000英镑。对于数以万计的中低收入者来说，个税起征点的上调意味着每个中低收入者一年中可以少缴纳约170英镑的个人所得税，2015年起征点达到10000英镑以后可少缴250英镑的税。

个人所得税由雇主从员工的周薪中代为扣除，每付一次薪水，扣除一次税，即所谓的PAYE（Pay As You Earn）。每个员工都有一个PAYE号，雇主根据员工不同的纳税税率代扣代缴相应的税额。

2. 公司所得税

英国公司所得税亦称“公司税”或“法人税”，比个人所得税开征晚，1947年开征。1970年颁发的《所得与公司税法》和1979年颁布的《资本收益税法》是征收公司所得税的主要法规。

（1）纳税人。英国公司所得税的纳税人是所有居民公司和非居民公司。居民公司指其控制与管理中心在英国的公司。董事会议所在地是确定居所的基本标准，不管公司注册地与企业进行实际活动的地点在何处，居所在英国就是居民公司。不属居民公司的公司（包括外国公司）为非居民公司。

（2）课税对象。英国税法规定，公司所得税的课税对象包括以各种名义和方式从事业务经营活动所取得的资本利得。居民公司要就其在全世界范围所得纳税，非居民公司仅就英国源泉所得纳税，应参考双方有关双重征税条约确定。

（3）税率。英国公司所得税实行比例税率，税率一年一定。通常每年4月以前，英国政府就会公布本财政年度的公司所得税税率。自2012年4月起，英国对于企业征收的公司所得税税率从26%降到24%，这也是世界主要的经济体中公司所得税税率最低的，其目的是提高英国的国际竞争力，刺激英国的商业发展。

英国政府为提高本国企业的竞争力，采取降低公司税负的办法，以吸引国外资本的投资。特别是对小企业（年利润在30万英镑以下者）采用低税率征税，并采用优惠的资本扣除方法，使英国小企业得以生存和较快发展。

（4）应纳税所得额和应纳税额的计算。应纳税所得额是将公司在每一会计期内的应税利润总额（包括按不同类目计算的该期所得）加上资本收益，扣除允许减除的损失、费用和投资等计算得出的额度。英国的公司所得税按照每个财政年度（由4月1日起至次年3月31日止，即4月制）规定的税率征收，但公司所得税的应纳税所得额并不是根据财政年度确定，而是严格按照公司事业年度的应税利润所得计算征收。应税利润以"会计利润"为基础，是根据税法的规定经过调整后的利润，调整的主要内容是确定可扣除项目，并根据扣除项目调整。会计利润减去可扣除项目后，即为应税利润（应税所得额）。

应税利润与税率的乘积即为应纳税所得额。对居民公司的国外源泉所得，无论是按双重征税条约，或是通过单方面减免，均免于双重征税。对非居民公司通过分公司或代理商在英国进行营业取得的利润，征收公司税。来源于英国的其他所得，除受双重征税条约保护外，按基本税率纳税。公司税还通过规定加速折旧再投资，对其资本利得延迟征税予以鼓励。

（5）征收方法。英国公司所得税一般按会计年度纳税。英国公司的会计年度可以超过12个月，超过12个月的部分，算另一个纳税周期。新成立的公司在成立后的第一个会计年度结束后9个月内纳税。过期未纳税征收9.5%的滞纳金。

3. 增值税

增值税是对应税商品和劳务课征的一种税。英国自1973年开始征收增值税，1983年颁布《增值税法》。

（1）纳税人。凡是在英国提供应税商品和劳务，旨在通过营业过程获得收入的个人、合伙企业、团体或公司及从事进口业务者，都是增值税的纳税人。英国增值税的纳税人是指供应货物或想要供应货物的人，同时也应是按照法令办理纳税登记的人，包括个人、合伙企业、社团或公司，集团公司或统一公司所属的一些部门也可以登记成同一纳税人合并纳税。特殊群体，如农民和渔民等，有可能免于登记而不成为增值税纳税人。登记是英国增值税制度管理的基础。英国现行制度规定，如果在过去的12个月内，营业额达到79000英镑或者预计年营业额会很快超过这个数额的人都必须进行增值税登记。还有一种情况是让纳税人自行决定是否登记，某人销售或打算销售应税商品，由于不符合上述最低营业限额的规定，可以不登记，但是由于该人的竞争对手是已登记的纳税人或者他的客户是增值税纳税人，需要增值税进项发票，而英国增值税制度规定，只有登记的纳税人才能开具增值税发票，因此，为了避免在竞争上处于不利地位，该人也可登记成为增值税的纳税人。

（2）计税依据。英国增值税的范围涉及工业、农业、商业以及服务业等各行业。国内商品及劳务的计税依据是销售商品和提供劳务所取得的销货金额及报酬总额，进口商品的计税依据是支付的报酬或海关确定的价额。

（3）税率。英国增值税有三个税率，即标准税率、低税率和零税率或免税。英国的现行标准增值税率为20%，低税率为5%，适用于国内使用的燃料和电力。零税率相当于许多国家所说的有收回已纳税款权利的免税，主要适用于食品、书籍与出版物、客运及出口品等。免税主要适用于某些银行、保险和金融服务、财产交易、教育与健康服务及某些非营利活动。与免税相比，零税率要通过销项税额与进项税额的核算，征管手续与缴纳增值税的核算一致；而免税则相当于从增值税的课征范围中分离出来，缩小了征税面，也简化了征管手续。

（4）增值税的计算。增值税是由商品的定价（税前价）乘以20%计算出来的。

（5）增值税征收。增值税纳税人每年向关税和消费税局申报四次，即每3个月申报一次。纳税人必须在每个纳税申报期满后的1个月内提出纳税申报表，并同时缴纳相应的税款。为避免双重课税，用于应纳税的商品和劳务所缴纳的增值税允许抵扣。

（6）征收管理。在英国，凡是年营业收入（可征税产品价值）超过

5.6万英镑的公司，均须进行增值税登记。如果公司年营业收入低于5.6万英镑，登记增值税也是允许的，而且在公司购买用于业务的物品时，可以索回增值税。

英国增值税纳税人每年向关税和消费税局申报四次，即每3个月申报一次。纳税人必须在每个纳税申报期满后的1个月内提出纳税申报表，并同时缴纳相应的税款。

4. 社会保险税

国民保险税也称社会保险税，是对雇主、雇员以及自营人员征收的一种税，目的在于为医疗保障、退休、失业的人员提供保障基金。

（1）纳税人是雇主和雇员以及自营人员。

（2）课税对象是雇主支付给雇员的劳动所得，以及自营人员从事各项独立劳务活动取得的所得。

（3）国民保险税实行比例税率。雇主和雇员的税率相同，由雇主负责扣缴和申报。

表3.3 每周工资收入对应税率一览表

收入（英镑）	税率（%）
0～58	0
58～105	3
105～150	5
150～205	7
205以上	10

（4）计征方法。英国国民保险税的计征采用非累计制，即纳税人每周的税款决定于其本周的所得额，而不受前后各周所得多少的影响。雇主就雇员的收入，包括某些实物福利按规定的税率纳税。

5. 烟消费税

凡是在英国从事制造、加工、销售和进口烟的单位和个人均为烟消费税的纳税人。英国国内生产和加工的烟、进口烟为烟消费税课税对象，烟消费税的计税标准是按零售价格或烟的重量计算。

烟消费税采取比例税率或定额税率，出口卷烟可以享受退税。

6. 酒消费税

酒消费税的征税范围包括啤酒、烈酒和果酒。

啤酒税是对啤酒制造商征收的一种消费税，按生产啤酒的未发酵麦芽汁的比重计算。麦芽汁的比重为1030度以下的，每桶（36加仑）征税17.424英镑；超过1030度的，每超过1度加税0.5808英镑。啤酒税征税对象只限于为销售而生产的啤酒，自制自用啤酒不征税，黑啤酒免税，用于出口的啤酒，已纳税款可退税。

烈酒消费税的纳税义务人为烈酒的制造业者、蒸馏业者。烈酒按其含酒精浓度计算税额，烈酒的税率为：储存3年以上酿制而成的烈酒，每加仑27.09英镑，储存3年以下酿制而成的烈酒，每加仑征税27.165英镑。

果酒包括苹果酒、梨酒、葡萄酒等，纳税义务人为果酒的制造业者和加工业者，按制造厂和加工厂出厂的数量定额征收。

7. 石油收益税

英国于1975年制定并颁布了《石油税法》，开征石油收益税，它是对开采石油的公司单独开征的一个税种。纳税人为持有政府许可证、在英国领土（大陆和领海）开采石油和天然气的公司，包括英国公司和外国公司，征税对象为开采石油和天然气所取得的利润。

1983年的财政法规定，石油收益税的税率为75%，计算应税利润时，下述费用可以从总利润中扣除：

（1）特许使用费，指石油公司因开采石油和天然气而交给政府的准许费，特许权使用费实际上也是一种税，费率为毛收入的12.5%。

（2）营业成本，指在开采石油和天然气中支付的一些必要费用，如原材料、工资、利息等。

（3）其他税款。石油收益税半年评定一次，为了保证税收收入的经常性，英国还规定石油开采公司必须按毛收入的15%预缴税款。石油开采公司除缴纳石油收益税以外，同时还要缴纳公司税，但已缴纳的石油收益税税款和特许费可以在计算公司税的应税利润中扣除。

8. 烃油税

烃油税的纳税义务人为国内原油加工业者，具体包括烃油、重油、燃料油等加工业者。税率采用定额税率，烃油为每加仑30便士，重油（除用作公路机动车的燃料油外）税率低一些。救生艇用油、渔船用油、炼油厂燃料油等，免征烃油税。

9. 机动车税

凡拥有各类机动车的个人、公司、组织均为机动车税的纳税义务人。驾驶机动车者，必须有英国政府颁发的驾驶许可证方可驾驶，驾驶许可证原则上需每年更换一次，机动车拥有者在领取许可证时同时缴纳机动车税。该税采用定额税率，根据机动车类型不同，确定差异额年税额。

10. 赌博和游艺税

赌博和游艺税是针对赌博活动和游艺活动，向参加赌博和举办游艺活动的人开征的一种税。

（1）赌博税。征税对象为各种赌博的赌金和赌博者取得的赌金（包括彩票），税率为固定比例税率。赌博业者缴纳赌博税，分两种情况：按规定举办的各种形式的赌博，由赌金登记员或管理员按赌金的4%缴纳税款；不按规定办的赌博，按赌金的7.5%纳税。

（2）游艺税。征税对象为游艺场所的房屋、设备，该税按游艺台数计征，根据游艺房屋、设备的估算价值计算每台（桌）的税额。

11. 关税

1973年英国加入了欧洲经济共同体，实行共同关税，即保护关税税率。整个欧盟采用相同的关税制度，进口货物到欧盟时征收关税，但在欧盟之间跨境转运则无须缴纳关税。以后基本上按照共同体的共同关税税法调整了所有关税税率，并且分阶段降低了工业品的关税税率及工业品、农业品和工艺品的税率。可以说，英国一直按照共同关税税法征收关税。但自从2016年英国脱欧后，其关税税率呈上升趋势。

12. 印花税

印花税是对证明某些财产转移的文件征收的一种税。通常对在英国生效的文件以及与英国的财产、交易有关的文件纳税，并以贴花表示完税。

印花税由国税局的印花税办公室征收，税率依交易性质的不同而有所不同，一般在0.5%～1.5%。但赠与等少数交易，按固定税额征收，通常为50便士。

13. 遗产税和赠与税

英国税法规定，遗产税和赠与税合并在一起征收。为防止富人通过提前转移财产逃避遗产税，该税法规定，继承人除了要对死者遗留的财产缴纳遗产税外，还要对死者7年内赠与的财产按不同的税率缴纳赠与税。

二、中国与英国税收制度差异

（一）税收权力层级分配差异

税收权力包括税收立法权、税收收益权和税收征管权等主要权力。税收立法权是前提性和原创性的权力，是其他税收权力合法性的来源。英国强调法治，对税收立法权非常重视，税收立法工作非常严谨。

从税收立法权角度看，英国权益法案规定，只有议会通过才能对纳税人立法征税。英国的税收立法需要广泛征求社会各界的意见，并制定详细的条款以解决一些争议问题。经议会批准后即生效，一旦列入财政法案，任何人无权改变。

英国实行高度集权的税收管理体制，其税收管理主体只分为中央和地方政府两级，中央税的税收立法权和税收管理权集中在中央政府，税权归属中央，由中央政府负责立法、征收和管理；地方税的立法权及征管权归地方政府。相比之下，中国地方政府并没有税收立法权。

（二）房产税价值评估体系的特别提示

英国有明确的房产价值分级体系及相应的税率级次划分体系，可以有效保证税收的纵向公平和横向公平。英国的税率名义上具有累进性，而实际税负又具有累退性，从而兼顾了公平和效率两大税收原则。英国依据应税住宅的价值高低将其分为A～H 8个等级。近年英格兰、威尔士和苏格兰的市政税评估级次统计数据显示，H级房产的价值分别是D级和A级房产价值的4倍和8倍左右，而其税负只是D级的2倍、A级的3倍。累退性的税负和税率设计，既体现了税收纵向公平的原则，又鼓励了本地居民置产兴业，安抚财产所有者留在本地区，为本地区的发展发挥了积极作用。

我国尚未建立较完善的房地产价值评估体系。目前我国房产税没有按房产和地产的市场价值来征收，房产税收入不能随经济增长而增长，致使地方政府通过土地出让金等收费项目来增加财政收入。收费比重大大高于税收，收费方式不规范，费基侵占税基，税基明显偏窄等问题，既影响了房地产的税收，也造成了税负的不公平。另外，我国税收征管水平较低，按累进税率征收房产税在操作上还存在难度。目前我国只是按房产余值或租金收入来划分两个房产税的税率，并只是根据土地所在的城市、县城、建制镇、工矿区等地理位置来确定城镇土地使用税税额，难以体现税收的效率和公平的原则。

在税制设计上，英国“重存轻流”，即重视房地产保有环节的税收而轻视房地产权属转让的税收。在英国，来自房地产保有的不动产税占总税收的30%左右，而来自房地产转让的税收仅占总税收的1%～2%。“重存轻流”的税种结构极大地鼓励了房地产的流动。高额的保有环节税收促使业主高效利用房产，刺激了频繁的交易活动。

我国的房地产税制设计则“重流轻存”，即重视房地产权属转让的税收，轻视房地产保有环节的税收。这不仅造成土地闲置、浪费，而且抑制了土地的流动和正常的市场交易，从总量上减少了国家的税收。更为严重的是，它直接阻碍了大量划拨存量土地进入市场，减少了土地的有效供给，更推动了土地价格的上涨趋势。

（三）税收征管方面的差异

英国税收管理部门由国内收入局和关税与消费税署组成。国内收入局负责直接税的管理，关税与消费税署负责间接税的管理。国内收入局理事会的主要职责如下：

（1）执行与直接税有关的法律法规。

（2）向财政大臣提出对直接税管理的相关建议。

（3）管理众多下属分支机构及办公部门。

国内收入局下设专门办公室，分别负责如津贴计划、原油税收等专项事务；而大多日常税务工作是由地方税务办公网络实施。这些地方税务的办公网络有三种不同的类型：

（1）咨询中心。该中心负责处理纳税人的一般咨询和分发税务表格及税务宣传小册子。

（2）服务办公室。这些部门负责日常评估和征收工作。

（3）地区办公室。这些部门负责检查纳税人是否遵守税收法规。

英国的纳税年度与中国不同，由每年的 4 月 1 日至次年 3 月 31 日，是 4 月制，而中国是历年制。我国税收的征收机关有税务、海关、财政等部门，税务机关征收各种工商税，海关征收关税。财政负责征收耕地占有税、契税，《征管法》只适用于由税务机关征收的各种税收的征收管理。

（四）中英税收征管文化的差异

英国人的利益边界清晰。英国是以经济利益为中心的国度，个人之间哪怕是家庭成员之间的利益边界都很明确，法律成为规范人与人之间关系的最基本原则。

治税和纳税都注重法律的规定，违法的处罚是严格的。对违规处罚的预期成本是很高的，偷逃税可能被罚得倾家荡产，并且成为舆论界的众矢之的。

税务人员在处理税务案件时也是十分尽责的，征纳双方的纠纷不通过协商或“领导”干预求得解决，而是诉诸独立的复议人和法院审判了结。征纳双方在法律面前是平等的，权利义务十分明确且得到保障。因此，大家自觉依法使用增值税发票或自觉按时申报其收入。

但在中国，受到几千年儒家文化的影响，在重人情、讲面子、搞关系的文化氛围中，法律弹性受制于人情。在多数情况下，人们往往会舍弃法律而就人情，在一定条件下人情才是这个社会所接受的基本道德规范。这样就形成了违法被处罚预期成本很低的社会心理，违法事件也频频发生，无法顺利建立或推行纳税人主动自觉申报、税务局抽样稽查的制度。这也是西方文化下较为有效的税收制度在我国无法产生同样效果的根本原因。

（五）中英税收制度体现政府意图不同

税收作为财政的重要组成部分，可以反映政府的调节意图。税收结构的选择需要考虑政府的调节意图。如果一国政府以引导消费，调节消费结构为主，则税收结构要选择以商品类税收为主。如果一国政府以缩小收入差距为目的，则税收结构就应选择以所得类税收为主。英国税制以所得税为主体，因此其缩小贫富差距的功能体现得很明显。

中国目前是以间接税为主体的税制结构，体现了改革开放以来长期坚持的“效率优先、兼顾公平”的政策取向。从国际经验看，我国已经由低收入国家跃升至世界中等偏下收入国家行列，已初步具备了提高税收收入中的直接税比重，以增进收入分配公平的经济条件，这个方向是明确的，但需要循序渐进地改革，继续保持我国经济稳定较快增长仍是当前的重点。

三、英国税收制度对中国的启示

英国的国情和我国有所不同，盲目照搬显然不合时宜。但研究英国税收制度及其改革实践，给我们诸多启示。

（一）个人所得税改革方面的启示

（1）实行综合制个人所得税征收模式改革。英国实行综合制计算个人所得税，即将个人所有收入加总，计算出应税收入，而我国个人所得税实行分类制，即不同性质收入分开计算应税收入。这样不够合理，一是税负不公平，二是易发生偷税现象。

（2）增加个人所得税扣除项目和提升扣除标准。我国个人所得税的扣除项目并不考虑婚姻、赡养子女、家庭负担、年龄等因素，已经形成新的横向不公平。劳务报酬所得、财产租赁所得、稿酬所得、特许权使用费所得四项长期执行不超过 4000 元，扣除 800 元，超过 4000 元，扣除 20% 的标准。同样助长了新的横向不公平。

（3）应就全部所得征税。英国的个人所得税是纳税人的全部所得。而中国的个人所得税对个人的灰色收入考虑较少。实际上，目前有些单位和个人工资以外的收入和工资收入不相上下或已超过工资收入。针对退休收入并没有纳入征税项目，并没有体现出“法律面前，人人平等”的理念。

（二）税收制度调整启示

英国每年都对税收制度加以调整，调整的内容包括纳税范围、税率、减免规定和征收管理等各个方面。调整的依据是国情的变化、税收的社会效应及政府的导向等，英国个人所得税税率频繁变动情况即是证明。

中国的税收制度一旦形成就多年不变，税收管理体制、国地税税种分配、税率等稳定性较强，目前仍然是实行 20 多年前的税收制度，已不能适应形势，调整的必要性突出。

（三）进一步健全我国的税收立法体系

英国的税收制度是由税收法律组成的法律体系。而中国，目前只有《企业所得税》《个人所得税》和《车船税》三部经全国人大立法颁布的税收法律，其余的税收法律是以条例、行政法规、部门规章等形式颁布的，缺乏权威性和严肃性，同时，一些税收法律法规内容不能随社会和经济的发展得到及时修改、完善，缺乏应有的灵活性和适应性。因此，当前我国应当根据国情需要、经济环境的变化和税收征管的实际，积极争取由全国人大及其常委会对构成我国税收基本框架的各主体税种进行立法，切实提高税法的立法层次和技术含量，规范整个税收法律体系，尽快实现与国际惯例的接轨。

第四章

中澳税制理论与实践比较

澳大利亚，截至2016年2月9日，人口数量达到2400万，国土面积761.79万平方公里。澳大利亚天然草原和可耕地面积广阔，自然林面积大，具有丰富的矿产资源，品种多、储量大、品位高，铁矿石、铝土矿、煤等许多矿藏的蕴藏量均居世界前列。

澳大利亚是一个联邦制的发达资本主义国家，行政管理分联邦、州、地方三级政府，全国划分为六个州和两个领地，实行行政、立法和司法三权分立。

澳大利亚市场经济高度发达。最大的经济部门是服务业，主要包括建筑、批发和零售、交通运输、电子通信、旅游和房地产及商业服务等。服务业中增长最快的是通信业，其产值占全国的70%以上，就业人口占全国就业人口的80%以上。2015年澳大利亚国内生产总值是12408.03亿美元，其经济活动主要集中在东海岸。近年来，澳大利亚通货膨胀率在OECD中是较低的，经济发展相对平稳。

澳大利亚的福利制度誉满全球，即便是美国，也无法与其相比。社会保障种类全面，主要有孩子助养费、特别救济金、失业救济金、养老金、分娩津贴、学习津贴、疾病和伤残津贴、灾难津贴、边远地区津贴、寡妇津贴、看护津贴、配偶津贴、电话津贴、房租津贴、交通津贴、托儿津贴、国民保健（Medicare）等。

一、澳大利亚现行税收制度

（一）澳大利亚税种划分

澳大利亚是一个实行分税制的国家。全部税种划分为中央税和地方税，各级政府的税收自成体系，没有共享税源。联邦政府属于中央政府，对应中央税，州和地方两级政府都属于地方政府，对应地方税。地方政府拥有较大的地方税立法权和征管权。联邦税主要包括个人所得税、公司所得税、资本利得税、商品服务税、消费税、自然资源税、关税和附加福利税等税种，以及联邦国有企业上交的利润；州税主要包括环境税、工资税（社会保险税性质）、交易税、印花税、金融机构税、汽车税、营业税、酒税、赌博税、土地税、债务税等；地方政府征收的主要是财产税。澳大利亚的税收采用7月制，纳税时间是从每年7月1日至次年6月30日，负责征税的主管机关是澳大利亚税务局。政府间税种划分见表4.1。

表4.1　澳大利亚政府间主要税种划分情况

联邦政府主要税种	州政府主要税种	地方政府主要税种
个人所得税	印花税	财产税
公司所得税	土地税	
商品服务税（GST）	工薪税	
消费税	博彩税	
退休养老基金税	机动车辆税	
附加福利税	资本和金融交易税	

（二）以所得税为主体的税收结构体系

澳大利亚的主体税种是直接税，以所得税为主。一般情况下，个人所得税和企业所得税占到整个税收总收入的约3/5。中央税收收入中，直接税，包括个人所得税、公司所得税、福利保险税等占74%，消费税占11%，特殊行业税（烟、酒、汽油）占12%，海关关税占3%；州政府税收收入中，工资税，即雇主付给雇员工资的同时应向州政府缴纳的一种税，占25%，金融机构税占17%，印花税占9%，土地税占12%，博彩税占8%，其他税收占29%。可见，直接税是澳大利亚的主体税种，而直接税中的个人所得税又是重中之重。个人所得税占整个联邦税收收入的比重约为60%，同时，纳税人还必须按照个人所得税应纳税所得额的1.5%缴纳福利保险税。

二、澳大利亚税种介绍

（一）由联邦政府征收的税种

1. 个人所得税

现阶段澳大利亚的个人所得税占中央财政收入中的比重非常高，该国是高税负、高福利、低储蓄率的国家，个人所得税负担在经济发展与合作组织成员国中位居前列。个人所得税的纳税人包括居民个人和非居民个人。居民应就其在澳大利亚境内外取得的全部应税所得承担个人所得税纳税义务，非居民则仅就其来源于澳大利亚的所得承担个人所得税纳税义务。一个财政年度（也称税务年度，从每年的7月1日开始，至次年的6月30日为止）结束时，每个在澳洲有收入的人，都必须向澳洲税务局申报全年的纳税情况，根据不同的税率进行多退少补。一般税率是17%至47%超额累进税率。征收个人所得税后还要另加1.5%的医疗保险税。申报时间是在七月至十月之间，即使年收入少于免税额（6000澳元），也必须申报。

表 4.2　个人所得税税率表

单位：澳元

级次＼内容	应纳税所得额	税率（%）
1	6000 以下	免税
2	6000～20000	17
3	20001～50000	30
4	50001～60000	42
5	60000 以上的	47

如果纳税人符合低收入家庭、多家庭成员赡养等条件，可以向税务局申请退回部分或全部税金。报退税的手续可以自己办理，也可以选择由会计师或税务代理来完成，代理完成的手续费大约为 30～60 澳元。

2. 公司所得税

澳大利亚公司所得税纳税人分为居民公司和非居民公司两种。只要满足下述任一条件，则判定为居民公司：①公司的注册登记地在澳大利亚；②公司在澳大利亚从事生产经营并且其主要管理控制活动所在地也在澳大利亚；③公司在澳大利亚从事生产经营并且其控制选举权的股东是澳大利亚居民，除此之外的公司属于非居民公司。

居民公司须就其来源于全世界的所得纳税，包括净资本利得。一般情况下，非居民企业仅就其来源于澳大利亚的所得纳税。公司所得税采用比例税率，现为 30%，这一税率适用于所有公司，不论其是公有公司、私有公司、居民公司或非居民公司。除了少部分非营利公司之外，公司应税所得中不存在任何免税所得。公司要每 3 个月预缴一次税款，年终汇算清缴。公司应于纳税年度终了后的第 5 个月的月底前缴清年度税款。

3. 货物服务税（GST）

按照澳大利亚的税收制度，只要有供货行为或提供服务行为，在每个生产和经销阶段，即征收 10% 的商品服务税。唯一享有免 GST 的项目是食品，但供货商和服务机构必须在税务部门注册。

4. 资本利得税（CGT）

资本利得指的是资产的出售价格减去资产的获得和维持成本。澳大利亚对已经实现的资本利得的收益征收资本利得税。现行的资本利得税率为50%。

5. 附加福利税（员工福利税）（FBT）

澳大利亚对总额超过一定限度的工资、薪水征收约6%的工薪税。除了征收工薪税，对于企业通过福利或者非工资形式发放福利的行为，政府还要征收附加福利税。附加福利税是以附加福利为纳税对象征收的税种，附加福利是雇员已提供或将提供服务而获得的货币化工资和薪水以外的所有利益，一般不以现金的形式出现，而多见于车辆福利、停车福利、娱乐福利、低于税务局标准利率的贷款、债务减免、报销私人费用、离家津贴、给雇员支付私人医疗保险、孩子学校费用、送运动赛事或其他节目赠券等。附加福利税由雇主缴纳，税率为发放的福利额的45%，这样企业就无法通过其他形式来避免对员工的征税。附加福利税是个人所得税的一个补充，能够比较灵活地调节收入分配。

6. 消费税

澳大利亚对烟草、石油、柴油、酒精及酒类等特殊货物征收消费税，其中对烟草含量达到0.8克的香烟制品实行按支计取消费税，于1999年11月实施，其余几项从2000年7月1日起实施。

7. 关税

澳大利亚加入了许多与关税有关的协定。按国际标准，澳大利亚的关税仍然属于保护性关税，大部分进口商品适用的税率是5%，到2000年汽车的税率为15%。澳大利亚的关税由海关征收。

8. 矿产资源租赁税

澳大利亚是一个矿产资源丰富的国家，对矿业主征收的资源使用费相对较低，且呈现下降趋势，政府并没有从丰富的资源中获取更多的收入。政府决定顺应世界各国资源税改革的趋势，从2012年7月1日起，针对煤炭和铁矿石征收矿产资源租赁税（Mineral Resource Rent Tax，MR-

RT)。法案规定澳大利亚政府将对矿企征收30%的利润税。

（二）由州、地方政府征收的税种

1. 金融交易税（FTT）

金融交易税是对现货外汇交易课征的全球统一的交易税，主要目的是减少金融市场的波动性。从世界范围来看，金融交易税大致可分为三类：一是证券交易税；二是货币交易税，针对现货外汇交易的“托宾税”是其中一种；三是银行交易税，澳大利亚针对消费者使用支票工具从银行账户提款征收交易税，以应对挤兑危机。

2. 环境税

2011年11月，澳大利亚国会通过了碳税法案，这是当今世界上税负水平最高的碳税法。按照碳税法，澳大利亚从2012年7月1日起，对全国500家最大污染企业征收碳排放税。碳排放税的征税标准是：2012—2013年度为23澳元/吨，2013—2014年度为24.15澳元/吨，2014—2015年度为24.50澳元/吨，税率在不断提高。澳大利亚政府的目标是，到2020年，碳排放减少50%，到2050年减少80%。

因为碳税的征收，企业将部分税收转嫁到消费者身上。澳大利亚通过两种方法减轻消费者的税收负担：一方面，政府承诺超过一半的碳税要用于资助家庭、创造就业机会和开发清洁能源等项目；另一方面，直接让更多的家庭享受减税的政策，以减轻家庭负担。

3. 博彩税

博彩税是指该政府向赛马投注、合法足球博彩投注及六合彩收益所征收的税项，实际是对赌博征收的一种州地政府收入。博彩税受税务局监管，是政府的一项稳定收入来源。

4. 债务税

为了应对税收赤字，政府计划在新的财政预算中缩减民众福利，并临时增加新的税收来缓解国内预算赤字的窘境。根据税收制度的新规定，年收入在8万澳元到18万澳元之间的民众，需要每年多缴纳1%的债务税，而年收入超过 18 万澳元的民众将多缴纳 2% 的债务税。

5. 土地税

土地税属于州税，由土地所有人按其土地的价值缴付土地税。在新州，土地税的税率为 1.85%，土地价值在 17.6 万澳元以上的才需缴付。

6. 印花税

印花税属于州税，凡贷款抵押、证券买卖、不动产买卖等均应缴纳印花税。由于属于州税，故每州规定不一，一般而言，依法应缴纳印花税的交易，在未缴清前，该项交易不生效。

7. 营业税

在澳大利亚成立的公司依法应就其所有来源的所得纳税，不论其所得来自澳大利亚境内还是境外，一般而言，公司所得税是依其净所得征收，除营业所得外，公司买卖资产所得利润也应纳税，税率现为 30%。

8. 汽车税

澳大利亚对汽车税的起征点并不固定，起征对象是载重 2 吨以下或载客 9 人以下并且超过一定价值的机动汽车，摩托车、宿营用的大篷车、急救车、残疾人用的特种车除外。

9. 工资税

工资税为州政府征收的税金，按照工资基数由公司缴纳，而不从员工工资中扣缴。各州政府收取的税率有所不同。

10. 酒税

目前，澳大利亚不同的酒税税率都不同，如果把红酒和果啤的税率上调到与啤酒一样，并把啤酒的税率从每杯 5 澳大利亚分涨到 6 澳大利亚分，就可以每年多收 29 亿澳元税收。红酒的征税基础是价格而不是量，所以，即使红酒的消费量占整个酒精消费的 40%，征税却只占酒精税收的 15%。

11. 交易税

交易税是对商品的交易行为按成交额征收的一种税。目前世界各国普遍征收这种税，但在征收对象及范围上各有不同。

三、中澳税收制度比较

（一）中澳税收规模比较

1. 税收收入总额比较

澳大利亚2012—2015年年税收收入总额分别为4095.31亿、4395.28亿、4621.57亿和4468.25亿美元。中国2012—2015年税收总量分别为16007.36亿、18129.00亿、19476.27亿、和17032.77亿美元。见图4.1。

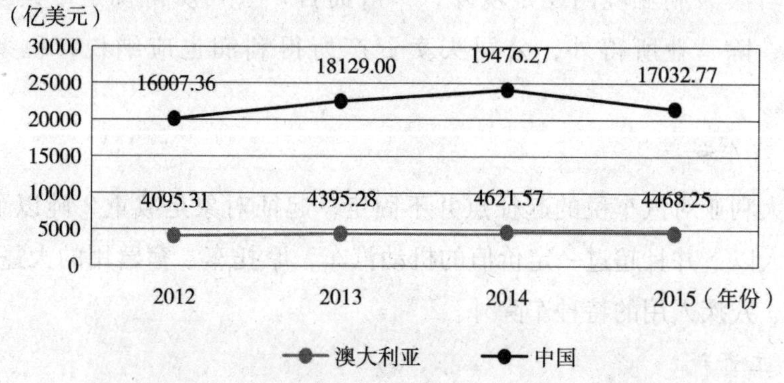

图4.1 中国和澳大利亚2012—2015年税收总额

注：2012年中美汇率为6.28，2013年为6.09，2014年为6.11，2015年为6.48。

中国与澳大利亚的税收总额在2014年以前，都呈现出稳步扩大的趋势，但到了2015年，增速都有回落。中国税收规模从2012年的16007.36亿美元增加到2015年的17032.77亿美元，增长率为6.41%，年增长率为2.14%。澳大利亚的税收规模从2012年的4095.31亿美元增长到2015年的4468.25亿美元，增长率为9.11%，年平均增长率为3.03%。中国税收总额三年的增长率水平和年平均增长率水平都远远低于澳大利亚。

2. 各级政府税收规模比较

表 4.3　2014 年 7 月 1 日到 2015 年 6 月 30 日澳大利亚各级政府的税收收入状况

单位：百万美元

税种与税收额	联邦政府	州政府	地方政府
所得税	258605	—	—
个人所得税	735	22250	—
财产税	15	29465	15779
商品服务税	93120	11104	—
总税额	352474	62819	15779

数据来源：澳大利亚统计局网站。

表 4.3 为 2014 年 7 月 1 日到 2015 年 6 月 30 日期间澳大利亚各级政府税收规模，从税收规模的结构来看，联邦政府税收占总税收的 81.76%，州政府税收占总税收的 14.57%，地方政府只占总税收的 3.66%。联邦政府的税收收入在澳大利亚全部财政收入中占有较大的比重。

2015 年中国税收总收入为 110604 亿元，其中，中央政府税收 44973 亿元，占全国总税收（扣除出口退税）的 43%，地方政府税收 58795 亿元，占全国总税收（扣除出口退税）的 57%。将中澳各级政府税收占比，用图 4.2 表现出来。

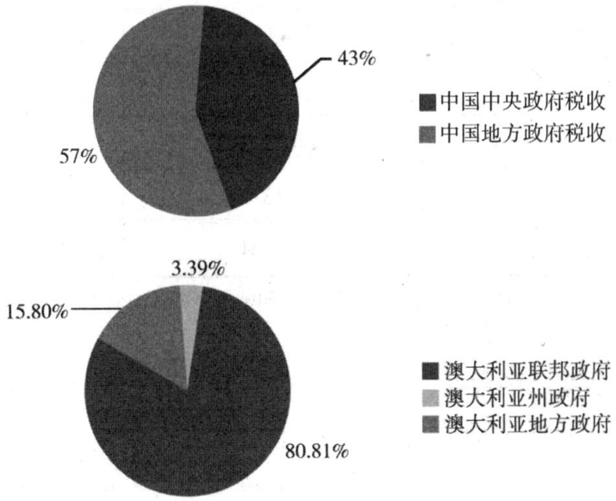

图 4.2　2015 年中国和澳大利亚各级政府税收占比

（二）税收贡献度差异

从2015年澳大利亚主要税种的税收收入可总结出税收贡献度差异。

表4.4　2014年7月1日到2015年6月30日澳大利亚税收情况

主要税种	数额（百万美元）	占税收总额百分比（%）
个人所得税	180241	40.34
企业所得税	92431	20.69
商品服务税（GST）	55459	12.41
工薪税	25788	5.77
其他	92906	20.79
税收总额	446825	—

数据来源：2015年澳大利亚数据来自澳大利亚国家统计局网站。

表4.5　2015年中国税收情况

主要税种	数额（亿元）	占税收总额百分比（%）
增值税	30849.78	25.89
营业税	17781.62	14.92
消费税	8906.82	7.47
关税	2843.19	2.39
个人所得税	7376.57	6.19
企业所得税	24632.49	20.67
其他	18213.53	22.47
税收总额	110604	—

数据来源：中国国家统计局网站，http：//data.stats.gov.cn/easyquery.htm？cn=C01.

根据收集到的数据可以得出，2014年7月—2015年6月澳大利亚全国税收收入共计4468.25亿美元，通过澳大利亚税务总局征收的所得税是澳大利亚联邦政府的主体税种，所得税收入占税收总收入的比重约为61.03%，其中个人所得税又是重中之重，占整个税收总收入的40.34%，企业所得税占20.69%。GST只占到澳大利亚税收总收入的12.41%，其他各类税收合计占20.79%。而我国的税收结构正好相反，我国的主体税种是间接税，包括占税收总收入25.89%的增值税，占14.92%的营业税和占7.47%的消费税，流转税总计占税收总收入的50.67%。所得税总计占比26.86%，其中企业所得税占税收总收入的20.67%，而个人所得税只占6.19%。

（三）征税成本差异

税款征收是一个耗费成本的过程。澳大利亚在税款征收过程中通过成本企业内部化手段，实现降低税收成本的目的。以GST为例，在征收GST税时，是通过商品服务税组织（GST Group）将征税成本予以内部化的。GST Group由两个或两个以上的满足特定要求（比如企业的市场地位、产品的性质和经营模式等）的产业链企业组成，在GST Group中推选一个代表来管理整个Group的事务，对整个Group的欠交税款负责。如果某一成员进口应税商品，则由GST Group负责缴纳。GST Group代表企业统一进行纳税申报，并站在所有组员的立场上来签署纳税声明。这样，政府征税的成本通过企业内部化手段，既保证了政府税收收入的不变，又提高了征税的效率。

（四）中澳税收制度构成要素主要差异

在任何一个国家，不论采用什么样的税收制度，其构成要素都不外乎纳税人、征税对象、税目、税种、税率、计税依据、纳税环节、纳税期限、起征点、免征额、纳税地点、减税、免税等。就中澳税收制度构成要素中较明显的差异总结如下。

（1）税率差异。中国和澳大利亚在税率方面存在诸多不同之处，见表4.6。

表 4.6　澳大利亚和中国税率对照表

税基	澳大利亚	中国
商品、服务	GST 税率 10%	增值税税率 0%、13%、17%、11%、6%，还有征收率
消费税	固定比例税率	固定比例税率 定额税率
公司收入	30%	居民企业基本税率 25%，非居民企业 20%，符合条件的小型微利企业 20%，重点扶持的高新技术企业 15%
个人收入	15% ~45% 的四级超额累进税率，外加 1.5% 的医疗保险费	工资薪金所得适用 3% ~45% 的七级超额累进税率；个体工商户的生产经营所得、对企事业单位的承租经营、承包经营所得适用 5% ~35% 五级超额累进税率；其他所得适用 20% 的固定比例税率。
个人资本增量	对资本增量征收 50% 税收	财产转移收益采用 20% 的税率；土地增值收益采用 30%、40%、50%、60% 的超率累进税率
资源税	比例税率：税率在 5% ~10%；其他从量定额税率，如有色金属矿原矿中稀土矿 0.4 ~60 元/吨。	统一 30% 的税率

澳大利亚的商品服务税率较单一，只有固定比例税率 10%，而在中国有针对商品和服务征税所涉及的增值税和消费税的税率，种类繁多。

澳大利亚的企业所得税税率统一为 30%，而中国的企业所得税税率会因为不同行业、不同性质而有所不同。

在个人所得税税率方面，澳大利亚将个人、个体工商户和合伙企业合并为个人征收，且税率相同；相比之下，中国则对个人和个体工商户采用不同的税率，尤其对工资征收所得税税率的档次较多。

对个人资本增量的征税，澳大利亚较简单；中国则根据不同的资本收益采用不同的税率，较复杂。

资源税方面，中国针对不同的资源，采取不同的税率，种类较多；

而澳大利亚税率较单一，且税负较高。

（2）起征点与免征额差异。对不同税种，中澳有不同的起征点和免征额。

中国个人所得税免征额为人民币3500元/月，约700澳元/月，澳大利亚的个人所得税免征额为每年6000澳元，500澳元/月。在个人所得税方面，澳大利亚是以境内外所得应纳税额和境内所得应纳税额之差作为抵免限额，计算方法非常简便。而中国采用的是限额抵免的方法，纳税义务人在中国境外某一个国家或者地区实际已经缴纳的个人所得税税额，低于依据规定计算出的该国家或者地区扣除限额的，应当在中国缴纳差额部分的税款（来自某国家或者地区境外已纳税额小于该国家或者地区的抵免限额）；超过该国家或者地区扣除限额的，其超过部分不得在本纳税年度的应纳税额中扣除，但是可以在以后纳税年度的该国家或者地区扣除限额的余额中补扣，补扣期限最长不得超过五年（来自某国家或者地区境外已纳税额大于该国家或者地区的抵免限额），纳税人申请税收抵免时，必须提供由境外税务机关填发的完税证原件，计算方法非常复杂。

中国的增值税起征点，小微企业是每月3万元。澳大利亚目前GST起征点为1000美元，且从改革动向上看，有降低趋势。澳大利亚的土地税起征点定为40.6万澳元，而中国土地使用税起征点为0。澳大利亚矿产资源租赁税起征门槛从盈利5000万澳元的企业提高至盈利7500万澳元的企业，并在未来进一步提升至1.25亿澳元，以帮助小型矿企减轻负担。而中国的资源税没有起征点。

截至2016年3月15日，澳大利亚国家关税起征额为1000澳元，中国关税起征点为50元。

（3）减免税政策差异。从1992年起，澳大利亚政府就实施了一系列税收优惠政策，主要体现在基础性投资和研发等方面。对于基础性投资方面，凡是对投资者开发的大型项目，能够创造全球领先的劳动生产率，而且该项目是经济的、有效率的，其基础设施建设可按照投资的10%进行税收扣除。这些基础项目主要涉及采矿行业、制造行业，通信、电力、交通和仓储等。同时对基础设施建设借款实行税收抵免，其方法是由借款人提出退税申请，这笔退税由贷款方获得，从而使得借款人可以享受到较低的贷款利率；公司用于研究和开发方面的支出符合规定的，在计算纳税时可以按 150% 的比率扣除。享受这种待遇的研究和开发项目应该是为了获得新的知识，或者是为了创造或改进材料、设备、产品、程序、服务等。此外，澳大利亚政府不仅通过规定起征点等设立税收优惠，还对生产基础食物的纳税人，免征 GST 等。

我国与澳大利亚在减免税类型上有所不同。我国税收减免主要分为法定减免、临时减免和特定减免。法定减免具有长期的适用性，如我国现行《中华人民共和国增值税暂行条例》明确规定，农业生产者销售的自产农业产品。临时减免是除法定减免和特定减免以外的其他临时性减税、免税，主要是为了照顾纳税人的某些特殊的、暂时的困难，如纳税人遇有风、火、水等自然灾害或有其他特殊原因，纳税有困难的，经税务机关批准后可给予定期或一次性的减税、免税照顾。特定减免主要包括两种情况：一是在税收的基本法确定以后，随着国家政治经济情况的发展变化所作的新的减免税补充规定；二是税收基本法不能或不宜一一列举，而采用补充规定的减免税形式。

（4）纳税场所比较差异。澳大利亚纳税场所高度集中，在全国共设立了 24 个纳税场所。大部分集中在经济发达、纳税人密集、议员较多的新南威尔士州、维多利亚州等地区，为了兼顾纳税人纳税方便，在交通不便的边远地区也设立了少量的纳税场所。纳税人可以就近向其中任何一个纳税场所申报纳税或退税、提出税务咨询等。澳大利亚联邦税务局还专门开发了一套电子申报系统，该系统对数据的安全性有很强的保护和监测功能，一旦发生系统侵扰就可以自动关闭。目前，澳大利亚已有超过 70% 的纳税人实行了网上申报，而其中大部分是通过税务代理机构办理的。纳税人还可以通过邮寄的方式申报纳税。

在我国，纳税地点原则上是纳税人的住所或者营业机构的所在地，纳税地点较多。即便是同一地点，根据不同的税收，也要分国税和地税在不同地点缴纳。就企业所得税而言，一般向所在地主管税务机关缴纳。如企业登记注册地与实际经营管理地不一致时，则应以实际经营管理地为纳税地点。对从事国内商品交易行为的，销售地为纳税地点。如果销售者属于固定机构，应在机构所在地缴纳。如果销售者是非固定业户，应就地纳税。对进口商品来说，应向商品的报关地海关纳税。行为税的纳税地点一般是由行为管理部门直接征收或委托具体管理部门代扣代缴。

（五）中澳宏观税负比较

从中国和澳大利亚近三年的国内生产总值、总人口和税收总额数据及图示比较，可看出中澳两国税收负担的总体趋势。中国和澳大利亚税负相关数据见表 4.7。

表 4.7　2012—2015 年 6 月中国和澳大利亚税负相关数据

指标＼国别	中国（亿元）				澳大利亚（亿美元）			
年份	2012	2013	2014	2015.6	2012	2013	2014	2015.6
国内生产总值	534123	568845.2	636138.7	676708	15200	15600	14500	15980
年末总人口（万人）	135404	136072	136782	137349	2268.36	2313.09	2349.07	2335.14
税收总额	100614.28	110530.7	119175.3	110604	4095.31	4395.28	4621.57	4468.25

数据来源：中国国家统计局和澳大利亚统计局网站。

通过计算我们可以得出中澳 2012—2015 年的税收负担率，通过图 4.3 和图 4.4 更加直观地表现出来：

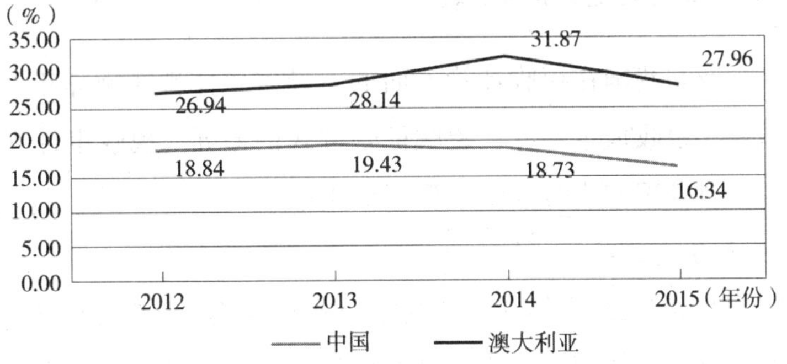

图 4.3　2012—2015 年 6 月中国和澳大利亚 GDP 税负率的变化

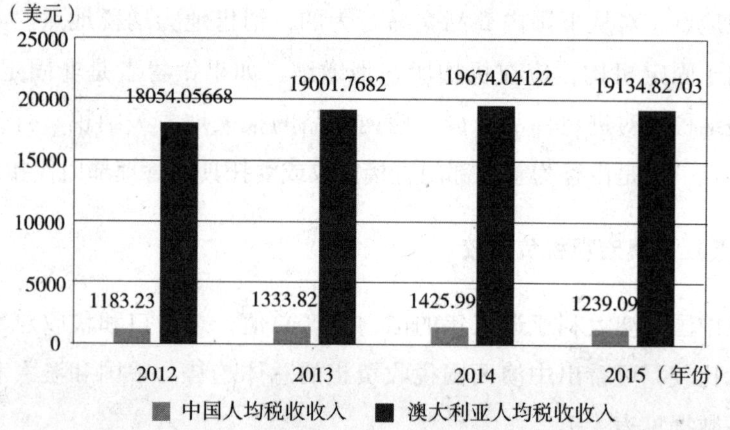

图 4.4　2012—2015 年 6 月中国和澳大利亚人均税额的变化

注：人民币对美元汇率按照每年 6 月 5 日中间价。

从图 4.3 和图 4.4 可以直观地看到中澳税负的差别，从 GDP 税负率来看，澳大利亚税负率高于中国，分别是中国的 1.43 倍、1.45 倍、1.70 倍和 1.71 倍，平均税负率是中国的 1.57 倍。从人均税额方面来看，澳大利亚远高于中国水平，分别是中国的 15.25 倍、14.24 倍、13.8 倍和 15.44 倍，平均人均税额是中国的 14.69 倍。

综合来看，澳大利亚是个高税负的国家，税收负担明显高于中国，但是，澳大利亚也是一个高福利的国家。如果把全民免费医疗、教育和养老福利等考虑在内的话，澳大利亚的税收负担其实并不高。

（六）中澳税收征收管理比较

澳大利亚与我国在税收征管方面的差异主要体现在预算年度、税收信息化差异、税收成本差异、税收征管方式的差异、税收审计规范程度的差异和违章处理方式的差异等五个方面。

1. 预算年度差异

澳大利亚的财政年度采用 7 月制，即财政年度是从每年的 7 月 1 日至次年的 6 月 30 日，这也是税收收入的计算周期。每年的 7 月至 10 月是法定的报税期，截止日为 10 月 31 日，是由注册会计师代报的，时间可以略延长。而中国的预算年度采用的是历年制，即财政年度是从每年的 1 月 1 日至 12 月 31 日。税收收入的计算周期也是从每年的 1 月 1 日至 12 月 31 日。

2. 税收征收信息化程度的差异

（1）程度不同。澳大利亚税收信息化建设始于 20 世纪 70 年代，经过四十多年的发展，澳大利亚已经形成一个信息化程度高、覆盖面积大、安全等级高、有全方位系统整合和监督的税收征收格局。澳大利亚的税收信息化建设是政府和软件企业合作的产物，软件企业负责技术的开发和支持，政府主要负责软件用途、性质、实践方面的设计。该税收信息化系统符合政府的具体需要，而且在系统更新和衔接方面具有天然的优势。

我国税收信息化建设始于 20 世纪 80 年代。80 年代计算机第一次进入我国税收系统，计算机的作用主要还停留在数据输入、减少工作量等功能上。到了 90 年代，网络逐渐开始发挥作用。到了 21 世纪头十年，网络技术和信息数据不断完善和更新，现在我国的税收信息化程度不断提高，但距离发展成熟阶段尚有距离，还需要形成一个完善的数据库，以便于管理和应用。

（2）社会效应不同。澳大利亚税收的信息化不仅体现在税收征收方面，税务系统的数据可以直接与企业数据对接，方便税务机构对企业日常经济信息进行掌握和监督，而且企业可以直接在税务机关的网站上完成纳税申报、支付、评估、退税、咨询等一系列税收服务。除此之外，掌握企业税收数据的系统还和征信系统、银行、保险、海关等其他社会系统相互融合，形成了一个完整的社会信息体系。企业的逃税、抗税等行为会对其社会信用和银行信用产生不良影响。所以，澳大利亚税收的高度信息化，并与其他社会系统相结合产生了良好的社会效应。

与澳大利亚相比，我国税收信息化工程还存在很多问题，首先，由于不同地区的税收信息化进程不一，导致全国统一的系统无法建立，存在不同地区数据无法对接的问题。其次，我国税收信息化发展的前景是建立大数据，建立统一的数据服务体系，但是由于软件开发水平有限、不同软件间无法兼容、软件安全技术问题等原因，大数据的建立面临技术困难。最后，税收信息化工程本身发展不完善，其他社会系统如全国征信系统、社会保障系统等发展滞后，导致不同的社会系统无法完成整合，征税系统反而成了一个孤岛式系统，整个社会的信息化水平低，信息化带来的社会效应扩展弹性较大。

3. 税收征管成本比较

税收征管成本是衡量税收征收效率的一个重要因素，澳大利亚因税收高度信息化，征税成本率不到1%，如澳大利亚的西澳洲只有一个税务部，有223名税务人员，但年征收税款达20亿澳元，每收100澳元税款只需税收成本0.85澳元。① 因此税收信息化建设能够大幅度降低税收征收成本，提高税收征收效率。

与澳大利亚相比，我国因为税收信息化程度低等因素，征税成本率在1994年税改前为3.12%，1996年为4.73%，1996年到2000年为5%～6%，2000年之后各地区税收征收成本也不一致，东部及沿海地区为4%～5%。西部及欠发达地区较高，为10%左右，如内蒙古为9.6%，贵州为11%。中部地区大致为7%～8%。② 所以我国现在的征税成本率平均仍在5%以上，远远高出世界发达国家的水平，是澳大利亚征税成本率的约7倍。

4. 税收征收管理方式比较

（1）纳税人管理差异。澳大利亚在税收征管上的一个显著特点就是建立税务档案号码，简称税号（Tax File Number）。税号是澳大利亚税务当局颁发给公民的一个特别号码。它与公民的名字和地址一起使用。公民首次在澳大利亚申请纳税时，申请纳税通知书上就会有这个号码。公民若没有“税号”，可向任何一个税务署申请，同时须出示有关身份证明。

---

① 中华人民共和国财政部国际财金合作司官方网站：http：//www. mof. gov. cn/preview/guojisi/pindaoliebiao/cjgj/201303/t20130320_ 783464. html.

② 杨卫华. 降低税收成本提高税收效率［J］. 税务研究，2005（3）：70－73.

该税号作用极大。有工薪或领到养老金的公民，雇主或退休金机构会要求其在《就业声明》表格内注明税号，这份表格能确保税金按正确比例扣除。若公民没在《就业声明》表格中提供税号，则将以47%的最高税率从该公民的收入中扣除税金，外加1.5%福利保险税。公民领取某些福利金时，如失业金或伤残人员补助金，同样需要向社会福利部门（Centerlink）提供税号，否则将无法申请到这些福利金。对纳税人的税号实行保密制度，任何泄露他人税号的行为都将受到严厉的惩罚。

由此可见，税号关系看所有人的切身利益。正因如此，每一个澳大利亚公民都非常自觉地向税务当局申请税号。所有纳税人都纳入了税务当局的税务管理之中，无论是从客观上还是主观上，都可以极大地克服“漏征”与“漏管”的现象。

而在中国，为深化商事登记制度改革，健全信息共享机制，推进简政放权，降低纳税人成本，提高国家治理体系和治理能力现代化水平，国务院于2015年6月23日发布《关于加快推进“三证合一”登记制度改革的意见》，推行“三证合一”的登记制度。“三证合一”登记制度是指由过去企业办理登记时依次申请，分别由工商行政管理部门核发工商营业执照、组织机构代码管理部门核发组织机构代码证、税务部门核发税务登记证，改为工商登记窗口一次申请、合并核发一个载有统一社会信用代码的营业执照的登记制度，即所说的“三证合一”“一照一码”。

该证照相当于我们居民的唯一的“身份证”，政府及社会各部门间信息共享、数据互换、档案互认。“三证合一”登记制度改革适用于公司、非公司企业法人、个人独资企业、合伙企业、农民专业合作社等企业类市场主体。现在的“三证合一”证照同样具有澳大利亚的“税号”功能。

（2）征管能力差异。相比之下，我国在税收征管能力上提升空间较大。我国机构设置不统一、征管各环节分工不清、职责界定不明，导致了税收管理的混乱，税源监管乏力，制约了税收征管效率。首先，不同地区机构设置不统一，职责对应不到位。由于片面强调“征收、管理、检查”三分离的税收征管模式，不同级别的税务机关建立了不同的机构，地级市以上的税务局，有的建立区税务局，有的建立税务分局，有的建立管理局。有的按属地划分，有的按企业隶属关系划分。这直接导致了税务机构的混乱和职责的不明确，一旦发生问题，不同的税务机关又相互推卸责任，严重影响了税收征管的效率。其次，在“征、管、查”的税收征管模式中，由于过于强调征收和检查，反而使基础的税收工作被忽略，工作之间相互脱节，管理人员素质不高，造成税源管理失控，税款大量流失，削弱了税务机关对纳税人的管理和监控力度，降低了税收征管效率。最后，我国的纳税评估体系不规范不健全。目前税务干部普遍缺乏纳税评估工作的经验与能力，这导致纳税评估不到位，税源监控乏力。

在澳大利亚，税务机关采取种种措施来保证对税源的严密监控，对于大企业，全面的监控其收入包括国内和国外两部分。对于中小企业，采取一系列严密措施防止个人私自将私人支出列入公司。对于个人，税号中会记录其相关的税收信息，如果公民抱有侥幸心里没有及时申请税号，那么这会严重影响到个人的社会保障和福利水平。

（3）规范程度的差异。中国的税收法律体系不完善，没有一部税收的基本法律，更没有形成完善配套的税收法律体系。虽然有《税收征管法》，但是没有相关配套的法律，所以在面对逃税、偷税等行为时，税务机关无法可依。行政法规和政策因为没有系统性，有时甚至出现相互矛盾的现象，所以也无法发挥很好的作用。

基于上述各类因素，我国的税收征管水平与澳大利亚相比，差距还是很大的，不论是在管理手段、技术和法律等方面，还是在征管人员素质、税收制度等方面，我国还有很长的路要走。

5. 税务审计

（1）审计类型。澳大利亚的税务审计分为基础审计和完全审计。基础审计主要有桌面审计、数据对照审计、税务代理审计和完全审计四种。桌面审计——即面对面的交谈，主要针对个人。如果税务当局怀疑纳税人的报表有问题，会电话通知该纳税人到税务局来交谈，这种审计的目的主要是起教育作用，让纳税人进一步了解税收法规，并责成补税，而不罚款；数据对照审计——即对纳税人的收入数据和费用数据审核。纳税的收入数据，如银行付给的利息，公司付给的工资和红利等，都通过银行处理，公司和其他部门的电子信息被传送到税务局，税务审计的时候会逐笔审计，如果发现有漏报行为，税务局则将予以追究税务代理审计；税务代理审计——即审查税务代理人是否帮助纳税人逃税、税务代理是否真实等事宜；完全审计是针对公司的一种审计方法，是一种有选择的审计，审计面一般每年为1%～2%，由计算机随机选择审计对象，选择的标准主要有大量退税现象、非常项目、纳税变化率等。

（2）审计对象选择。澳大利亚对各行业确定了一个基本的利润率，即工资标准，并且每年会根据经济的发展变化情况来调整一次，如果纳税人所申报的与标准相差太远，则会对该税人进行审计。

（3）税务审计的程序。先由税务当局通知纳税人，纳税人通知税务代理人。

（4）审计的主要内容。一是存货，二是收入报告表。主要对三年来任何一年的三个月数据进行抽查。

（5）结果的处理。审计结束以后，审计人员会提供税收调整报告给纳税人，如无异议，则补税。纳税人有权对审计结果进行申辩，可将其理由反映到仲裁委员会进行裁决，如对裁决不服，可向法院申诉。

与澳大利亚相比，我国的税务审计存在覆盖不全面、税务审计风险评级能力不足、审计信息化程度低、税务审计整合度低等问题。首先，税务审计不能全面覆盖所有纳税人。我国对涉外企业和外籍个人、金融业等服务行业进行的税务审计规定并不明确。其次，风险管理能力不足。澳大利亚将企业的风险等级明确划分为不同的五个级别，我国的风险管理应用少，理论缺乏，风险评估等级不够准确。再次，审计信息化程度低。由于各地税务机关信息化不足，导致中央和地方、不同地区间的税务审计合作程度低，处于各自为战的隔离状态。最后，审计的法律依据不足。我国制订了《税务稽查工作规程》和《涉外税务审计规程》等规章制度。但是，这些对于税务审计是远远不够的。现实中税务审计仍然存在混乱、审计效率低和不同地区税务审计差别大的现象。所以，规范税务审计程序，完善相关的法律法规，是提升税务审计水平的关键。因此，加强我国税收审计的制度建设和技术建设都是降低税收风险的有效举措。

6. 税收征管中违章处理方式的比较

澳大利亚税法根据情节轻重分为几类：①故意少报收入，多报开支，处漏缴税款75%的罚款，若有阻碍审计行为则处90%的罚款；在审计过程中主动申报补税的，罚少缴税款的60%，如果是在审计以前补报则以15%的比例处以罚款。②无意少报收入，多报支出，罚款25%，如阻碍审计则罚款30%；在审计过程中补报，罚款20%，审计前补报，罚款10%。对少报收入，除处以上述罚款外，还要加以罚息，若逃税情节特别严重，税务当局有权诉诸法院，给予刑事处罚。

中国的税收征管违章包括违反税收征收管理制度的行为和违章处理两项内容。违反税收征收管理制度的行为包括：①未办理税务登记、注册登记和使用税务登记证；②未按规定办理纳税申报；③未按规定建立、使用和保存账务、票证；④未按规定提供纳税资料等。以上这些均属于一般税务违章行为，如有上述违章行为之一的，经税务机关责令其改正而仍未改正的，税务机关可酌情处以2000元至1万元的罚款。

严重的违章行为，主要包括欠税、偷税、抗税等。欠税是指纳税人因故超过税务机关核定的纳税期限，少缴或未缴的违章行为。对欠税者，税务机关除责令其限期缴纳所欠税款外，并从欠缴税款之日起，按日加收欠缴税款的万分之五的滞纳金。但对欠税者采取转移或者隐匿财产而造成税务机关无法追缴税款的，还应处以所欠税款5倍以下的罚款。如果采取上述手段逃避追缴欠税数额在1万元以上的，即构成犯罪，其中欠税在1万元以上不满10万元的，除由税务机关追缴所欠税款和加收滞纳金外，司法机关还可处以所欠税款5倍以下的罚金，并对欠税个人或者欠税单位负有直接责任的主管人员和其他直接责任人员处以3年以下有期徒刑；欠税数额在10万元以上的，则处以3年以上7年以下有期徒刑。

偷税，即纳税人使用欺骗、隐瞒等手段逃避纳税的违法行为。对犯有一般偷税行为的纳税人，税务机关除追缴其应纳税款外，并可处以所偷税款5倍以下的罚款。如果偷税数额达1万元以上并且占其应纳税额10%以上，或多次（2次以上）偷税的，即定为偷税行为情节严重，构成偷税罪。对此，除由税务机关追缴其所偷税款外，由司法机关处以偷税数额5倍以下的罚金，并对偷税的个人或单位负有直接责任的人员处以3年以下有期徒刑或拘役；其中对偷税数额在10万元以上并占其应纳税额30%以上的，则处以7年以下有期徒刑。

抗税，抗税是指纳税人公然拒绝履行国家税法规定的纳税义务的违法行为。对违章行为的处理措施，可以根据情节轻重，分别采取以下方式进行处理：批评教育、强行扣款、征收滞纳金、处以税务罚款、追究刑事责任等。对抗税者，税务机关除追缴其拒缴的税款外，并处以拒缴税款5倍以下的罚款。对构成抗税罪的，还须移送司法机关，处以拒缴税款5倍以下的罚金，并对抗税的个人或单位负有直接责任的人员处以3年以下有期徒刑或拘役；情节严重的，则处以3年以上7年以下有期徒刑。

四、对中国的启示

通过中国和澳大利亚税制方面的对比，我们可以看到很多值得我们学习和借鉴的地方。

（1）发挥社会税收代理组织的作用。澳大利亚通过GST Group将征税成本予以简化，形成产业链企业的GST Group，在GST Group中推选一个代表来管理整个Group的事务，对整个Group的欠交税款负责，代表企业统一进行纳税申报，自我监督内部的缴税情况，并站在所有组员的立场来签署纳税声明。这样政府征税的成本通过企业内部化手段，既保证了税收收入不变、降低了征税成本，还提高了征税的效率。

我国也应分行业建立税收代理组织，或完善会计师事务所的专业化行业职能，纳税人办理税收相关事宜采用委托方式，降低税收成本，提升税收征管效率。

（2）完善税收抵免系统。澳大利亚建立起了全面的税收抵免系统，对避免重复征税效果显著。而我国现在并没有相应的抵免系统，例如，公司在缴纳25%的企业所得税后给个人发的红利，个人还需要另外缴纳20%的税，这样会增加个人和企业的税收负担。另外，就个人所得税而言，如果纳税人符合低收入家庭、多家庭成员赡养等条件，可以向税务局申请退回部分或全部税金。

（3）征收环境税。税收除了组织财政收入职能外，限制和社会治理功能也是一项最主要的功能。目前，中国生态环境遭到严重破坏，环境质量不断下滑，环境污染事件频发使我们认识到，要想保持经济的可持续发展，提高我国的国际地位，承担起大国的责任，环境保护是我们必须要做的。国外征收的“碳税”“绿色税”“二氧化硫税”甚至“噪声税”和“固体废物税”等给我们很大的启示。我国也应开征环境税，直接针对污染源或者对环境造成危害的行为进行征收，征收范围应尽量涵盖所有危害环境的行为。让环境税产生两方面的效应，一方面，鼓励企业和消费者减少危害环境的行为；另一方面，只要是对环境有利的研究和发明，政府都应进行补贴，鼓励新技术的发明。

（4）提高资源税税率。政府能够从资源中获得更多的税收，缓解财政压力。同时，提高资源税税率，不仅提升资源品成本，还有利于节约使用资源。

（5）提升税收征管的信息化程度。澳大利亚税收征管的信息化程度较高，所以税收成本较低。澳大利亚政府的信息化系统设计是政府和软件企业共同研发的，所以政府的特殊需要或者需求的改变都可以很容易地和软件企业沟通，并作出及时的调整。我们应大力提升税收征管的信息化水平，注重系统的兼容，打破“税收征管信息孤岛”的格局。现在，我国的税务信息化系统更新和兼容成本太高，不同的信息公司提供不同的信息化方案，一旦政府采用一种方案则不能轻易改变，因为各个公司开发的系统并不能很好地兼容，改变系统的成本巨大。我国在以后的提升信息化过程中可以借鉴澳大利亚的经验，让政府和软件企业更好地沟通和协商，降低系统的不可兼容性。

（6）完善纳税服务机制。澳大利亚有严格的纳税服务考评机制，不仅内部加强监督，还让纳税人和社会大众为其打分，把评议结果与税务机构的业绩直接挂钩。

在统一受理咨询、申报、申请、审核、审批等各种纳税服务方面，澳大利亚实现了一站式管理，坚持以人为本的方针，方便纳税人的涉税事物办理。我们要完善纳税服务考评机制，在内部监督的基础上，征询社会大众和纳税人的意见和建议，实行纳税服务责任制，从而进一步提高工作质量和工作效率，为纳税人提供满意的服务。

第五章

中美税收制度理论与实践比较

一、美国税制发展背景

美国的国土面积为963万平方公里，人口3.15亿，是由50个州及华盛顿哥伦比亚特区、波多黎各自由邦和关岛等众多海外领土组成的多种族联邦共和立宪制国家。美国自然资源丰富，矿产资源总探明储量居世界首位。1776年7月4日美国通过了《独立宣言》，标志着美利坚合众国正式成立。南北战争之后，美国资本主义经济得以迅速发展。19世纪初，美国开始对外扩张。“二战”后，美国国力大增，是当今世界上唯一的超级大国。美国是市场经济高度发达的国家之一，2015年美国国内生产总值是161979.6亿美元，居世界首位，是第一经济强国。美国的经济体系比较自由开放，政府管制较低，政府在国内经济生活中的作用较为次要。

在税收制度方面，美国实行联邦、州和地方（市、县）三级征税制度，属于分税制国家。现行的主要税种有个人所得税、公司所得税、销售税、遗产和赠与税、社会保障税、财产税、消费税、关税等。美国联邦、州和地方政府根据各自的权力、税收征收管理水平和经济发展水平等因素，选择不同的税种作为各自的主体税种，并形成了不同的税收征管模式。除了联邦政府向全国统一征收的税收外，美国并不存在一套统一适用于全国的地方税制度。联邦税以个人所得税、社会保障税为主，其次有公司所得税、消费税、遗产和赠与税、关税等；州税以销售税和州所得税为主，辅之以各州自行规定的其他小税种；地方政府的地方税以财产税为主。

全面系统分析作为全球第一大经济体的美国的税收制度发展演变进程及其特点，不仅对中国税收制度的演进有着启示及借鉴意义，更主要的是作为世界最大的债务国和开放体系的美国，税收制度演进牵动着世界各国的神经。本章着重分析比较中美税制差异及差异产生原因，以此为基础的创新对指导我国税制改革可以起到借鉴作用。

二、美国税收制度主要特点

（一）三级分税制分级管理的税收制度

美国税收是由联邦、州和地方（县、市）分别立法和征管，三级政府各自行使属于本级政府的税收立法权和征收权。美国联邦与州各有独立的税收立法权，联邦税法由国会制定，并写入《国内收入法典》。财政部代表联邦政府解释《国内收入法典》，其所属的国内收入局负责管理和执行联邦税法，为纳税人提供纳税服务指导。地方税立法权在州，州的税收立法不得有悖于联邦利益和联邦税法。美国州和地方政府执行州和地方税法，且可以在其管理权限内作适当变动。多数州和地方政府通过颁布法规的形式来解释税法。

（二）以所得税为主体的税收制度

美国的税收制度中，联邦税和地方税总计主要有11个税种。具体税种见表5.1。

表 5.1　美国联邦政府及州和地方政府现行主要税种一览表

主要税种	联邦政府	州和地方政府
个人所得税	√	√
公司所得税	√	√
社会保障税	√	√
消费税	√	√
销售税	×	√
财产税	×	√
运输税	√	√
许可证税	×	√
海关关税	√	×
遗产税和赠与税	√	×

注："√"表示征收，"×"表示不征收。

（三）税种的贡献度

美国税收制度中各税种的贡献度存在很大差异，美国税制体现出如下特点：

（1）美国税制是以所得税为主体的复合税制。首先，联邦政府的主要税收来自所得税，2014 年的直接税收入为 1.72 万亿美元，占联邦总税收的 58.7%，其中，个人收入所得税占所得额的比重较大，为 81.3%，而 2015 年所得税贡献度也高达 37%；其次，对收入贡献度较大的为社会保险税，2014 年的税收额占联邦总税收的 35.0%；最后，其他税收收入在联邦总税收收入中占比较小，一般占 10% 左右。

（2）三级政府同源共享全国主要税种。对同一税源，各级政府均可课税。从表 5.1 可以看到，联邦政府和州及地方政府都可以针对同一税源征收个人所得税、公司所得税、消费税、社会保障税、运输税等。所得税是主体，是共同的税源。但州和地方政府的所得税在其税收总收入中的贡献度较小，州和地方税收的主要来源是财产税和销售税，两者在州和地方政府的税收收入中都有着举足轻重的地位。

三、美国税收制度演化趋势

美国税收制度经历了以关税为主体的间接税阶段（1783—1861 年）和以商品税为主体的复税制阶段（1861—1913 年），现在是以所得税为主体的复税制阶段（1913 至今）。

1913 年是美国税制从以商品课税为主走向以所得课税为主的分界线。但此时所得税的纳税户仅占全国总户数的 1%，其收入占联邦税收比重仅为 5%。由于第二次世界大战急需增加军需，所得税作为良好的筹资工具开始发挥作用。1913 年所得税收入只有 0. 35 亿美元，到 1920 年就达到 49 亿美元，7 年间增加了 100 多倍。“二战”后，所得税不但没有削减，反而呈上升趋势，至 1927 年所得税收入占税收总收入的比重达到 64%。1943 年制定的现行付税法又从立法角度确立了凡有收入必须纳税的税收原则，所得税的税基不断扩大，所得税税种也随之增加。

美国 20 世纪 80 年代的税制改革，尤其是针对所得税的系列改革值得我们进行细致研究。1980 年底，里根入主白宫前后，确定了“经济复兴计划”和后来被称为“经济复兴税法”及“公平、简化和促进经济成长”的税制改革计划。这些计划的内容可概括为四个基本要点：①减少联邦政府总开支，办法是取消联邦政府的适当责任范围之外的活动开支和限制其他活动的开支；②把税收负担限制在最低水平，从而加强对储蓄、投资、工作、生产率和经济增长的刺激；③取消联邦政府对个人生活、企业有效经营或者州和地方政府的工作的不必要干预，减轻联邦的管理负担；④支持稳妥可靠的货币政策，以鼓励经济增长和控制通货膨胀。

这四方面的核心内容是通过减税、减支和减少政府干预来增加私人储蓄和投资，以实现调动地方政府积极性、促进经济发展的目的。1981—1984 年，个人所得税从原来的最低税率 14% 和最高税率 70%，分别降为 11% 和 50%。同时，考虑通货膨胀因素，还实行了个人所得税指数化模式。里根连任总统后继续推行该四点计划，他认为，尽管过去四年对税制进行了一些改革，但税制仍是复杂的、不公平的，税率仍然偏高，致使经济不能按它本来可能的速度发展。于是在1986年10月他又签署了被称为是“美国第二次革命的核心”的税制改革方案。如果说，1981年的税制改革着重解决税负过重问题，是个大减税的改革，那么1986年的税制改革，则是在继续减税的同时，着重解决税制过于繁琐的问题。因此，把这次税改的内容可以概括为“简化、公平和促进经济的增长”。

从税收改革成效角度看，里根的两次税制改革，不仅刺激了美国经济在整个20世纪80年代的大发展，为企业积累了资金，提高了居民生活水平，而且为美国高新技术发展注入了“催化剂”。克林顿首次当选总统后，继续推行里根的轻税政策，并利用冷战结束后有利的国际形势，大力发展高新技术产业，对产业结构进行战略性调整，使得经济强劲发展。可以说，美国20世纪80年代中期以来的税制改革主要是以供给学派的税收理论为依据的，强调通过减税来促进社会总供给量的增加，从而带动整个经济的复苏，取得了很大的成功。经济复苏的重要表现是经济层面的质量变好，市场主体利益增加，并相应带来所得税增加。

轻税政策在消除经济的负面效应，特别是消除税制对投资、储蓄和工作热情的抑制方面起到了极大的积极作用，同时在国际上产生了巨大示范作用。

2008年经济危机后，奥巴马总统为应对危机，又采取了一系列税制改革措施，美国政府希望通过降低企业税负来增强美国企业特别是制造业的国际竞争力，刺激经济发展。美国联邦企业所得税最高税率从35%降至28%。

未来美国税制改革趋势可能会有如下变化：在经济复苏之前，不会采取大规模增税措施，相反将继续实施减税的政策，把恢复经济增长和增加就业放在首要的位置。

四、主体税种介绍

联邦税是联邦政府征收的税负。联邦税主要用于支付国防开支、外交事务开支、执法费用，以及支付国债利息等。在联邦税中，所得税占主要地位，主要包括个人所得税、公司所得税、社会保险税、遗产税、赠与税等，消费税在联邦财政总收入中所占比例很小。美国各州和地方的税收主要来自所得税、交易税和财产税。涉及普通公民的税种主要是所得税、交易税、房地产税和汽车燃油税等。

1. 个人所得税

个人所得税是联邦政府税收的主要来源。征收原则是“挣钱就需缴税”。值得一提的是，美国个人所得税缴付方式的人性化特征明显，主要有夫妻联合报税、夫妻分别报税、以家庭户主形式报税和单身个人报税四种，个人可以随意选择。个人收入主要包括工资、年薪、小费、利息和股息收入、租金、特许使用费、信托、赌博、遗产、年金、赡养费收入、投资收入和商业经营收入等。个人所得税采用累进税率制，税率按收入的不同分为10%、15%、25%、28%、33%和35%多个税级档次。

（1）纳税人为居民和非居民。在美国，要确定一个外国人是否属于美国居民，必须依据一系列相关的客观标准。符合下列条件的外国人属于美国居民：法律许可的永久性居民，即“绿卡”持有者，否则都视为非居民。

（2）征税对象。美国公民和属于美国居民的外国人就其来源于全世界的所得纳税，属于美国非居民的外国人只就其来源于美国境内的所得纳税。

（3）税率。2015年，美国联邦个人所得税税率采用的是超额累进税率，但不同缴付方式的累进税率存在差别，见表5.2、表5.3、表5.4和表5.5。

表 5.2　已婚合并申报（含丧偶者）个人所得税税率表

级数	全年应纳税所得额	税率（%）
1	不超过 15100 美元的部分	10
2	15100 美元 ~ 61300 美元	15
3	61300 美元 ~ 123700 美元	25
4	123700 美元 ~ 188450 美元	28
5	188450 美元 ~ 336550 美元	33
6	超过 336550 美元的部分	35

表 5.3　已婚分别申报个人所得税税率表

级数	全年应纳税所得额	税率（%）
1	不超过 7550 美元的部分	10
2	7550 美元 ~ 30650 美元	15
3	30650 美元 ~ 61850 美元	25
4	61850 美元 ~ 94225 美元	28
5	94225 美元 ~ 168275 美元	33
6	超过 168275 美元的部分	35

表 5.4　未婚单身个人（不包括丧偶者和户主）个人所得税税率表

级数	全年应纳税所得额	税率（%）
1	不超过 7550 美元的部分	10
2	7550 美元 ~ 30650 美元	15
3	30650 美元 ~ 74200 美元	25
4	74200 美元 ~ 154800 美元	28
5	154800 美元 ~ 336550 美元	33
6	超过 336550 美元的部分	35

表 5.5 户主（包括某些单独生活的已婚人士）个人所得税税率表

级数	全年应纳税所得额	税率（%）
1	不超过 10750 美元的部分	10
2	10750 美元 ~ 41050 美元	15
3	41050 美元 ~ 106000 美元	25
4	106000 美元 ~ 171650 美元	28
5	171650 美元 ~ 336550 美元	33
6	超过 336550 美元的部分	35

（4）应纳税所得额及应纳税额的计算。美国个人所得税的计算步骤为：首先，按税法规定，纳税人的全部所得减去不允许计列的所得为总所得；其次，减除税法规定的应在“调整所得前扣减的项目”为调整所得；再次，减除分项扣减款项或标准扣减款项；复次，减去免税项目。其结果为应纳税所得额；又次，应纳税所得额乘以适用税率为应纳税额；最后，应纳税额减除抵免税款和已付税款，即为最终应纳税款。对每一项目的计算，都要按税法的详细规定和计算规则执行。

（5）征收方法。美国个人所得税的应税期限为一全年。特殊情况可少于 12 个月。全年纳税年度截止日期为每个日历年的 12 月 31 日。个人所得税的纳税人按日历年度为纳税年度的，在纳税年度次年的 4 月 15 日前申报纳税。

2. 公司所得税

（1）纳税人。公司所得税以美国公司和外国公司作为纳税人。美国税法规定凡是根据各州法律成立并在各州政府注册的公司，不论其设在美国境内或境外，也不论其股权属于谁，均为美国公司。凡是根据外国法律而成立并在外国政府注册的公司，不论其设在美国境内或境外，即使股权的全部或部分属于美国，也属于外国公司。

（2）课税对象。美国公司所得税的课税对象是美国公司来源于美国境内外的所得，即全球所得。外国公司所得税的纳税对象以来源于美国境内的所得。其所得的主要内容包括营业收入、资本利得、股息、租金、特许权使用费、劳务收入和其他收入等。

（3）税率。美国的公司所得税采用超额累进税率和固定比例税率。公司所得税采取超额累进税率。见表5.6。在附加税税率的确定方面，对应纳税所得额在10万美元至33.5万美元之间的，加征5%的附加税；应纳税所得额超过1500万美元的公司，附加税是超过1500万美元的应纳税所得的3%或10万美元的应纳税所得的3%，取二者中较小者。主要从事提供服务的公司，只按35%的比例税率纳税。

表5.6　美国联邦公司所得税税率表

级数	全年应纳税所得额（美元）	税率（%）
1	不超过50000	15
2	50000~75000	25
3	75000~100000	34
4	100000~335000	39
5	335000~10000000	34
6	10000000~15000000	35
7	15000000~18333333	38
8	超过18333333	35

（4）应纳税所得额。应纳税所得额是公司的总所得减去为取得收入而发生的税法允许扣除的各种费用和损失后的余额。允许扣除的额度是按税法规定，公司在取得总所得过程中发生的必要的营业和非营业支出。各项扣除标准见表5.7。

表5.7　应纳税所得额各项扣除标准

费用类别	扣除标准/限额比例	说明事项（限额比例的计算基数，其他说明事项）
职工工资	据实扣除	任职或受雇，合理
	加计100%扣除	支付残疾人员的工资
职工福利费	14%	工资薪金总额

续表

费用类别	扣除标准/限额比例	说明事项（限额比例的计算基数，其他说明事项）
职工工资	据实扣除	任职或受雇，合理
	加计 100% 扣除	支付残疾人员的工资
职工教育经费	2.5%	工资薪金总额
	8%	经认定的技术先进型服务企业
	全额扣除	软件生产企业的职工培训费用
职工工会经费	2%	工资薪金总额
业务招待费	MIN（60%，5‰）	发生额的 60%，销售或营业收入的 5‰；股权投资业务企业分回的股息、红利及股权转让收入可作为收入计算基数
广告费和业务宣传费	15%	当年销售（营业）收入，超过部分向以后结转
	30%	当年销售（营业）收入；化妆品制作、医药制造、饮料制造（不含酒类制造）企业
	不得扣除	烟草企业的烟草广告费
捐赠支出	12%	年度利润（会计利润）总额；公益性捐赠；有捐赠票据，年度内可扣，会计利润≤0 不能算限额
利息支出（向企业借款）	据实（非关联企业向金融企业借款）	非金融向金融借款
	同期同类范围内可扣（非关联企业间借款）	非金融向非金融，不超过同期同类计算数额，并提供“金融企业的同期同类贷款利率情况说明”
	权益性投资 5 倍或 2 倍内可扣（关联企业借款）	金融企业债权性投资不超过权益性投资的 5 倍，其他业不超过 2 倍
	据实扣（关联企业付给境内关联方的利息）	提供资料证明交易符合独立交易原则或企业实际税负不高于境内关联方

续表

费用类别	扣除标准/限额比例	说明事项（限额比例的计算基数，其他说明事项）
利息支出（向自然人借款）	同期同类范围内可扣（无关联关系）	同期同类可扣并签订借款合同
	权益性投资5倍或2倍内可扣（有关联关系自然人）	
	据实扣（有关联关系自然人）	能证明关联交易符合独立交易原则
利息支出（规定期限内未缴足应缴资本额的）	部分不得扣除	不得扣除的借款利息 = 该期间借款利息额 × 该期间未缴足注册资本额 ÷ 该期间借款额
非银行企业内营业机构间支付利息	不得扣除	
住房公积金	据实扣除	规定范围内
罚款、罚金和被没收财物损失	不得扣除	
税收滞纳金	不得扣除	
赞助支出	不得扣除	
各类基本社会保障性缴款	据实	规定范围内
补充养老保险	5%	工资总额
补充医疗保险	5%	工资总额
与取得收入无关支出	不得扣除	
不征税收入用于支出所形成费用	不得扣除	

续表

费用类别	扣除标准/限额比例	说明事项（限额比例的计算基数，其他说明事项）
环境保护专项资金	据实扣除	按规提取，改变用途的不得扣除
财产保险	据实扣除	
特殊工种职工的人身安全险	可以扣除	
其他商业保险	不得扣除	国务院财政、税务主管部门规定可以扣除的除外
租入固定资产的租赁费	按租赁期均匀扣除	经营租赁租入
	分期扣除	融资租入构成融资租入固定资产价值的部分可提折旧
劳动保护支出	据实扣除	合理
企业间支付的管理费（如上缴总机构管理费）	不得扣除	
企业内营业机构间支付的租金	不得扣除	
企业内营业机构间支付的特许权使用费	不得扣除	
向投资者支付的股息、红利等权益性投资收益	不得扣除	
未经核定准备金	不得扣除	
固定资产折旧	规定范围内可扣	不超过最低折旧年限
生产性生物资产折旧	规定范围内可扣	林木类10年，畜类3年

续表

费用类别	扣除标准/限额比例	说明事项（限额比例的计算基数，其他说明事项）
无形资产摊销	不低于10年分摊	一般无形资产
	法律或合同约定年限分摊	投资或受让的无形资产
	不可扣除	自创商誉
	不可扣除	与经营活动无关的无形资产
长期待摊费用	限额内可扣	已足额提取折旧的房屋建筑物改建支出，按预计尚可使用年限分摊；租入房屋建筑物的改建支出，按合同约定的剩余租赁期分摊；固定资产大修理支出，按固定资产尚可使用年限分摊；其他长期待摊费用，摊销年限不低于3年
开办费	可以扣除	开始经营当年一次性扣除或作为长期待摊费用摊销
低值易耗品摊销	据实	
审计及公证费	据实	
研究开发费用	加计扣除	从事国家规定项目的研发活动发生的研发费，年度汇算时向税局申请加扣
税金	可以扣除	所得税和增值税（有条件）不得扣除
所得税税款	不得扣除	
增值税进项	不允许税前扣除	购进货物已经抵扣的增值税进项税额，这部分进项税额不参与成本和损益的计算
	固定资产的折旧在所得税前扣除	购置固定资产未抵扣的增值税，进项税额应计入固定资产的成本，随固定资产的折旧在所得税前扣除
	可以扣除	出口货物业务中，按税法规定计算的不得免征和抵扣的进项税额，进项税额应转入货物的销售成本
	有条件扣除	企业货物发生的损失（如盘亏、毁损、被盗等），因已经不可能用于生产，自然也无法对外销售或是视同销售。根据税法规定，其对应的增值税进项税额不得用于抵扣，应作进项税额转出。另外，损失的货物需要向税务机关申报，并经税务机关认证批准后作为税前列支事项，转出的进项税额也可随财产损失在所得税前扣除

续表

费用类别	扣除标准/限额比例	说明事项（限额比例的计算基数，其他说明事项）
增值税销项税	不允许税前扣除	正常销售货物情况下，向购货方收取的增值税销项税额，这部分销项税额因其不参与成本和损益的计算，不允许在所得税前扣除
	有条件扣除	由自身承担的增值税销项税额。比如对外捐赠货物的销项税额，在整体捐赠成本没有超过捐赠限额的情况下，随捐赠成本在所得税前扣除
咨询、诉讼费	据实扣除	
差旅费	据实扣除	
会议费	据实扣除	会议纪要等证明真实的材料
工作服饰费用	据实扣除	
运输、装卸、包装费等费用	据实扣除	
印刷费	据实扣除	
咨询费	据实扣除	
诉讼费	据实扣除	
邮电费	据实扣除	
租赁费	据实扣除	
水电费	据实扣除	
取暖费/防暑降温费	并入福利费算限额	属职工福利费范畴，福利费超标需调增
公杂费	据实扣除	
车船燃料费	据实扣除	
交通补贴及员工交通费用	2008 年以前并入工资，2008 年以后并入福利费算限额	2008 年以前计入工资总额同时缴纳个税；2008 年以后则作为职工福利费列支
电子设备转运费	据实扣除	
修理费	据实扣除	
安全防卫费	据实扣除	

续表

<table>
<tr><th>费用类别</th><th>扣除标准/限额比例</th><th>说明事项（限额比例的计算基数，其他说明事项）</th></tr>
<tr><td>董事会费</td><td>据实扣除</td><td></td></tr>
<tr><td>绿化费</td><td>据实扣除</td><td></td></tr>
<tr><td rowspan="5">手续费和佣金支出</td><td rowspan="2">5%（一般企业）</td><td>按服务协议或合同确认的收入金额的5%计算限额，企业须转账支付，否则不可扣</td></tr>
<tr><td>电信企业手续费及佣金支出，仅限于电信企业在发展客户、拓展业务等过程中因委托销售电话入网卡、电话充值卡所发生的手续费及佣金支出</td></tr>
<tr><td>15%（财产保险企业）</td><td>按当年全部保费收入扣除退保金等后余额的15%计算限额</td></tr>
<tr><td>10%（人身保险企业）</td><td>按当年全部保费收入扣除退保金等后余额的10%计算限额</td></tr>
<tr><td>不得扣除</td><td>为发行权益性证券支付给有关证券承销机构的手续费及佣金</td></tr>
<tr><td>投资者保护基金</td><td>0.5% ~5%</td><td>营业收入的0.5% ~5%</td></tr>
<tr><td rowspan="6">贷款损失准备金（金融企业）</td><td>1%</td><td>贷款资产余额的1%；允许从事贷款业务，按规定范围提取</td></tr>
<tr><td>不得扣除</td><td>委托贷款等不承担风险和损失的资产不得提取贷款损失准备在税前扣除</td></tr>
<tr><td>按比例扣除
关注类贷款2%</td><td rowspan="4">涉农贷款和中小企业（年销售额和资产总额均不超过2亿元）贷款</td></tr>
<tr><td>次级类贷款25%</td></tr>
<tr><td>可疑类贷款50%</td></tr>
<tr><td>损失类贷款100%</td></tr>
<tr><td>农业巨灾风险准备金（保险公司）</td><td>25%</td><td>本年保费收入的25%，适用经营中央财政和地方财政保费补贴的种植业险种</td></tr>
<tr><td>担保赔偿准备（中小企业信用担保机构）</td><td>1%</td><td>当年末担保责任余额</td></tr>
</table>

续表

费用类别	扣除标准/限额比例	说明事项（限额比例的计算基数，其他说明事项）
未到期责任准备（中小企业信用担保机构）	50%	当年担保费收入
交易所会员年费	据实扣除	票据
交易席位费摊销	按10年分摊	
同业公会会费	据实扣除	票据
信息披露费	据实扣除	
公告费	据实扣除	
维简费支出	收益性支出	当期费用税前扣除
	资本性支出	应计入有关资产成本，并按企业所得税法规定计提折旧或摊销费用在税前扣除
其他	视情况而定	

（5）应纳所得税额的计算。应纳所得税额计算出后，按超额累进税率和累进计算法计算应纳公司所得税税金。服务公司应纳所得税额按固定比例税率计税。

（6）税收管理。公司所得税的纳税人可以任意选择各自的纳税年度，即纳税的起讫日期，但一经确定，就不得随意改变。纳税人可以选择权责发生制、现收现付制或其他会计核算方法作为计税方法。公司所得税按年度一次征收。纳税人可在其选定的纳税年度终了后的两个半月内申报纳税。

年度间的净营业亏损可以抵补和结转本年度亏损，可以向前结转，还可以向后结转。在不同时期，向前结转和向后结转的年限有所不同，一般情况下，向前结转2年，向后结转可长达20年。纳税人可以选择放弃向前结转，但一旦作出该选择，就不能改变。

3. 社会保险税

社会保险税也称社会保障税。美国是世界上最早采用税收形式筹集社会保障基金的国家，美国的社会保险税不是一个单一的税种，而是由工薪税、铁路员工保障税、失业保障税和个体业主税四个税种组成的社会保障体系，其中工薪税是主要税种。

美国于1935年开始征收工薪税，征收目的是为老年人筹措退休金。工薪税是联邦政府的重要财政收入。美国工薪税的纳税人是雇主和雇员，征税对象分别为雇主全年对每个雇员支付的薪金工资和雇员全年领取的薪金工资额。美国的工薪税没有减免扣除规定，但有应税收入的最高限额规定。

铁路员工保障税是以为铁路公司员工筹措退休费为目的的税。纳税人为雇员和雇主，其课税对象为雇员领取的工资和雇主发放的工资。该税规定有应税收入的最高限额，限额以上不征税。铁路员工保障税的税率一般是固定比例税率。雇主对每个工人支付的工资最高限额以内的应税收入也采用固定比例税率。铁路员工保障税同工薪税一样也实行源泉扣缴法。

失业保障税是为联邦对各州政府举办失业保险提供补助而课征的。它以一个日历年度内的20天期间雇佣一人以上或每季度支付工资1500美元以上的雇主为纳税义务人，雇员无此纳税义务，按无宽免或费用扣除前提下支付给雇员的工资总额计征。失业保障税规定最高应税限额，税率为固定比例税率。失业保障税的缴纳，须按年历编制申报表，在次年的1月31日之前缴纳，也可实行分季度缴纳。

个体业主税又称自营人员保险税，是为了个体业主（除医生外）的老年、遗属、伤残及医疗保险而课征的，纳税人为单独从事经营活动的个体业主，征税对象是个体业主的纯收入。个体业主税有起征点，税率实行比例税率，完全由个体业主承担。个体业主税实行同个人所得税联合申报的办法，具体纳税过程和个人所得税基本一致。

美国对社会保险税的征收方法有两种：一种是采取源泉扣缴，另一种是采取自行申报缴纳。雇员的应纳税款由雇主按雇员应纳税工资、薪金，依法定税率，源泉扣缴，并连同雇主自己的应纳税款一并在每季度申报纳税。对自营人员课征的联邦保险税，除了自营人员必须自己缴纳全部税款这一点与雇员不同外，其余的基本相似。如果自营人员既是雇员，又是自营职业者，则首先应按照其雇员身份确定其应缴纳联邦保险税款。如果该纳税人作为雇员取得的全部工薪额没有超过计税依据最高限额，或不足这一限额的部分，则按其自营职业者的身份纳税。

4. 遗产税与赠与税

美国对联邦遗产税、赠与税和隔代财产转让税不断进行改革，其趋势是不断降低税率和增加抵免额。

（1）遗产税。在美国，当纳税人因死亡将其财产转让给继承人时，联邦政府要对死亡的纳税人征收遗产税。联邦遗产税计算方法为：

应缴纳遗产税 =（遗产总价值 - 可扣除项目 + 1976 年以后所转让的应纳税礼物的价值）× 税率 - 统一抵免额

美国公民或者居民的遗产包括其死亡时拥有的、位于任何地方的所有财产，也包括其拥有的财产权益。在缴纳遗产税时，纳税人可以从总遗产价值中扣除下列项目：葬礼费用、某些税款、死者债务、在管理财产的过程中发生的意外损失、转让给慈善机构的财产价值等。

纳税人在 1976 年以后到 2010 年 1 月 1 日之前进行的生前财产赠与，应与遗产合并计算，并适用相同的税率。遗产税和隔代资产转让税都属于资产转让，只是有继承人与留下财产之人的关系存在着直系亲属关系，还是非直系亲属关系之分，也有着传给一代人，还是二代以上的分别。由于性质基本相同，所以这两种资产转让方式所征收的最高税率都是一样的，差别是隔代资产转让税的个人豁免额与遗产税的个人豁免额之间存在差异，但差异并不是很大。

（2）赠与税。在美国，富人不容易将财产最大限度地留给后代，死了以后做不到，即使活着也做不到，因为美国除了遗产税外，还有赠与税。一个人在活着的时候将自己的财产送给自己的后代或是他人，政府就要征收赠与税。

表 5.8　2008—2013 年美国赠与税最高税率和豁免额

年份	最高税率（%）	一生豁免额（万元）	年豁免额（元）
2008	45	100	12000
2009	45	100	13000
2010	35	100	13000

续表

年份	最高税率（%）	一生豁免额（万元）	年豁免额（元）
2011	35	500	13000
2012	35	500	13000
2013	55	100	14000

美国开征赠与税始于1924年，当时，赠与财产每年的豁免额为500美元，一生的豁免额为50000美元。超过豁免额部分的财产赠与就要缴税，最高税率为25%。1977—1981年是美国赠与税税率最高的时期，财产赠与每年的豁免额仅为3000美元，一生的豁免额在120000美元至175000美元之间，超过豁免额部分的财产赠与最高税率高达70%。

现在美国赠与税的最高税率为55%，年豁免额为1.4万美元。所以，在美国，想在活着的时候把财产传给后代的代价是巨大的。赠与税是由赠与人缴纳，而受益人只获得财产，不需要赋税，这就避免了在遗产税中可能出现的受益人因无能力缴纳遗产税而无法得到遗产的局面。

5. 销售税

销售税属于交易税之一，是对商品和劳务交易征收的一种税。州政府对商品和劳务的销售额课征普通销售税，联邦政府则对某些特殊商品，如酒、烟等征收消费税。

（1）纳税人。在美国从事有形动产销售、提供某些与该销售活动密切相关的辅助性劳务的零售商是销售税的纳税人。

（2）征税对象。销售税是对最终消费的有形动产和某些服务征收的税。了解该纳税对象，应注重的要素为：一是只对最终消费的有形动产征税。二是只在零售环节征收。因此该税的征收不适用于再销售或后续加工的销售。大多数州对零售的定义非常广泛，赊买、分期付款销售、折价销售以及交换都属于零售的范围。三是在美国并不是所有最终消费的有形动产都要缴纳销售税。各州有不同的免税规定。通常对食品、衣服、药品、农用货物以及制造业所用货物不征收销售税。四是对劳务征收销售税只是近几年的事情。

（3）税率。美国各州采用的销售税税率各不相同，但都采取固定比例税率，只是在不同时期有所调整。除阿拉斯加、特拉华、蒙大拿、新罕布什尔和俄勒岗5个州不征收销售税外，其他州都在州一级征收一般销售税。但是，尽管前述各州不在州一级征收销售税，这些州内的有些地方政府还是要征收地方销售税。

6. 财产税

财产税是州和地方财政收入的主要来源。美国的财产税已有200多年的历史，各州财产税法律条款经过多次修订和完善，已经相对健全。美国财产税的课征对象是居民的各种财产。美国各州在征收财产税时一般按照"量出为入"的原则以及不动产和个人财产分类的原则征收。

（1）"量出为入"的原则。由于地方政府均有征收财产税的权力，财产税的总税率是州政府财产税税率和各级地方政府财产税税率的加总。多数州的地方政府在确定财产税税率时，首先确定一年的总支出，然后确定需要通过财产税筹集的收入，用需要通过财产税筹集的收入除以应税财产的评估价值求出当年的税率。

（2）不动产和个人财产分类的原则。将不动产进行分级，一般为不同级别的房子设置不同的税率，如华盛顿特区将不动产分为多种情况，分别设置不同的税率，增加对空置房和废弃房的税率以鼓励对房产的使用。各州调整财产税税率一般需要经过立法程序。因此，财产税税率通常为某个确定值或范围，在税法未变的前提下保持不变。根据地方自治原则，地方财产税的税率一般在地方政府的常规预算程序中确定，通常也要根据地方的支出水平来确定。

五、中美税收制度差异比较

（一）中美税制结构比较

中国是以间接税为主，直接税为辅的复合税制体系。间接税，即流转税中以增值税为主体。而美国税收制度经过长期的改革和完善，特别是经过了1954年和1986年两次重大的税制改革之后，逐步确立了以个人所得税、社会保险税为主体，涵盖公司所得税、货物和服务税、财产税等主要税种的复合税收体系。

美国以直接税为主，其税制主要呈现出以下三个特点。第一，个人所得税和社会保险税在整个税制中处于无可争议的主体地位。美国国会预算办公室公布的数据显示，2015年美国个人所得税是联邦收入的最大来源，占总联邦税收收入的37%；其次是社会保障税，占总联邦税收收入的27%；从价税占联邦税收总收入的21%；公司所得税占联邦税收收入的7%。除此之外，并不存在单一税种收入超过联邦收入10%的税种。第二，税收制度充分体现了联邦制属性。在美国，不仅联邦政府、州政府有税收立法权和征管权，地方政府也有一定的税收征管权。2014年，美国州和地方政府的税收收入占全国税收总收入的比重为40.2%。第三，各级政府税种划分存在交叉但各有稳定税种。美国税收体制中，联邦、州和地方三级政府的税种存在一定程度的交叉，如个人所得税是联邦政府的主要税种和税收来源，州政府也有个人所得税收入，除此之外，各级政府均有各自的主体税种，以确保财政收入的稳定。

（二）中美主要税种的贡献度比较

由于历史、文化、经济等原因，中美主要税种的贡献度存在较大差异，中国主要税种的贡献度见表5.9、图5.1。

表5.9　中国2014年、2015年各主要税种贡献度

主要税种	2014年		2015年	
	金额（亿元）	占比（%）	金额（亿元）	占比（%）
增值税	30855.36	25.89	43092	31.68
消费税	8907.12	7.47	11390	8.37
营业税	17781.73	14.92	19315	14.20
企业所得税	24642.19	20.68	27712	20.37
个人所得税	7376.61	6.19	8617	6.34

续表

<table>
<tr><th rowspan="2">主要税种</th><th colspan="2">2014 年</th><th colspan="2">2015 年</th></tr>
<tr><th>金额（亿元）</th><th>占比（%）</th><th>金额（亿元）</th><th>占比（%）</th></tr>
<tr><td>关税</td><td>2843.41</td><td>2.39</td><td rowspan="2">25896</td><td rowspan="2">19.04</td></tr>
<tr><td>其他</td><td>26768.89</td><td>22.46</td></tr>
<tr><td>合计</td><td>119175.3</td><td>100</td><td>136022</td><td>100</td></tr>
</table>

数据来源：2014 年数据由 2015 年《中国统计年鉴》整理计算而得；2015 年的数据来自《中国税务年度报告（2015）》。

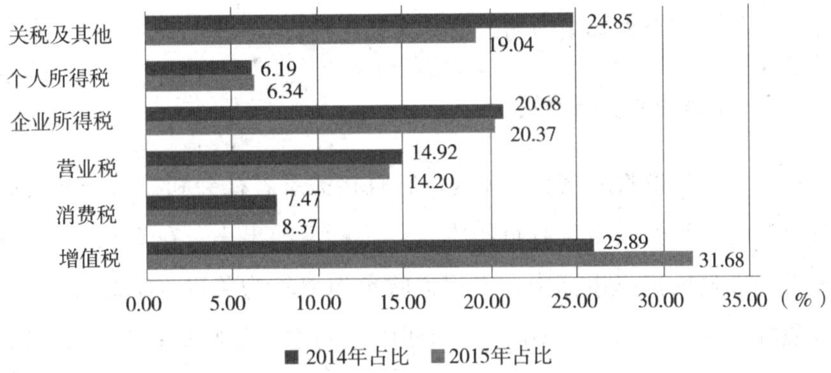

图 5.1　中国 2014、2015 年各主要税种占比情况

经过比较，我们可以总结出：

（1）中美两国税种的贡献度存在巨大差异。支撑我国税收总收入的主要税种是增值税、消费税、营业税以及企业所得税和个人所得税。其中，收入最多的增值税对税收总收入的贡献率一直稳定在 25% 以上，2014 年其绝对收入达到 30855.36 亿元，2015 年则占到税收总收入的 30% 以上，绝对收入 43092 亿元，占比 31.68%。

而美国的主要税种对税收总收入的贡献度从高到低分别为个人所得税、社会保险税、财产税、消费税、企业所得税，个人所得税和社会保险税占税收总收入的比例保持在 60% 以上。

（2）所得税税种的贡献度差异。中国的所得税中，企业所得税在总税收收入中的比重比个人所得税所占的比重大，2015 年企业所得税占税收总收入的 20.37%，个人所得税仅占 6.34%。而美国的所得税中，个人所得税在总税收中所占的比重比公司所得税所占的比重大，个人所得税占税收总收入的比重基本在30%以上，公司所得税所占比重不超过10%。就2015年而言，个人所得税占比为37%，企业所得税仅为7%。

（3）个人所得税征收方式的差异。我国的个人所得税实行分类征收的方式，申报并没有身份的不同，都是采取个人申报的方式进行的，没有考虑到家庭负担等的差异性，实际的税收主要是从普通工薪阶层纳税得到的。

美国的个人所得税既考虑到人与人之间的差异，又考虑到税收负担的差异，是所有个人都缴纳的，更具有公平性。

（三）中美税收负担比较

税收负担是税收的核心和灵魂，它直接关系着社会利益的分配格局。税收负担的轻重一般由税收负担率这一指标反映出来。在宏观税收负担率和微观税收负担率指标中，宏观税收负担率较为关键。宏观税收负担率=税收总额（TAX）/GDP。美国和中国的宏观税收负担率是不同的，近几年的变化见表5.10。

表5.10　2010—2015年中国和美国税收收入占GDP的比重

即宏观税收负担率　　%

年份	中国	美国	
2010	17.9	31.53	a
2011	18.54	32.84	a
2012	18.84	30.32	a
2013	18.8	33.67	a
2014	18.73	35.06	e
2015	16.34	35.95	g

中国2011—2014年数据是根据2012—2015年《中国统计年鉴》计算而得，中国2015年的税收收入来自《中国税务年度报告（2015）》即110604亿元（已扣减出口退税），GDP来源于中华人民共和国《2015年国民经济和社会发展统计公报》为676708亿元，2015年的税收负担率为二者之比；美国的数据来源于美国联邦税收官网http：//www.usgovernmentrevenue.com.

注：a是真实报告结果，即actual reported；e和g均为估计结果。

对比可知，近几年美国的税收负担率一直在30%以上，从2013年开始超过33%，并且呈逐渐上升的趋势，2015年的预测结果为35.95%；而中国近几年的税收负担率不超过19%，2014年是18.73%，2015年是16.34%，且呈稳中有降趋势。就税收负担率而言，美国的税收负担几乎总是中国的1.5倍以上。

（四）中美税收管理体制比较

（1）税收管理权差异。与美国的三级税收管理相比，中国的税收管理遵循“统一税政，适度分权”和“权责利”相结合的原则，属于中央税和中央与地方的共享税，管理权限归属于中央；属于地方税的，管理权限实行分权管理，归属地方。相对于美国来说，中国的税收管理权集中于中央，地方权力有限。

（2）纳税人身份确定差异。在美国，税务管理已相当健全，税务部门对纳税人实行“社会安全代码”管理制度。所有法人、自然人都有一个合法的“社会安全代码”，这在任何领域都通用，也作为社会活动和经济活动的合法依据。纳税人如需开展生产、经营活动，只凭代码和有关资料到税务部门办理登记后，就能合法开展生产经营活动。纳税人自行申报交易额和所得额，也要凭借该代码办理。所以“社会安全代码”制度是一项重要制度。

（3）纳税申报技术水平差异。美国纳税申报实行一年一次制。每年公司、个人、非营利机构分别在3月15日、4月15日、5月15日之前申报。这是税务部门掌握税源的主要依据。纳税人可以自行选择电子、电话和信函等形式申报。税务部门收到申报资料后应及时输入电脑系统并进行电子审核评税，并及时对纳税人反馈税收信息。目前美国政府鼓励和提倡电子申报。联邦税务局99%的个人所得税、州和地方税务局80%的税款都是在网上申报的。

相比之下，中国由于受经济和技术水平的限制，尤其是纳税人信息电子化水平较低，税务管理还处于初级阶段，根据《税收管理法》和《税务登记管理办法》的规定，我国的生产、经营类纳税人在2015年以前，必须先到工商部门领取营业执照，再到税务机关办理税务登记，然后定期申报纳税，税务部门对纳税人发票等诸多涉税事项进行管理。“三证合一”的税务登记制度仅仅是从2015年开始实施的，信息由政府各部门共享，这就极大地降低了纳税人成本，提升了税收效率。在中国，虽然网上申报有提升趋势，但提升空间还很大。

（五）中美征税成本及成本率比较

税收成本是体现一个国家的税收效率的主要方面。从理论上讲，可以用税收成本率来表示，税收成本率是税收成本与税收总收入的比值，税收成本在税收总收入中占的比重越大，税收成本率就越高，税收效率就越低，反之则税收效率越高。高效率的税收是每个国家组织征税时一直追求的目标，而在这一点上，我国与美国的差距还是比较大的。以美国的联邦税收收入的成本率为例，见表5.11。

表5.11　美国近年联邦收入税收成本率

财政年度	联邦税收收入总额（百万美元）	联邦税务局总预算（千美元）	税收成本率（%）
1998	1769408	7564661	0.43
1999	1904151	8269387	0.43
2000	2096916	8258423	0.39
2001	2128831	8771510	0.41
2002	2016627	9063471	0.45
2003	1952929	9401407	0.48
2004	2018502	9756344	0.48
2005	2268895	10397837	0.46
2006	2518680	10605845	0.42
2007	2691537	10764736	0.40
2008	2745035	11307223	0.41
2009	2345337	11708604	0.50
2010	2345055	12353344	0.53
2011	2414952	12358877	0.51

由于各种主客观因素和技术条件的限制，税收的实际成本数据比较难以得到。据美国国内收入局1992年的年报统计，当年税收成本为65亿美元，占税收收入总额11207亿美元的0.58%。2000年，美国共征税20969.16亿美元，而征税成本为每百元0.39美元，是1954年以来的最低纪录。总体来说，美国的税收成本率比较低，基本在1%以下。

但中国的税收成本率较高。根据国家税务总局公布的数据测算，1994年税制改革前，中国税收成本率为3.12%。1994年税制改革，税务机关分设后，税务成本开始上升，到1996年为4.73%，据估计，到20世纪末中国的税收成本率约为5%~8%。国内东西部的税收成本也存在较大差距，东部地区比较低，为4%~5%，如山东为4.3%，广东为4.7%；西部经济落后地区较高，为10%左右，内蒙古为9.6%，贵州为11%；中部地区大致为7%~8%，如河北省为7.96%。以上这些数据充分表明，我国税收效率与美国存在着较大的差距，所以更应该从我国税收的实际情况出发，借鉴美国的征管经验，找出我国税收征纳中存在的不足，并积极地予以改正和完善，努力提高税收效率。

美国的低税收成本率主要得益于现代化的征管方式。从20世纪60年代起就在税收征管中大规模地使用计算机，联邦、州及地方税务部门全面实现计算机管理。2006年时，美国税收收入的82%是通过计算机系统征收上来的，并且实现了税收预算、税务登记、纳税申报、税款征收、税务稽查、税源控制、纳税资料收集、存储、检索等一系列工作环节的信息化。这些手段一方面减少了人力成本，另一方面使各项经济活动都可以在网上查到，增加了逃税的难度。现代化的征管方式开源节流，显著降低了税收成本率。

相比之下，我国从20世纪80年代中后期才开始使用计算机征税，而对计算机的使用也仅限于信息的输入，忽略了对信息的分析、管理和利用等功能，出现了大量申报不实的情况，税收信息化的作用没有得到很好的利用，反而增加了硬件的成本，产生了一定的负面效应。但近年来，随着中国公务员体制改革的进行和税务人员素质的提高，现代化征管的体制优势也正在显现。

六、中美税收制度差异的原因分析

中美两国税收制度在诸多方面的差异，有社会政治、历史文化方面的原因，也有经济方面的因素。

（一）社会政治方面

政治制度产生于特定的社会环境中，是各实体被要求遵循的所有规则，它的出现源自人们维持公共安全和利益的需要。政治制度同时展现了经济关系，但经济的演变也有政治制度的力量，它为经济主体参加经济活动提供了外部基础，比如政权性质、政治体系以及政治活动程序等。

1. 政权性质的影响

政权的性质决定税收效率，一国的税制展现出该国的分配关系，资源和财富通过税收的分配实现在全体社会成员之间的交流、转换。国家政权性质的不同对税收的资源配置结果有着决定性的影响，自然也会产生各有差异的受益集体。效率和公平往往用来评价一种税制的分配结果，而对于具体的税制来说，究竟如何评价还需要进行进一步的评估。就效率而言，如果一种税制将社会资源重新分配之后，会导致社会总体福利提升，那么这一税制就达到了效率的要求；如果重新分配并没有提高社会的总体福利水平，那么这一税制就没有实现效率的目标。封建社会和资本主义社会政权下的税收制度效率提升的空间仍然很大。封建社会时期的地主阶级政权，税收制度通常以财富流向地主阶级为目的。到了资本主义社会，资本家成为社会利益的代表，因此税收制度的设计和分配都是为资本家更好地聚敛财富服务的。

任何税制都是在国家权力的保障下来具体实现的，不同的国家权力决定了不同税制的本质。税制是建立在一定的经济基础之上，同时又会对经济基础有一定的影响。一个社会的税制产生于该社会特定的政权性质之中，并且为该政权的稳固提供服务。

2. 政治体制影响

政治体制是指一国政权的组织结构、管理体系以及各种法律制度的综合，它具体展现了一国的政治制度及其实施方式。同一时期的不同国家或者同一国家的不同时期，政治体制都是各不相同的。在亚里士多德看来，政治体制分为以下三种形式：君主制、寡头政治和民主政治，它们分别是只有一个人来领导、由少数有权有势者领导和由多数人来领导。现代的观点同样是将政治体制分为三种，即独裁制、民主制以及代议制。政治体制的产生有其自身所需的特定条件，它形成于社会成员对共同利益的追寻。在不同的政体中存在着不同的利益诉求，财税制度是决定不同利益诉求的重要因素。

就代议制而言，民主制的一种主要形式是通过法律程序由拥有选举权的公民推选出代表，然后代表们组成议事机关来执行立法权等一系列国家职权。代议制具有保证民主合法化、理性秩序的社会治理优势，可以有效规避大众过激的情绪化言论所造成的不必要的麻烦。在代议制政治体制下，税制的设立是通过民主决议来通过的，有利于保障税制执行结果的公平和效率。但代议制也有其自身的缺陷——因为官员腐败和委托代理机制的问题而会有违背公平和效率等现象的产生。

3. 政治程序影响

政治程序存在集权程序和分权程序之别，相应地也带来了税收立法权和征管权等方面的差别，有其自身的优点，同时也存在不足。该政治程序下的税收制度会使多数人从少数人手中获取收入的再分配利益成为可能，并随着选举权逐步扩展到贫困阶层，为了这部分占到多数的贫困阶层的利益保障，累进税制和社会保障体制将会发挥更重要的作用，处于富裕阶层的少数人要缴纳更多的税款来帮助较为贫穷的大多数人。但多数投票规则的政治程序也存在着财政支出的过度膨胀现象。选民们无法意识到，也无法准确地测算出财政支出带给他们的成本与收益之间的关联，或者说选民们会低估公共财政支出的成本。

在我国，政治程序还存在官僚主义盛行和程序腐败等弊病，给税制的立法带来了不确定性，也难以贯彻落实税制的立法理念。所以至今我国的税制都无法完全适应经济社会的发展，一直处于不断变革与创新之中。

美国的联邦制国家实行三权分立与制衡相结合的政治制度和两党制的政党制度，对权力形成了制约，避免了权力的滥用。美国三级政府在事权和财权上的划分及对税收立法的权利划分都比较明晰，十分有利于各自的税收立法的制定与执行。

（二）意识形态方面

历史与文化具有传承力，但归根结底还是取决于人们的意识形态。意识形态具有特殊优势，发挥着独特的作用。税制及其变革也是由不同的意识形态支撑的。

美国政治明显体现了个体为主、自我协调、民主争论及价值厘清等意识形态的支配。美国联邦制国体决定了美国税收制度的层次和内容。由于政府分为联邦、州和地方三个层次，相应地，美国宪法赋予了联邦和州以独立的立法权、执法权和司法权，州政府又选择性地授予地方一定的权力，所以联邦、州和地方三级政府都相应地开征了一定的税种。然而，权力的分散也会带来各权力主体之间的矛盾，体现在税制上，就是联邦、州和地方之间在税源上的争夺，在竞争中不断谋求协调、完善与发展。

就制度变革而言，自由主义精神一直都是在制度演进中起到先行的指导作用。以财产税为例，财产权的在先约束总是会先决性收敛政府的征税权，使得征税的启动和税制的设计总是尽可能地不触及必要的限度，而不管这种制度在特定的经济社会环境下的效率和潜力如何。尽管近年来财政联邦主义的发展有转向更为集权的趋势，但自由主义意识下的美国税制始终以清楚的授权和明晰的制度规定为依托，而不能肆意修改。所以，从美国宪法制定的过程来看，联邦的建立实际上是圣约理想和自由观念在民主立宪中的具体实现，并进一步展现为意识文化领域的多元化。美国独特的税赋文化是以纳税人交钱供应政府为自己服务为基础的。

这与传统的中国公民基本义务的观念是截然不同的。传统中国的赋税制度呈现在治乱循环的总体格局中，即便是现代中国的财税制度亦如此。一旦实施效果不好或是外部环境发生变化，制度变迁就会在政府主导下发生，以促进和适应经济社会的发展。中国税制的改革是为了主动地推动经济与社会的发展。

所以，美国税制改革是以经济发展与危机拯救为主要依归，无论是从早期的关税主体到此后的商品税主体还是到后来的所得税主体，税制改革均是在商品贸易和经济发展的内部需要上产生的。税制改革是被动地适应经济发展，而非税制改革主导性地推动经济发展。

（三）经济方面

任何一个社会中都有居于主导地位的生产关系，经济制度就是统治阶级为了体现出这种生产关系的前进要求，维持对其统治政权有利的经济秩序，而设立的所有经济方面的法律法规准则的总称。经济制度在保证国家经济正常运转、社会资源协调配置、利益分配及维护社会生活秩序中发挥着重要作用。除了按照人类社会发展阶段划分的原始公社经济制度、奴隶制经济制度、封建制经济制度、资本主义经济制度和社会主义经济制度外，财产权制度、资源配置方式、分配制度以及契约制度等都是重要的经济制度。

1. 财产权制度的影响

财产权是一种民事权利，它以财产利益为内容。财产权的重要性来自财产权的功能特性：第一，财产权对于社会资源的利用，分配成本和收益的所有权起决定性的作用。因此财产权对经济活动和行为绩效的激励也起到了决定性的作用。第二，财产权制度界定了在一个经济体系内的所有参加者。这种界定是通过分配个体对资源利用的可能权力来实现的，所以在形成各种机会的集合以及经济代理人各种各样的成本和收益之时，由于财产权因其自身结构的不同也对以上的机会集合和成本收益产生不同影响，进而对经济活动产生不同影响。

财产权制度对于税收制度有着一定的影响。这种影响表现在：

（1）财产权制度决定税制作用范围和形式。在实际运行中，税制往往表现出很多种形式，然而由于财产权制度的规定，所有税负最终都要落在财产所有者身上。一国在设置税制时应该充分考虑税负的最终归宿，合理实现税收收入功能和调节功能的链条，即通过对经济主体的征税以对其经济效益产生影响，进而根据效益对经济主体的活动进行调控，最终达成一国社会发展、经济进步的目标。

（2）产权的合法性决定征税对象——收入的合法性。财产权制度可以明确哪些财产所有者是税收的合法纳税人。从这一角度来说，财产权制度在确立纳税经济主体的个人集合的同时，也确立了课税对象的目标集合。

（3）不同财产权制度下税制政策目标存在差异。公有制条件下，由于财产归公共所有，个人在享受使用权的时候可以不顾后果，极易造成财产的损失和浪费。在这种情况下，税制的目的是为了使大家合理地使用经济资源，尽力免除资源的滥用甚至枯竭。在私有产权的情况下，每个人拥有的财产各不相同，社会呈现出贫富不均的现象。税制的设立要倾向于减小收入差距，促进社会公平的实现。

（4）税制演变决定于财产权制度的演变。纵观社会历史演变，每当社会发生变革之时，财产权制度都会随之变革。财产权一旦发生改变，社会上的经济个体就会受到相应的激励，会带来税制变革的可能和机遇。英国的圈地运动完全可证明这一论断，当时地主阶级的财产权被夺取，转移到新兴资产阶级的手中，税收制度也由原始的以直接税为主体的税制结构转向了间接税为主体的税制结构。

（5）财产权制度对税制模式的设定有着决定性作用。财产权制度具体包括产权界定、产权配置、产权经营和产权保护四项制度。我国目前的情况是财产权制度不完善，产权界定不清晰、产权关系比较复杂、财产权配置局面不合理。不完善的财产权制度给我国税制的发展带来了不利影响，使本该明确的实际税负承担者变得模糊，也阻碍了税收制度激励和约束机制的实现。同时，财产权结构自身的不合理性还造就了损害经济社会进步的不合理的利益分配局面，产生了较大的收入分配差距，影响了税收原本的政策目标。财产权结构的不合理反映在税制的发展路径上，就是其不合理性扭曲了税制的正常发展轨道，导致税制变迁被强制发生。财产权制度的不完善还会产生委托代理问题，对税制的实际执行带来较高的成本。

相比之下，美国的财产权制度较为完善，无论是产权的界定、配置、经营还是产权保护、执行都比较好。完善的财产权制度有利于美国税制的发展。由于财产权结构严谨，其社会收入分配较为均衡，差距较小，税收的政策目标体现较好。

2. 资源配置方式对税制的影响

社会资源的配置有两种方式，即市场方式和政府方式。政府机制和市场机制对税制的影响主要有以下几方面：

（1）资源配置方式决定税收制度功能定位。计划机制条件下，资源配置形式僵化，税制的功能也单一到仅仅作为政府筹措财政资金的方式。但是在市场机制的条件下，税制具有多项功能。它一方面要为国家筹措财政资金，另一方面要调节收入分配、缩小收入差距、促进社会公平。

（2）资源配置方式决定税收制度作用程度。在市场机制的条件下，为了降低税制对市场运转的扭曲，减少对正常经济活动的干扰，税制的设置以税收中性为准则。而在政府配置的机制下，为了满足政府财政的需要，税制设立的核心问题是筹集资金的能力，而并不会考虑经济运行的效率是否会受到税制的影响。

（3）资源配置机制决定税收制度中主体税种的选择。在市场机制的作用下，主体税种应该选择能够提高经济效率的税种。而在政府配置的机制下，主体税种的选取需要更多地考虑到尽力保障政府财政收入的实现。

美国是实行市场经济体制的国家，私人经济占据主导地位。经济活动的参与者通过市场的变动来作出决断，经济体制中市场经济是主要的调节机制。社会存在完善的监督体系，政府及机构的运行都在严格的监管之下，资源配置运行机制良好。这些因素直接决定了美国税收体系中的主体税种选择，及税收制度的功能定位。

3. 分配制度的影响

分配问题在社会经济生活中是一项非常重要的内容。一旦分配规则出现失误，则它对生产所产生的负面影响非常大，甚至超过了生产自身。一个社会中，如果大家都认为分配存在不公平，那么对于各自追求利益最大化的理性人来说，产业的价值也将不复存在。若社会成员都认同“分配是不公的，人们无法得到应得的利益，反而遭受剥削”的观点，那么这个离社会的覆灭也就为期不远了。

税收制度是分配制度的一种，受到分配制度的影响。税制的设立也要考虑两个层次。第一层次是税制参与生产过程不能影响生产要素在生产过程中的付出成本与其最终收益的匹配程度。这一层级的税收结果可以保持一定的收入分配差距。第二层次的税制将参与到再次分配中。这一层次的税制要按照一定的规则将纳税人的收入差距缩小到合理的框架内。

分配制度的实施是通过初次分配和再分配两个层次来完成的。前者的目标是按照按劳分配和按生产要素分配两者的结合进行分配，体现出一种经济公平。后者的目标是缩小收入分配差距，体现社会公平。实现分配的主要机制就是税收。客观而言，初次分配和再分配功能在我国的实施，并没有很好地促进收入分配的公平性。

美国的收入分配制度效率明显。主要通过以下环节对社会分配进行调节。首先，设立了完备的税收制度，同时强调对高收入者的征税，通过个人所得税的征收来减轻贫富差距；其次，建立完善的社会保障体制来帮助弱势群体，为贫困阶层提供完善的医疗、住房、教育等方面的福利；最后，社会各界慈善组织也积极参与到对弱势群体的帮扶中，进一步补充了政府救济。

4. 契约制度的影响

较为系统地研究契约制度的人当属科斯（Ronald Coase），其观点被表述成科斯定理——即在交易成本为零的情况下，无论权利怎样进行最初安排，当事人的谈判都会产生财富最大化的安排；当交易成本不为零时，不同的权利界定会带来不同的资源配置。在现实情况中，交易费用往往都是不为零的。所以人们都会努力利用契约来防范对手的机会主义行为，以此规避交易中的风险。契约制度的必要性亦在于此。契约制度的产生能够减少因为约定纠纷而产生的再次谈判等费用成本，由此带来经济效率的提高。

完善的契约制度能够保证征税的顺利进行。契约制度的详细规定可明确细化税收活动环节及其细节，如纳税人、纳税对象、税目、税率、纳税期限、税收优惠、违章处理等税收要素。完善的契约制度往往具有较强的可操作性。这样，就为税收制度的执行减少了麻烦，也能降低征税成本，提高征税效率，从而极大地提升税收的作用。

就中国目前的契约制度而言，存在着不完全性的问题，带来了道德风险、逆向选择和欺诈，以及违约等多种个人机会主义问题，最终会影响市场正常运作，可能导致市场失效。就企业而言，企业经营会产生信用缺失，执行税收制度成本过高，税收制度程序建设拉长，税制条款复杂程度加大，税收立法成本上升等诸多问题。

综上所述，以财产权制度、资源配置方式、分配制度以及契约制度为主体的经济制度，分别为中美两国税制的演变和变迁创造了不同的条件和环境。设立税收制度时，必须综合考虑各个国家的政策目标和制度环境因素，来建立能够适应社会发展的税收制度。

七、美国税收制度对我国的启示

（一）赋予地方一定的税收立法权和征管权

美国各级政府税权明确。美国宪法赋予了联邦和州以独立的立法权、执法权和司法权，州政府又选择性地授予地方一定的权力，所以，在美国就没有全国统一的地方税体系。联邦、州和地方三级政府都相应地开征了一定的税种。联邦、州和地方政府都有各自的主体税源。一般性税收，如所得税、社会保障税、销售税等来源广泛，主要由联邦政府和州政府进行征收，把具有特定对象的消费税等税种，作为一般税的补充，由联邦政府进行征收，集中主要财力有效调节经济发展。而财产税是对动产和不动产进行征收的税，税基不易流动，属于存量税，更适合地方政府进行征收，满足地方经济发展的需要。美国联邦、州和地方政府之间的这种事权和财权的配置，更有利于各级政府优化资源配置，促进经济发展。

我国税制改革虽然取得了很大进步，但中央和地方政府的税收管理体制仍然存在不合理性。1994 年分税制改革之后，中央税权扩大，除专有税种收入外，又选择增值税、企业所得税、个人所得税等作为共享税，因此中央政府税收来源充足。但是地方政府分税制中的分权、分税、分管更多地是体现在名义上。地方税全国统一之后，照此方式征收，税种的设立和征管根本不能反映出地方特色，同时征管的大都是征管难度大、税源分散、收入不稳定的税种，并没有主体税收来源，但还要承担大部分公共事务支出，所以事权和财权不匹配。因此，需要给予地方政府一定的立法权和征管权，使地方拥有支撑财政支出的主体税种。

（二）实行价外税制

在美国，无论购物还是其他消费，都直接显示消费金额和应缴纳的税收，而我国一般都是包含在售价内。外税制可强化纳税意识和纳税遵从。人们几乎每天都在购物与消费，价外税制对人们纳税意识影响的频率和深度远远大于任何一种税法宣传，使人几乎每时每刻都能真切地体会到“只有死亡和税收是不可避免的”。对于商家而言，销售税不是他负担的，是每个消费者缴纳，他负责代扣的。这样可以非常直观地告诉他，这个税收必须上缴，否则就是“偷”消费者上缴给政府的“税”。在我国目前纳税意识和纳税遵从度有待提高的情况下，此做法有现实的借鉴意义。

（三）完善个人所得税

建立有利于公平的个人所得税制度。美国实行综合个人所得税制度，汇总各类所得统一计税，在扣除项目上以家庭为单位，兼顾到了家庭成员的收入水平、人数多少等因素，更加体现了量能纳税的原则。而我国个人所得税实行分类税制，设置了 11 个征税项目，对同一纳税人不同类别的所得，按不同税率分别征收。这种做法虽简单易行，但它没有考虑家庭总收入以及赡养老人、抚养子女等情况，对收入相同而纳税能力不同的纳税人适用相同的税率，这实际上违背了税收公平的原则。因此，我国应借鉴美国的做法，实行综合与分类相结合的个人所得税制度，原则上合并各类所得综合计税，同时对投资所得等适用特殊税率，并充分考虑每一个纳税主体是否已婚、夫妻双方是否都有收入、是否赡养老人和抚养孩子等个体情况，充分体现税制设计的公平性和人性化。目前由于受我国的信用体系以及信息化水平的影响，实行综合个人所得税制度，无论是在纳税人申报还是税务机关监控上都存在很大的难度，但此举应是方向和趋势，而且从另一角度来看，可以推进我国信用体系建设和纳税意识的提高。

实行个人所得税减除费用标准指数化方法。近年来，我国个人所得税工资薪金所得减除费用标准多次进行了调整，已经从 800 元/月调整到 3500 元/月，但由于我国物价上涨，这种不定期调整个人所得税工资薪金所得减除费用标准的方式很难消除通货膨胀对个人财富的侵蚀。应借鉴美国个人所得税的做法，实行个人所得税减除费用标准指数化调整，即按照每年消费物价指数的涨落确定个人减除费用的标准和抚养减除费用的标准，以防止通货膨胀将纳税人推入更高的税率档次。当消费物价指数上涨超过上年度一定的百分比时，个人所得税的减除费用标准应按同等比例调高。通过这种指数化机制，可确保物价波动的情况下纳税人税负水平的相对稳定，从而避免因通货膨胀导致其实际税负加重的现象。

（四）改革与完善公司所得税制

（1）税收优惠尽量采取抵免而避免采取直接免税方法。美国的税收优惠政策比较简洁，优惠项目一目了然。有限的几个税收优惠政策，最大限度地减少了由于税收干预经济活动而造成的效率损失。只要是符合要求的企业，就可以得到相应的税收优惠，几个抵免的项目也是直接抵免，操作上简便易行。而我国税收优惠采取抵免的较少，仅有购置安全生产、节能节水、环境保护设备抵免，创业投资企业抵免等有限的几个，大多是直接减税或者免税，如收入减免、所得减免、加计扣除以及对残疾人安置等，项目多、方式多、变化快，增加了操作难度。

（2）避免双重征税。在美国，只有C公司（美国国内收入局对公司所得课征公司所得税时，对其获得股利分配所得的自然人股东再课征一道个人所得税，由于该规定来源于美国《联邦税法典》的C章，因此适用一般双重课税模式的公司又被称为C公司）才有双重征税的问题，其他企业一般都避免了双重征税。但是在中国，只要是按照《公司法》成立的企业，存在着自然人股东，就必然存在着双重征税的问题，尤为明显的是一人有限责任公司。在对公司征收企业所得税后，对个人取得的红利等利润分配的所得还要征收20%的个人所得税。一人公司股东很可能会抵制双重课税模式下企业所得税的有效落实，比如采取利润不分配、将无关开支计入公司费用等方式变相达到避税目的，这一结果将使得企业所得税在一人公司那里失去意义，既增加了税务机关的监管难度，也不利于税制的良好运转。因此，在坚持对公司采取双重课税模式的原则下，对不符合负税原则的一人公司，应采取单一课税的模式，在公司层面不再课征企业所得税，从而将所得税的课征与公司的经济能力及负税能力有效结合起来。

（五）财产税制度的设计和实施

我国的财产税应以帮助地方克服财政困难为主要目的，并兼顾分配调节来进行制度设计。为保证地方政府拥有充分的财产税立法权、征收管理权、收入支配权，实现财产税管理中责权利的有机结合，我国地方政府应对财产税拥有税目和税率的调整权、税收优惠制度的制定权和审批权等财产税的立法权限。具体体现在地方政府不仅应在财产税的课税对象、征税范围、税基、税率、征管程序设计等方面应充分考虑各地经济发展水平，而且应建立相应科学规范的房产估价体系，出台相应的税收减免、扣除、优惠机制等。

（六）征税手段电子化，降低征税成本

征税手段电子化可提高税收征管质量。在纳税申报方面，美国全面应用了先进的电子信息技术，建立全国性纳税人信息管理系统。不仅强化了纳税人非纸质纳税申报的意识，限制和减少了使用现金进行大额交易的范围，而且增加了纳税人的申报资料（主要是会计资料）的数量，提高了申报资料的质量。美国的税收征管注重的是信息的集中，而不是单纯的征收地点的集中。

我国的税收征管制度也应该要求纳税人提交往来账目明细表、银行存款明细表等基础资料。如果税务机关掌握了纳税人的往来明细账户余额，通过交叉稽核，在税务机关内部就可以核实纳税人是否有虚构往来以达到隐瞒收入的问题，从而会大大提高税收征管的质量和效率。

第六章

中日税收理论与实践比较

日本是由北海道、本州、四国、九州四个大岛及其附近的数千个小岛屿组成，总面积378万平方公里，人口12703万。日本不仅国土面积小，而且自然资源贫乏，山地和丘陵面积占国土面积的70%，耕地面积很有限，重要的工业原料矿产、石油等资源十分匮乏。但是作为岛国，日本的海岸线很长，共3.2万公里，是世界上海岸线最长的国家之一，发展水产业和海运业的条件较好。

日本为君主立宪制国家，实行“三权分立”，且民主化程度较高，采取议会内阁制，民选议员组成的议会是国家最高的权力机构，由议会选举首脑的政府负责处理国家行政事务。全国分成47个一级行政区，称为“都道府县”，分别为一都、一道、二府、四十三县，实行地方自治制度，地方有各自的议会和直接选举的首长。

日本属于发达国家，自20世纪60年代末期起，就是仅次于美国、苏联的经济强国，80年代后期，日本国民生产总值超过前苏联，成为世界上仅次于美国的第二经济大国。直到2010年被中国赶超，居世界第三。2015年日本GDP总额为41232.58亿美元[①]。

---

① 世界银行，http：//data. worldbank. org. cn/indicator/NY. GDP. MKTP. CD？locations = JP.

日本的民族构成比较单一，除了人们熟知的“大和人”以外，还生存和繁衍着别具民族特征的阿伊努人和琉球人。日本传统文化大多是在唐宋时期从中国引入，至今仍很好地保留了下来。日本人的敬业精神和刻苦精神为世界所称赞，其敬业的原因之一就是他们有很强的集团意识，意识到自己是某个整体的一部分，这也是传承中国儒家文化教化的结果。

一、日本税收制度现状简要介绍

（一）日本现行税制介绍

日本现行的税制是在“二战”后美国占领军的主导下设计并不断修改、调整发展形成的。“二战”结束后，美国政府派遣以美国哥伦比亚大学教授卡尔·夏普为首的税制考察团赴日，并于1949年8月向占领军总部提交了《日本税制报告书》，对日本的税制改革提出了建议方案，史上一般把这个方案称为“夏普劝告”。日本政府于1950年开始以“夏普劝告”为蓝本进行税制改革，这一改革确立了“二战”后日本税制的基本框架。“夏普劝告”及其据此形成的税制对“二战”后日本经济的恢复和发展起到了十分重要的作用。

经过60年的演变，日本现实行中央和地方分税制的税收管理体制，中央税是由国家征收的税款，地方税是由地方政府征收的税款，具体又分为都道府县征收的都道府县税和由市町村政府征收的市町村税，即实行中央、都道府县、市町村三级征税体制。在税种结构上由所得税类、财产税类和消费税类3类构成。

（二）日本主要税种介绍

日本税收分国税和地税两种。国税包括法人所得税、消费税、遗产税、赠与税、印花税、酒税、烟税、挥发油税、关税等税种；地方税包括都道府县和市町村两级。都道府县税收收入主要有都道府县的个人所得税、法人所得税、烟税、固定资产税等；市町村的税收收入主要有市町村的地价税、个人所得税、法人所得税、烟税、固定资产税等。其中，国家和都道府县的所得税是主体，占60%以上；市町村的主要收入靠资产收入，一般占53%以上。

所得税是日本第一大税收收入来源，在2015年度税收收入预算中，所得课税收入占全国税收收入的51.3%，其次是消费课税，比例达到34.7%，资产课税收入的比例为14%。所得课税主要包括所得税、住民税和事业税等。消费课税主要包括消费税和地方消费税，以及挥发油税、酒税和其他消费课税。资产课税主要是固定资产税、遗产税、赠与税、城市规划税和其他资产课税。

1. 法人税

（1）纳税人。法人税的纳税人是以盈利为目的的普通法人组织和其他有经营性收入的法人组织。纳税人分为国内法人和外国法人。总部设在日本境内的为国内法人，总部设在日本境外的为外国法人。国内法人应当就其来源于日本境内、境外的全部所得缴纳法人税；外国法人只就其来源于日本境内的所得纳税。

（2）征税对象、税率。法人税的征税对象是法人在经营年度内从事经营获取的利润。国内法人就经营所得、清算所得、退休年金基金等所得缴纳法人税。

来源于日本境内的所得共分为11类：经营和资产运用所得、提供劳务所得、不动产租赁所得、存款利息所得、股息所得、贷款利息所得、资产转让所得、广告所得、人寿保险基金所得、从隐名工会等组织分得的所得、中小企业风险准备金。

法人税的基本税率是23.9%（2015年调整）。资本金不超过1亿日元，年应纳税所得额低于800万日元的为中小法人，适用税率为19%，中小法人中的一些特例适用15%的税率。

（3）应纳税所得额。应纳税所得额为每一纳税年度的利润总额减除费用后的余额。减除费用主要包括股息、向外国分支机构支付的特许权使用费、固定资产折旧、亏损结转、准备金、交际费、留存利润、捐赠款、董事报酬、雇员报酬等。

2. 法人事业税和法人居民税

日本法人除缴纳法人税外，另须缴纳附加的法人事业税和法人居民税。法人事业税属于都道府县收入，法人居民税属于都道府县和市町村双重收入，税率（按照法人税额的一定比例）由各地方政府制定。法人事业税针对设在都道府县的法人收入征收，税率分为三个等级：年收入不超过400万日元时，税率为5%～6%；年收入超过400万日元时，税率为7.3%～8.76%；年收入超过800万日元时，税率为9.6%～11.52%。凡在都道府县和市町村拥有事务所的居民法人均须缴纳法人居民税，计税依据是资本金总额或从业人员数量。

3. 个人所得税

（1）纳税人。日本个人所得税的纳税人为居民和非居民个人。居民指在日本国内拥有住所、居住期间满1年的个人；非居民指在日本国内没有住所、居住期间不满1年的个人（居民以外的个人）。居民应就来源于全世界的所得纳税，非居民只对来源于日本境内的所得纳税。无意在日本永久居住，居住期限在5年以下的非永久居民，仅对来源于日本境内的所得和在日本支付或汇往日本的境外所得纳税。

（2）征税对象、税率。居民应就下列所得缴纳个人所得税，包括：①利息所得；②股息所得；③不动产所得；④经营所得；⑤工薪所得；⑥转让所得；⑦偶然所得；⑧山林所得；⑨退休所得；⑩其他所得。日本现行个人所得税适用税率见表6.1。

表6.1　日本个人所得税税率表

级数	应纳税所得额	税率（%）
1	不超过195万日元的部分	5
2	195万日元至330万日元的部分	10
3	330万日元至695万日元的部分	20
4	695万日元至900万日元的部分	23
5	900万日元至1800万日元的部分	33
6	1800万日元至4000万日元的部分	40
7	超过4000万日元的部分	45

工薪所得按扣除率扣除，扣除最低额度为65万日元。工薪所得扣除率如表6.2所示。

表6.2 日本工薪所得扣除率表

工薪所得	最低扣除额	扣除率（%）
162.5万日元~180万日元	65万日元	40
180万日元~360万日元	72万日元	30
360万日元~660万日元	126万日元	20
660万日元~1000万日元	186万日元	10
超过1000万日元的部分	220万日元	5

（3）应纳税所得额。个人扣除项目包括：基础扣除、配偶扣除、抚养扣除、残疾人扣除、老人扣除、孤寡扣除、勤工俭学扣除、医疗费扣除、社会保险费扣除、人寿保险费扣除、损失保险费扣除、捐赠款扣除、小规模企业共济款扣除、杂项扣除等。其中，配偶扣除、抚养扣除、基础扣除等已从35万日元提高到38万日元。

个人所得税实施定率减税措施，即按照个人所得税额的20%（最高扣除限额为每年25万日元）、个人居民税额的15%（最高扣除限额为每年4万日元）分别给予减除。

4. 个人居民税和个人事业税

（1）个人居民税。在市町村和都道府县拥有住所和事务所的居民均须缴纳个人居民税，对在市町村拥有住所的居民采用比例税率计税，见表6.3个人居民税比例税率。在2006年税制改革中，将道府县民税和市町村民税的合计税率改为10%，并于2007年起施用。

表6.3 个人住民税比例税率

市町村居民税率（%）	道府县居民税率（%）
6	4

（2）个人事业税。该税是都道府县对个体经营者的上一年度净收入（即扣除290万日元后的净所得）征收的道府县税。依据行业性质的不

同，从事营业性行业，如商品销售业、不动产租赁业、餐饮旅游业、保险电信业等税率为5%；从事畜牧水产业税率为4%；从事自由职业如医生、律师、税理士、美容美发师等税率为5%，助产医师、按摩师等适用3%的轻税率；限定税率为标准税率的1.1倍。个人事业税可以从下一年度的应纳税所得额中扣除。

5. 消费税

（1）纳税义务人。对在日本国内买卖物品或劳务的所有居民和非居民征收的一种税。年应纳税销售额低于1000万日元的小规模企业免除消费税的纳税义务。

（2）征税对象、税率。日本消费税采用价外税方式，对在日本国内的所有有偿货物、劳务交易普遍征收。个体经营者的无偿资产转让（用于家庭消费、赠与或低价转让他人）时，也视作交易，纳入征税对象，计税依据采用资产市值。

日本消费税与欧洲国家普遍实行的增值税属于同一类型，即税基较宽的间接税。日本现行的消费税税率为8%。其中消费税税收收入的25%为地方所得税。地方所得税由都道府县的税务部门征收，再以转移支付的形式交付给市町村。

6. 个别消费税

在日本，对酒、烟和石油这三种消费品征收个别消费税。烟酒税属于间接税，最终的负担者是消费者。

酒税是对在国内制造的制造者和从保税区输入的输入者征收的一种税，是采用从量税方式征收的一种税，其纳税范围包括清酒、合成酒精、啤酒、果实酒类、威士忌、其他酒等。

烟税是对在国内制造的制造者和从保税区域输入者征收的一种税，是一种从量税。

除此之外，日本政府还征收与石油有关的税收，有挥发油税、地方道路税。挥发油税是以汽车使用的汽油为纳税对象征收的一种间接税，主要对制造厂征收。现行挥发油税的税率是每1克要征收挥发油税48600日元，同时要征收5200元的地方道路税。地方道路税也同样以汽油为纳税对象，和挥发油税一并征收。根据日本的道路整备经济措施法，挥发油税作为国家的道路财源使用，而地方道路税则作为地方道路财源由国家全额返还给地方。

7. 地价税

无论是法人还是自然人，是以保有的土地或通过其他方式取得的土地为纳税对象，从量定额征收的一种税。

8. 遗产税

（1）纳税人。遗产税的纳税人是因继承或遗赠取得财产的个人。在日本国内拥有住所的个人取得的全部财产均纳入征税范围。

（2）征税对象和税率。遗产税的征税对象原则上是继承人取得的继承或遗赠财产，即指可以估算为现金的、具有经济价值的一切有形和无形资产。另外，继承人领取的死亡保险赔付和死亡退休金也纳入征税范围。遗产税税率如表6.4所示。

表6.4　日本遗产税税率表（2015年）

各法定继承人应纳税所得额	税率（%）	扣除金额（万日元）
1000万日元以下的部分	10	0
3000万日元以下的部分	15	50
5000万日元以下的部分	20	200
1亿日元以下的部分	30	700
2亿日元以下的部分	40	1700
3亿日元以下的部分	45	2700
6亿日元以下的部分	50	4200
超过6亿日元的部分	55	7200

9. 赠与税

（1）纳税人及征税对象。赠与税的纳税人是因赠与取得财产的个人。取得财产时在日本拥有住所的个人应就其取得的全部财产缴纳赠与税；在日本没有住所的个人，应就其国内财产缴纳赠与税。因赠与取得国外财产的个人，在日本没有住所，但拥有日本国籍者，就其国外财产缴纳赠与税。

（2）税率。赠与税的基础扣除额为110万日元，赠与税税率如表6.5所示。

表6.5 日本赠与税税率表（2015年）

应纳税所得额	税率（%）	扣除金额
200万日元以下的部分	10	0
200万日元～300万日元	15	10
300万日元～400万日元	20	25
400万日元～600万日元	30	65
600万日元～1000万日元	40	125
1000万日元～1500万日元	45	175
1500万日元～3000万日元	50	250
超过3000万日元的部分	55	400

10. 印花税

对个人或法人制作的凭证如合同、期票、汇票、收据等征收印花税，其凭证制作人是纳税人。纳税人在其制作的应纳税凭证上贴足印花税票即完成纳税。税率取决于凭证的性质和所含的数额，采用定额税率。如不动产转让合同金额在10万日元以下的，税率为200日元，合同金额超过50亿日元的，税率为60万日元。

11. 社会保障税

健康、养老、长期看护和失业保险是由政府主办、雇主和雇员必须参加的制度，税额由雇主和雇员各自分摊。该税税率为：健康保险是月标准工资的4.1%（最大限额为每月40180日元），月奖金标准的4.1%（最大限额为一次支付81000日元）；养老保险是月标准工资的6.79%（最大限额为每月42098日元），月奖金标准的6.79%（最大限额为一次支付101850日元）；长期看护保险是月标准工资的0.445%（最大限额为每月4361日元）；失业保险是月标准工资的0.7%，月奖金标准的0.7%。雇员每月全部保障税占月标准工资的12.035%，占月奖金的11.59%。其余均由雇主分摊。

12. 固定资产税

固定资产税是地方财政收入中最主要的税种，平均占全国市町村收入的40%。它是以固定资产为课税对象定率征收的一种税。该固定资产包括土地、房屋、偿却资产等。税率为固定资产价值的1.4%。

13. 城市规划税

城市规划税也属于市町村的地方税，作为开展市町村规划事业或土地规划事业的费用支出，对区域内的土地、房屋的所有者课征的一种目的税。征收城市规划税，能够导致房屋财产所处环境的改善、使用价值的增大和价格的上升，固定比例税率为0.3%。

14. 特别土地保有税

特别土地保有税是一种为抑制土地投机、促进土地有效利用制定的地方税。第一，对保有部分征收特别土地保有税，以每年的1月1日为基准，对取得未满10年的土地，由所在的地方政府对其所有者征税，税率为1.4%的固定比例税率。为避免同固定资产税重复计税，可以扣除基于土地和相应税率征收的固定资产税。第二，对取得土地部分的特别土地保有税，按取得土地的价值和3%的固定比例税率计算。

15. 电源开发促进税

电源开发促进税是对电力公司所销售的电力的课税，其全部收入用于研究电源开发对策和电源多样化对策。

16. 轻型汽车税

轻型汽车税为市町村税，课税对象为轻型汽车，包括摩托车、轻型汽车、轻型特种汽车等，纳税人为轻型汽车的所有者。

17. 矿产税和矿泉浴税

矿产税和矿泉浴税都是市町村税，纳税人分别为采矿业者和矿泉浴池的沐浴者，矿泉浴税属于特定财源税，其收入专项用于市町村的环境卫生设施、矿泉保护设施、旅游设施和消防设施的建造与维护。

18. 关税

关税是以货物的输入者为纳税人征收的一种税。主要分为从价税和从量税两种。

二、中日税收制度比较

（一）中日税收管理体制的比较

1. 中央税和地方税的比较

（1）税种划分的比较。日本实行中央和地方分税制的税收管理体制，中央税是由国家征收的税款，具体由大藏省下的国税厅负责征收。有些税种，如地方消费税等，虽然由国税部门代为征收，但法律规定其为都道府县税的地方税，实质上就是地方政府委托国税部门代为征收。还有些税收由中央征收后，要原封不动地交还给地方政府，但由于由国家征收的缘故，仍然视为国税。地方税是由地方政府征收的税，具体又分为都道府县征收的都道府县税和由市町村政府征收的市町村税，由本级财政局下属的税务部门征收。日本税种在结构上由所得税类、财产税类和消费税类等3类构成。具体的税种划分参见表6.6。

表6.6　日本的税种划分情况

税种 分类	所得课税	财产课税	消费课税
国税	所得税 法人税 地方法人特别税 复兴特别所得税 地方法人税	遗产税 赠与税 登记许可税 印花税	消费税、酒税、烟税、挥发油税、地方挥发油税、石油和天然气税、汽车重量税、航空燃料税、石油煤炭税、电源开发促进税、关税、吨税、特殊吨税
地方税	个人住民税、个人事业税、法人居民税、法人事业税、道府县民税	契税、固定资产税、城市规划税、事业所税、特别土地保有税、法定外普通税、法定外目的税	地方消费税、地方香烟税、轻油交易税、汽车购置税、高尔夫球场利用税、沐浴税、汽车税、轻型汽车税、矿产税、狩猎税、矿区税

数据来源：日本财务省网站，http：www. mof. go. jp/tax_policy/summary/condition/001. htm.

在所有税种中，中央税以个人所得税、公司税和消费税为主体税种，三者之和超过了中央税收的70%；都道府县以都道府县居民税、事业税和地方消费税为主，三者之和占都道府县税收的70%；市町村以市町村居民税和固定资产税为主，两者之和占市町村税收的80%以上。比较而言，中央和都道府县的主体税种尽管在名称上有所不同，但实质是一样的——都是以个人所得税、企业所得税和消费税为主，甚至收入比重都大体近似。财产税则是市町村最主要的本级税种，类似于个人所得税的市町村居民税也十分重要。

与日本相比，我国除了根据事权与财权相结合的原则制定了中央税和地方税之外，还包括中央地方共享税，使中央和地方间的界定并不十分清晰。我国建立了中央和地方两套税收体系，分设中央与地方两套税务管理机构。中央税由国税系统负责征收，地方税由地税系统负责征收，归地方政府使用。针对中央与地方共享税，由国税系统征收后，将属于地方分享的部分直接划入地方国库。目前所有的税收立法权都归中央。我国的中央税和地方税的具体情况见表6.7。

表6.7　中国税种划分情况

种类	立法权归属	具体税种
中央税	维护国家权益、实施宏观调控所必需的税种，立法权在中央	消费税（含进口环节海关代征的部分）、车辆购置税、关税、海关代征的进口环节增值税
地方税	全国统一实行的地方税，立法权集中在中央	城镇土地使用税、耕地占用税、土地增值税、房产税、车船税、契税、印花税、城市建设维护税
共享税	同经济发展直接相关的主要税种，立法权在中央	增值税、企业所得税、个人所得税、证券交易印花税

（2）中央税和地方税所占比例的比较。比较中央税和地方税，就不得不比较中央税和地方税各自所占的比例，图6.1显示了中日两国的中

央税和地方税在各自税收总额中所占比重的情况。

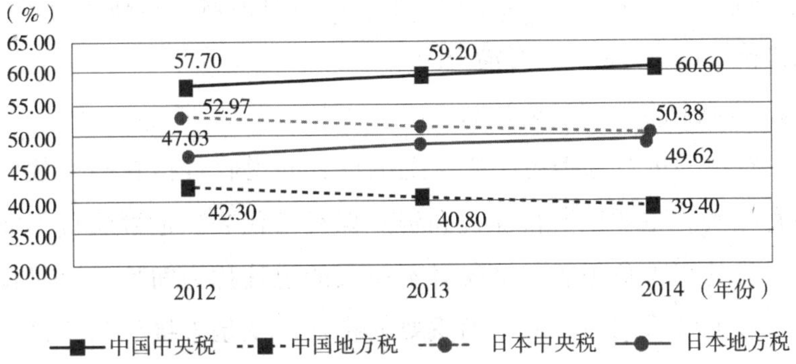

图 6.1　中日中央税和地方税比例对比（2012—2014 年）

数据来源：根据《中国统计年鉴（2013—2015 年）》和日本统计局网站数据计算所得。

注：本章所用日本 2014 年数据为统计局推算数据。

由图 6.1 可以看出，不管是中国还是日本，中央税所占的比重都大于地方税所占的比重，并且与日本相比，中国中央税所占的比重高于日本中央税所占的比重，且这一差距呈扩大的趋势。相反，地方税所占比重低于日本的这一比重。从图中还可以看出的一个显著趋势是，中国的中央税和地方税所占比重的差距不断扩大，2014 年，中央税比地方税所占的比重要高出 21.2%。而日本这一差距呈不断缩小的趋势，到 2014 年，中央税比重略高于地方税，两者仅相差 0.76%。

根据日本多年来的《地方财政白皮书》统计，长期以来，日本地方税收收入占总税收收入的 1/3 左右，20 世纪 60 年代维持在 30% 上下，到了 70 年代中期至 90 年代后期基本维持在 36% 左右，这种状态被人们称为“三分自治”。而 2011 年，这一比例达到了 43%，主要原因是日本在 90 年代后期推行了地方的分权改革，并且在 2003 年推行了“三位一体改革”①，这项改革对日本税收收入的转移产生了重要影响，使地方税收收

① “三位一体改革”的具体含义是指，日本的中央与地方公共团体所进行的有关行政、财政系统的三项改革，即“国库补助负担金的废除与缩减”“税、财源的移交”和“整体性推进地方交付税改革”。

入比重不断上升，但地方的年度支出占比仍然大于其年度税收收入占比，两者之间关系不匹配。因此，日本地方政府自治财政基础薄弱、对中央财政依赖性强的特征并没有消失。

2. 直接税和间接税的比较

在对税种进行分类时，通常把纳税者同税收负担者相一致的税种称为直接税，主要以所得课税和资产课税为代表。把税收负担能够转嫁，最终的租税负担者与纳税者不一致的税种称为间接税。对税收体系的比较通常采用一个简单而重要的指标，就是直接税和间接税占税收收入的比率，即直间比率。表 6. 8 显示了中日两国之间比率的对比情况。

表 6. 8　中日直接税和间接税比例对比（2012—2014 年）　　%

年份	2012		2013		2014	
税种	直接税	间接税	直接税	间接税	直接税	间接税
中国	43. 49	56. 51	44. 51	55. 49	45. 36	54. 64
日本	69. 70	30. 30	70. 60	29. 40	67. 50	32. 50

数据来源：根据《中国统计年鉴》和日本统计局网站数据计算所得。

根据表 6. 8 可以看出，中日在直接税间接税比例方面存在较大差异。中国间接税所占比重高于直接税所占比重，但两者之间的差距在逐渐缩小，2012 年两者相差 13. 02%，到 2014 年，两者相差 9. 28%。相比之下，日本税收收入中直接税占比高于其间接税占比，且差距较大，2014 年，直接税所占比重是间接税所占比重的两倍还要多。因此，日本是一个以直接税为主体的国家，而我国则以间接税为主。

日本的 2014 年度财政预算中直接税与间接税比例为 66∶34。而我国以企业所得税和个人所得税为主体的直接税比重不足 40%，以增值税和消费税为主体的间接税比重为 60% 左右，直接税比重远低于发达国家水平。

事实上，日本的直接税在税收收入中的比重一直维持在较高的水平，间接税在很长时间内没有受到重视，因此所占比重较小。这种结构曾对日本经济的腾飞、缩小贫富差距起到了重要作用，但也有其内在的缺陷，尤其是在日本经济不振、人口老龄化的背景下，这种税制的缺陷更加明显。

3. 流转税和所得税的比较

表 6.9　中日流转税和所得税占税收收入比重的对比（2014 年）

国家	流转税主要税种（占税收收入比重）	所得税主要税种（占税收收入比重）
中国	增值税：25.89% 营业税：14.92% 消费税：10.05% 关税：2.39%	个人所得税：6.19% 企业所得税：20.68%
日本	消费税：28.59% 酒税：2.5% 香烟税：1.72%	所得税：27.57% 法人税：18.67% 地方法人特别税：4.08% 复兴特别所得税：0.57% 复兴特别法人税：0.8%

数据来源：《中国统计年鉴（2015）》和《日本统计年鉴》。

注：由于日本地方税收入未统计具体税种，本部分只计算国税收入。

根据上表数据，中国 2014 年税收收入中流转税的主要税种所占比重约为 53.25%，所得税所占比重约为 26.87%；日本流转税的主要税种所占比重约为 32.81%，所得税所占比重为 51.69%。两国差别较大，日本是以所得税为主体，而我国以流转税为主体。

就所得课税而言，日本的比重不仅高于我国，其在西方发达国家中也属于较高水平。但其商品课税比例却比较低，这也为日本政府调整税制结构、提高商品课税比例提供了空间。

（二）中日税种比较

通过对上述中国和日本税种的列举，我们可以从中找出两国在税种设置方面存在的差异。首先，存在一些日本征收而我国未开征的税种。在所得课税中，日本征收住民税和复兴特别所得税。在财产课税上，遗产税和赠与税是日本国税中的重要税种，是政府增加税收和调节社会财富再分配的重要手段，而我国目前尚未开征这两种税。在消费课税中，该税种几乎涵盖了各个流通领域。地方道路税、电源开发促进税、高尔夫球场利用税、沐浴税、狩猎税等是我国不存在的税种，征收这些税都是用于特定目的，属于指定用途的税收，其目的是为了促进基础建设、环境设施维护或者是某些行业的发展。比如电源开发促进税的收入用于研究电源开发对策和电源多样化对策；矿产税和矿泉浴税专项用于市町村的环境卫生设施、矿泉保护设施、旅游设施和消防设施的建造与维护。其次，也存在一些我国开征而日本不存在的税种。主要是城镇土地使用税和耕地占用税、土地增值税等。

此外，中日两国还存在一些名称不尽相同，但实际上类似的税种。比如日本的事业税与我国的营业税基本类似，都是对营业收入的课税；特别土地保有税类似于我国的土地增值税，都是抑制炒买炒卖土地获取暴利行为的税种；日本的“房产税”叫作“固定资产税”，是地方政府针对居民所有的土地、住房及其他有形固定资产所征收的地方税，其税收是市町村政府的主要收入来源之一。

（三）中日税制构成要素比较

税制的构成要素，是指税制应当具备的必要因素和内容。税制的构成要素一般包括：征税人、纳税义务人、征税对象、税目、税率、计税依据、纳税环节、纳税地点、纳税期限、减免税、违章处理等。其中，纳税义务人、征税对象和税率是税制三个最基本的构成要素。本部分主要选取中日两国一些共同的税种并对它们的构成要素进行比较。

1. 个人所得税

表 6.10　中日个人所得税构成要素比较

国别＼要素	纳税人	课税对象	税率	
中国	居民	居民纳税义务人承担无限纳税义务，即就其在中国境内和境外取得的所得纳税	工资、薪金所得	七级超额累进税率，最低3%，最高45%
			个体工商户的生产、经营所得和对企事业单位的承包经营、承租经营所得	五级超额累进税率，最低5%，最高35%
	非居民	非居民纳税义务人承担有限纳税义务，仅就其从中国境内取得的所得纳税		
			劳务报酬所得	三级超额累进税率，分别是20%、30%和40%
日本	居民	为无限制纳税人，其来自国内和国外的全部所得均属于课税所得	在扣除一定数额的基础上实行七级超额累进税率，最低税率为5%，最高税率为45%	
	非居民	为有限制纳税人，其个人所得税纳税义务仅限于日本国内的源泉所得		

2. 企业所得税/法人税

表 6.11　中日企业所得税/法人税构成要素比较

	纳税人	课税对象	税率（%）
日本	国内法人	来源于日本境内、境外的全部所得	基本税率是23.9%，中小法人适用税率为19%或15%
	国外法人	来源于日本境内的所得	

续表

	纳税人	课税对象	税率（%）	
中国	居民企业	居民公司就其来源于全世界的所得纳税	基本税率	25
			在中国境内未设立相关机构、场所，但有来源于中国境内所得的非居民企业	20
	非居民企业	非居民公司就其来源于中国的所得纳税	符合条件的小型微利企业	20
			国家需要重点扶持的高新技术企业	15

3. 增值税/消费税

表 6.12　中日增值税/消费税构成要素比较

要素 国别	纳税人	课税对象	税率
中国	在中华人民共和国境内销售货物、提供应税劳务、提供应税服务以及进口货物的单位和个人	销售和进口货物；提供的应税劳务；提供的应税服务；其他特殊项目与行为。	基本税率 17%，低税率 13%、11%、6%，征收率 3% 和零税率
日本	在日本国内提供应纳税货物与劳务的居民、非居民以及国内法人和外国法人	包括日本国内所有的商品、服务的销售和提供	8%

（四）中日税收负担比较

税收负担，简称“税负”，是指纳税义务人按照税法规定向国家缴纳税款所承担的税额。对纳税义务人而言，其所缴纳的税款事实上是自身利益的损失。适度的税负能调动全社会的积极性，促进经济的发展，又能调节社会各部分之间的利益关系、对社会的发展有重大意义。对于税负问题的研究，一直以来都是税收理论与实践研究中的重大问题之一。

本部分主要对中日两国的税收收入总额、租税负担率和人均税负进行了综合比较。

表 6.13 中日税收负担比较（2012—2014 年）

年份	2012		2013		2014	
国家	中国	日本	中国	日本	中国	日本
税收总额（亿元本币）	100614.3	815100	110530.7	866017	119175.3	918400
租税负担率（%）	19.37	17.24	19.43	18.1	18.73	18.81
人均税负（元本币）	7430.67	639218.9	8122.96	680306.8	8712.79	722569.3

数据来源：《中国统计年鉴（2013—2015）》和日本税务网站、中国年度税务报告。

表 6.13 列举了中日两国 2012—2014 年税收收入总额、租税负担率以及人均税负的对比情况。根据上面表格，并结合当年汇率，我们用图 6.2 对上述指标进行详细对比。

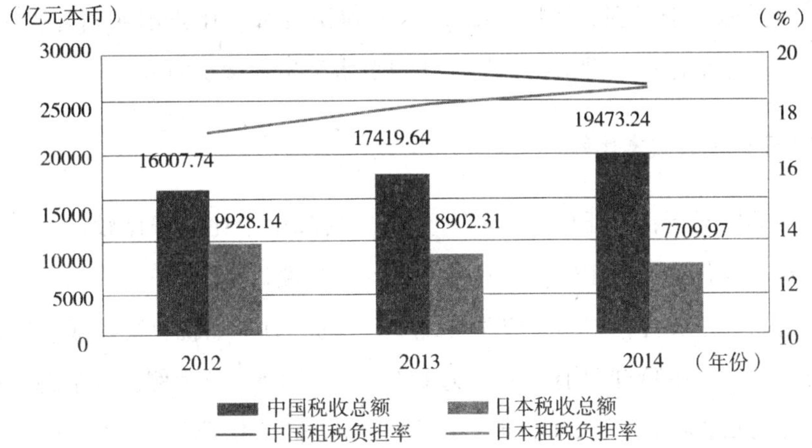

图 6.2 中日税收总额及租税负担率比较

由图6.2可以看出，不管是从税收总额还是租税负担率来说，中国的水平都高于日本，且中国的税收收入总额呈不断增长的趋势；相反，日本的税收收入的总额在逐年减少，也就是说，两国的差距越来越大。但需要注意的是，虽然日本税收收入的总额在不断减少，但其租税负担率却呈上升趋势。到2014年，这一比率已经超越了中国，达到18.81%，而中国为18.73%。

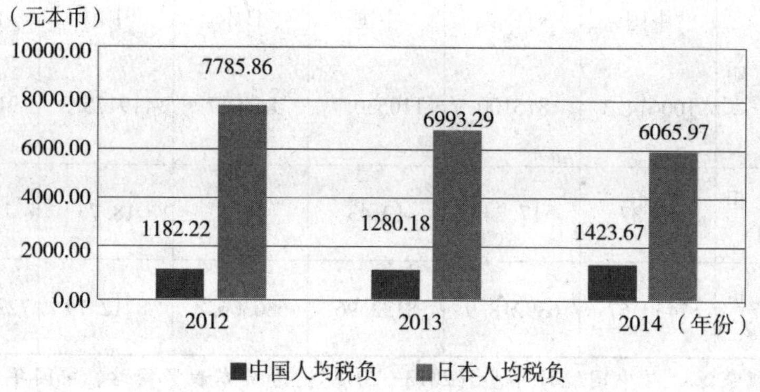

图6.3　中日人均税负比较

从中日人均税负水平来看，见图6.3中日人均税负比较。从图6.3可以看出，日本的人均税负水平明显高于中国，虽然其人均税负不断降低，但仍远高于我国，2014年，日本人均税负水平比我国4倍还要多。此外，从图中还可以看出我国的人均税负水平呈现增长的趋势。

（五）税收成本比较

一般情况下，对征税成本的衡量主要通过两个比率来比较，一是征收成本占税收总额的比例，另一种是人均征收税收数额。

根据资料统计，1960—1990年的30年间，日本的税收征收成本率为0.8%~1%，1992年稍有提升，为1.13%。以1995年为例，日本的征税成本率为0.8%，截至2015年，日本征税成本率也不超过1%。反观我国，征税成本率一直处于畸高状态。据国家税务总局公布的数据测算，1994年税制改革前，我国税收征收成本率为3.12%，1994年税制改革和税务机构分设后，征收成本率有所上升，到1996年约为4.73%，1999年已超过5%。世界银行2006年发布的一份报告也显示，在175个受调查国家（地区）中，中国的纳税成本高居第八位。显然，我国的税收成本已经处于非常高的水平。《中国税务报》于2007年做过的一份统计显示，中国征税成本占税收总额的比重已经达到了5%～6%，远居OECD国家之上。2015年已经达到6%，且有增加趋势。现在，日本的征税成本相当于中国征税成本的20%左右。

从税务人员的人均征税额来看，日本税务部门的工作人员大约有9万人，2014年人均征税额约为5.96亿日元，以2014年12月31日汇率计算合1.16亿元人民币。根据2015年中国税务年度报告可知，全国税务人员有74.6万人，2014年人均征税额为0.16亿元人民币。日本的税务人员人均征税额相当于中国的7.25倍。

（六）税收征收管理比较

1. 税收征管信息化比较

日本在税收管理中充分利用现代信息技术，使得其税收征管十分严密高效。首先，建立了共享程度高、数据更新快的全国统一征管信息管理系统，使得征税人能够及时了解纳税人的生产经营与申报纳税情况，为有效开展全国国税系统纳税评估奠定了基础。其次，推广网上电子进行纳税申报，纳税人可以自行通过互联网或委托税务代理机构进行申报和纳税。最后，与银行、海关、保险、金融等有关部门及大企业联网，实现信息的互通和共享。这些信息资料的获得，为其有效实施税源监控、纳税评估及有针对性地开展税务交叉审计打下了坚实的基础。

日本的税收信息化建设主要有两个特点：一是统一性高。作为我国在亚洲的近邻，日本的税收信息化发展同我国相比，都有起步晚的特点。日本的税收信息化的发展是在1998年日本政府提出建立电子政府5年计划后，利用电子政府的网络体系建立起来的。它是以覆盖全日本统一的计算机管理信息系统为税收工作的纽带，通过国税局的信息中心接收各税务所（相当于我国县、区局）传送的纳税人的基本情况和申报信息，对银行传送的税款入库信息进行统计，验算核对后再传送给税务所，后者用统一的定式统计，促使国税局、税务署的电脑系统在统一的状态下运行。二是适用性强。覆盖日本全国的国税局信息中心主要由信息管理系统、具有税收统计分析功能的子系统和能对纳税人共性的信息资源进行共享的公共系统三部分子系统组成。

与日本相比，我国的税收信息化起步较晚，发展较慢。我国税务信息化建设提升空间很大。①信息化应用系统建设应继续稳步推进。②信息化应用水平还应不断提高。对纳税人的信息实行“一户式”储存管理，加强对数据的综合分析和利用，将数据实行税务总局和省级集中管理。在纳税申报方式上，实行电话申报、网上申报等多种申报方式并行，大力推广电子结算等多种缴款方式。③应加强税务部门与有关部门之间的信息联通，实行对企业信息的交换与共享，加强对税务网站的建设，大力推进信息化手段的使用。

2. 税收监管比较

日本税收行政执法体系中没有对税收征管模式的概念，其税收监管主要采用纳税人自我评定税收制度（Self - Assessment System，SAS），这是影响税收行政执法模式的制度基础。所谓纳税人自我评定税收制度，是纳税人自主确定并缴纳其应纳税款，税务机关对纳税人申报、缴纳税收进行指导、检查和监督的税收行政执法管理制度。在这种制度下，纳税人可以依法自主履行纳税义务，并有税务机关的专业指导和合法的监督；如果纳税人不按规定履行纳税义务，税务机关要依法对纳税人实施必要的税收检查。

日本采用了犯罪调查制度针对那些蓄意通过错误申报或不申报来逃避税收的纳税人，通过追究其犯罪责任来培育纳税遵从的道德规范，并保障自我评定制度的健康发展。在税务检查中，如果发现存在错误，将会执行未申报处罚、申报不足处罚或欺瞒处罚。税务检查采取依法问询和检查的形式，在纳税人自愿配合的基础上实施。不同于检查人员通过依法问询和核查实施的检查，这些调查人员被授权可实施强制调查，包括搜捕、调查和没收等措施。在获得法官的批准后，而不是在自愿接受调查的基础上，可以采取包括问询、检查、扣留等手段。这些机构的犯罪调查工作从信息采集开始，以揭示恶意逃避税收者。如果调查人员成功地发现逃避税收的行为，在强制调查前，他们会首先调查、掌握逃避税收行为的细节和方式，然后开始实施强制调查，为刑事诉讼收集足够的证据，并最终由公诉人对逃避税收者进行指控。

在犯罪调查制度下，将对恶意的逃避税收者进行犯罪调查，由公诉人进行指控，并将接受刑事诉讼。如果逃避税收者被认定为有罪，法庭将判决罚金或入狱的刑事处分。

与日本的纳税人自我评定税收制度不同，我国采取的是税务机关对纳税人的检查制度。税务检查制度是税务机关根据国家税法和财务会计制度的规定，对纳税人履行纳税义务的情况进行的监督、审查的制度。税务检查是税收征收管理的一个重要环节。它是指税务机关依法对纳税人履行缴纳税款义务和扣缴义务人履行代扣、代收税款义务的状况所进行的监督检查。纳税人、扣缴义务人必须接受税务机关依法进行的税务检查，如实反映情况；提供有关资料；不得拒绝、隐瞒。税务检查是税收征收管理的重要内容，也是税务监督的重要组成部分。

税务检查的内容主要包括以下几个方面：检查纳税人执行国家税收政策和税收法规的情况；检查纳税人遵守财经纪律和财会制度的情况；检查纳税人的生产经营管理和经济核算情况；检查纳税人遵守和执行税收征收管理制度的情况，查其有无不按纳税程序办事和违反征管制度的问题。

3. 税收违章及处理

（1）日本的税收犯罪及处罚。在日本，与税收的确定、缴纳与征收有直接关系的犯罪被称为税收犯罪。税收犯罪分为偷税犯罪和秩序犯罪两种。偷税犯罪是直接损害国家税收债权的犯罪，包括狭义的直接偷税犯罪、间接偷税犯罪、不缴纳犯罪和逃避滞纳处分犯罪等。

狭义的偷税犯罪是纳税人以虚假及其他不正当手段取得免税和退税。具体地讲，就是采取在账簿凭证上造假等手段而偷税。如果是对税收债权造成了侵犯，那就必然构成狭义偷税犯罪。间接偷税犯罪是偷税犯罪的一种，是指未经许可而从事法律禁止的、影响税收收入的行为所构成的犯罪。走私、秘密酿造酒类等都属于间接偷税犯罪。不缴纳犯罪是指代征纳税人不依法代征税收时所构成的犯罪。如果在法定代征期限内没有代征，就构成不缴纳犯罪。逃避滞纳处分罪指以逃避滞纳处分的执行为目的，有隐瞒、损坏财产以及其他损害税收债权人权益的行为。秩序犯罪是指还没有达到侵犯国家税收权益的地步。但事态的发展有可能损害国家税收权益的犯罪，具体是指妨碍国家正常行使税收确定权及征收权而构成的犯罪。它包括单纯无申报犯罪、拒绝检查犯罪及其他违反税法的行为犯罪。

对税收犯罪的处罚分为对直接税处罚和对间接税处罚两种。对与直接税有关的犯罪案件，征管人员根据调查，在确认有犯罪事实时，必须立即起诉。日本税法规定，对与直接税有关的偷税犯罪一般处以五年以下徒刑或课以 500 万日元以下的罚金，对税收秩序犯罪一般处以一年以下的徒刑或课以 20 万日元以下的罚金。

征管人员在调查之后确认纳税人有间接税犯罪事实时，应向其所辖的国税局长或税务署长报告调查结果。国税局长或税务署长根据各项证据认为已构成间接税犯罪时，要先向犯罪人说明理由，再进行通告处分，并通知其到指定场所缴纳相应的税款和罚金。但当犯罪嫌疑人住所不明，且有逃跑或毁灭证据的可能时，必须立即起诉。如果犯罪人自通告之日起的 20 日内仍不纳税时，国税局长或税务署长必须启动起诉程序。税法规定，对有关间接税的犯罪，一般处以五年以下的徒刑或课以 20 万日元以下的罚金。

（2）中国的税收违章违法及处理。在中国，税收征收管理的违章违法行为包括：未办理税务登记、注册登记和使用税务登记证；未按规定办理纳税申报；未按规定建立、使用和保存账务、票证；未按规定提供纳税资料；拒绝接受税务机关监督检查等行为。

欠税是指纳税人因故超过税务机关核定的纳税期限，少缴或未缴的违章行为。对欠税者，税务机关除责令其限期缴纳所欠税款外，并从欠缴税款之日起，按日加收欠缴税款万分之五的滞纳金。纳税人欠缴应纳税款的，采取转移或者隐匿财产的手段，妨碍税务机关追缴欠缴的税款的，由税务机关追缴欠缴的税款、滞纳金，并处欠缴税款50%以上五倍以下的罚款；构成犯罪的，依法追究刑事责任。纳税人欠缴应纳税款，采取转移或者隐匿财产的手段，致使税务机关无法追缴欠缴的税款，数额在一万元以上不满十万元的，处三年以下有期徒刑或者拘役，并处或者单处欠缴税款一倍以上五倍以下罚金；数额在十万元以上的，处三年以上七年以下有期徒刑，并处欠缴税款一倍以上五倍以下罚金。

偷税，即纳税人伪造、变造、隐匿、擅自销毁账簿、记账凭证，或者在账簿上多列支出或者不列、少列收入，或者经税务机关通知申报而拒不申报或者进行虚假的纳税申报，不缴或者少缴应纳税款的。对于纳税人偷税的，由税务机关追缴其不缴或者少缴的税款、滞纳金，并处不缴或者少缴的税款50%以上五倍以下的罚款；构成犯罪的，依法追究刑事责任。对于纳税人采取欺骗、隐瞒手段进行虚假纳税申报或者不申报，逃避缴纳税款数额较大并且占应纳税额10%以上的，处三年以下有期徒刑或者拘役，并处罚金；数额巨大并且占应纳税额30%以上的，处三年以上七年以下有期徒刑，并处罚金。

抗税，即以暴力、威胁方法拒不缴纳税款。除由税务机关追缴其拒缴的税款、滞纳金外，依法追究刑事责任。对于情节轻微，未构成犯罪的，由税务机关追缴其拒缴的税款、滞纳金，并处拒缴税款一倍以上五倍以下的罚款；构成犯罪的，处三年以下有期徒刑或者拘役，并处拒缴税款一倍以上五倍以下罚金；情节严重的，处三年以上七年以下有期徒刑，并处拒缴税款一倍以上五倍以下罚金。

4. 行政复议及诉讼制度

对于纳税产生的纠纷的解决，日本与我国都采取了行政复议及诉讼制度。日本税务机关的行政复议制度与我国税务行政复议制度形式类似，但结构方面有着本质区别。

在我国的行政复议制度下，如果复议申请人的行政复议被驳回，将不能再进行诉讼。而日本在行政复议过程中都可以对受理结果提出异议，并在异议制度和诉讼之间，还可以选择税务法庭方式提起诉讼。税收法庭作为独立的机构，不受日本国税厅签署规章的约束，实现了公平的原则。

到现阶段，我国的行政复议制度已经发展得相对成熟，但由于经济社会发展速度快，政策修订周期长等原因，这种制度已经很难赶上纳税人需求的脚步。而且与日本相比，我国的行政复议受理部门与复议结果裁定部门没有分开，复议申请人一般不会对复议结果完全信服，并且从中立角度看，其结果确实有失公信力。

三、日本税收制度对中国的启示

（一）以完善税制设计的科学性推进税制深化改革

日本有着合理的税收结构。所得税、流转税和财产税所占比例比较均衡，能够较好地解决税收的效率与公平问题。

个人所得税的征收，充分地考虑了取得收入和支出的耗费或亏损后的差额以及纳税人的家庭负担等因素的成本和生计扣除的问题，税前扣除机制较为完善，税收征管过程较为严密。对纳税人设立统一账号，保证收益的源泉征收。

财产税方面，日本有较为完善的财产税体系。日本在财产取得和保有环节都要征收分项财产税，实行三级政府体制下的分税制，以此来调节房地产市场的供需状况，实现稳定市场、抑制投机的目的。

借鉴日本经验，我们应根据我国的国情和经济社会政策目标确定财产税的制度框架以及财产税改革的目标、措施和进程。从完善地方税体系改革、推进分税制改革的角度来看，推进我国财产税体系的变革，同时应赋予地方政府更多的财产税管理权限，要设计出既符合国际惯例，又体现中国特色的财产课税体系。

（二）提升税收立法层次和质量，提高税收立法的严肃性

日本以1947年宪法为基础，建立了较为完备的税收法律体系。日本

税制高度集中，每一项税收政策的出台都要经过严格的审议程序，由内阁提交国会批准，以税法的形式出台，地方政府出台地方税法也必须经过地方议会通过后报总务省批准。税法的立法效力级次高，体系严密，层次清晰，法与法之间相互衔接，内容协调，对于规范税收管理，保障日本经济的正常运行，发挥了重要的作用。

我国目前的税收法律体系存在一些问题，主要是以法规和规范性文件为主体，立法效力级次低，除企业所得税、个人所得税和车船税法外，其他的国地税税种都以条例的形式规范。我国至今还没有出台税收基本法，一些法律规范内容滞后，同时还体现出我国税收政策的出台较为零散、随意，缺乏系统设计的弊端。

加快税收立法步伐，不断提升税收立法层次，提高立法质量，健全完善税收法律体系，是我国当前和今后一个时期内税制建设的一项重要任务。应进一步严格税收立法程序，提高税收立法的严肃性，采取有效措施避免地方政府通过出台税收优惠政策进行恶性竞争，以促进各地经济的整体协调发展。

（三）理顺中央与地方间财政关系，实现财权与事权的匹配

日本在1995年和2006年开展了两次分权改革。其目的是为了平衡中央政府和地方政府的税收财源，实现财力匹配。我国应借鉴日本的经验，并结合自身实际，合理划分中央政府和地方政府的事权，恰当处理财权、财力和事权之间的关系，提高政府的治理职能。

日本经验主要是通过制定相关法律，理顺中央和地方间的财政关系。具体措施为：一是通过立法明确中央和地方事权，适度加强中央事权。二是理顺中央和地方的收入划分，结合税制改革，完善中央和地方税的结构，放宽地方设税权限，培育地方主体税种。三是完善转移支付，强化一般性转移支付，减少专项转移支付，形成有效均衡地方财力、支持地方建设与发展的财政转移支付体系。四是加强法制建设，强化财政监督管理及信息公开，促进形成公开透明、公平高效的财政转移支付体系。

第七章

中法税制理论与实践比较

法国位于欧洲西部，总人口约6681万，在政治、经济、军事、科技以及文化等诸多领域在世界都拥有较大的影响力。法国是欧洲联盟和北约的创始会员国，其国民拥有很高的生活质量，是全球最富裕、经济最发达的国家之一。法国的国内生产总值居世界前列，2015年法国GDP排名世界第六。法国是仅次于美国的世界第二大农产品出口国，第三产业在法国经济中所占的比重逐年上升。

法国实行立法、行政、司法三权分立的制度。议会实行国民议会和参议院两院制，拥有制定法律、监督政府、通过预算、批准宣战等权力。

法国税制历史悠久。中世纪封建专制统治时期就已经建立起了一整套以原始直接税为主体的税制体系，主要税种为房屋税、人头税等，同时辅之以某些单项消费税等。17—18世纪，现代间接税的比重开始增大。第一次世界大战后，逐步形成法国现代税制的雏形。通过三个阶段的税制改革，逐渐由间接税为主体的税收体系过渡到以直接税为主体的税制体系。其税制结构变迁的三个阶段包括：第一阶段为第一次世界大战至20世纪40年代，这一阶段为以间接税为主体的税制结构，主体税种为营业税；第二阶段为20世纪50年代至70年代，这一阶段演变为直接税为主的税制结构，主要税种为社会保障税；第三阶段为 20 世纪 80 年代至今，这一阶段依然是以直接税为主的税制结构，主体税种为社会保障税，而且其主体地位得到了更进一步的加强。

一、法国税收制度特点

（一）法国的税制结构

法国目前开征的税种按照课税对象的不同，划分为所得（收入）税、商品和劳务税、财产和行为税三大类。其中，所得（收入）税包括公司所得税、个人所得税、工资税。商品和劳务税包括增值税和消费税。财产和行为税包括不动产销售登记税、商业实体产权转让登记税、公司登记税、继承与赠与登记税、印花税、机动车执照税及其附加、私人机动车污染附加税、公司机动车税、已开发土地税、未开发土地税、居住税和房产空置税、财富税、股份转让税、金融交易税、地方经济捐税，以及垃圾清理税和特别发展税等。

按照收入归属，可划分为中央税和地方税两大类，不设共享税。税源较大的主要税种为中央税，占总税收收入的 70% 左右，包括个人所得税、公司所得税、增值税、消费税、关税、社会保险税、遗产税、登记税、印花税，其中，前四种税占中央税收总额的 80% 以上。一些税源小的税种为地方税，占总税收收入的 30% 左右，主要包括行业税、居住税、房屋建筑土地税、非建筑土地税、财产转移税、娱乐税等，其中前三种税所占的比重较大。对于地方税收入不足的部分，由中央财政给予补助。此外，为弥补社会保障资金的不足，除社会保险分摊金外，法国还征收社会保险税收。按照归属分类，见表 7.1。

表 7.1 法国的主要税种

主要税类		主要税种	收入归属
所得税		公司所得税	中央税
		个人所得税	
		工资税	
社会保险相关税收		社会保险税	
商品和劳务税		增值税	
		消费税	
财产和行为税	财富税		
	股份转让税		
	金融交易税		
	登记税类	不动产销售登记税 商业实体产权转让登记税 公司登记税 继承与赠与登记税	
	印花与执照税类	印花税 机动车执照税及其附加 私人机动车污染附加税 公司机动车税	
	土地税类	已开发土地税	
		未开发土地税	
		居住税和房产空置税	
		地方经济捐税	
		垃圾清理税	
		特别发展税	

（二）法国税收负担重

世界经济论坛发布的《全球竞争力报告》中，法国是世界上税收负担较重的国家，税收痛苦指数排名世界第一。从税收占 GDP 的比例来衡量，2014 年税收占 GDP 的比例为 44.03%，且有不断升高的趋势，如图 7.1 所示：

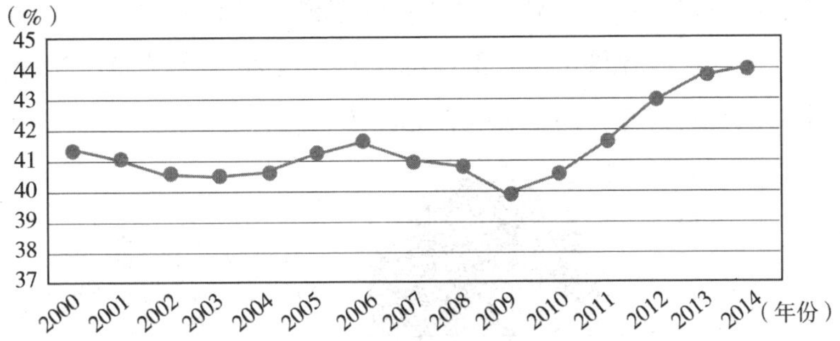

图7.1 2000—2014年法国税收收入占GDP的比重

数据来源：OECD datdbase.

（三）直接税为主体的税制体系

法国的直接税包括所得税类和财产税类，其中财产税类涵盖地方土地税和居住税。法国的间接税包括流转税类和行为税类。法国的税收体系表现出了典型的以直接税为主的结构。自2003年以来，直接税一直占税收总额的65%以上，是间接税的两倍左右，2003—2011年间，直接税还表现出波动中的上升趋势，到2013年达到了69.86%，同年间接税的比重为30.14%。法国税制的以直接税为主体的税制结构一直较为稳定，直接税占税收总额的比重一般保持在70%左右。2013年法国直接税间接税的比例，见图7.2。

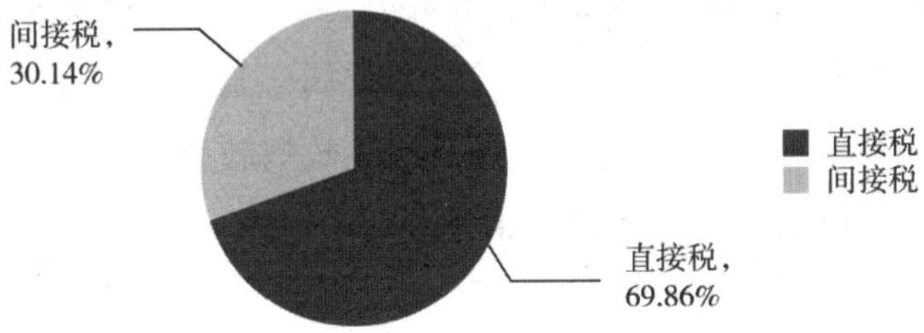

图7.2 2013年法国直接税间接税比例

从法国税收收入构成的角度来看，主要来源于直接税种中的所得税类，对流量所得课征的所得税收入占据了税收总额的最大比重。自2003年以来，法国所得税类比重约在60%～70%，剩余部分为财产税类和流转税类。所得税类收入是财产税类和流转税类之和的两倍。可见，流量所得为法国的税收提供了稳定宽广的税基。以 2013 年为例，法国主要税类比重可证明所得税类的重要性，见图 7.3。

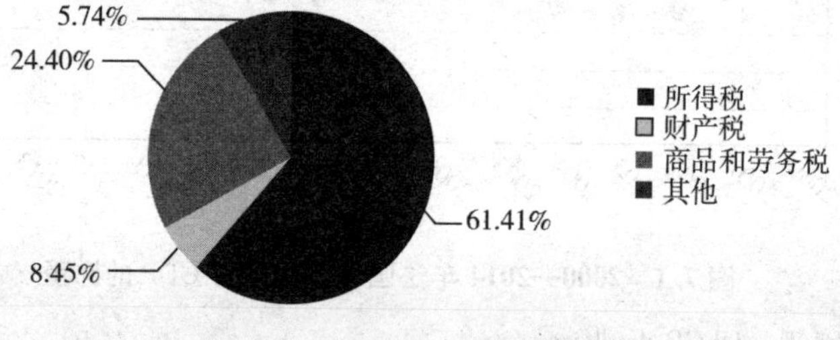

图 7.3　2013 年法国主要税类比重

数据来源：OECD datdbase（所得税包含个人所得税，占税收总收入比重为 8.35%，企业所得税占比 5.673%，社会保障税占比 37.194%）。

法国所得税类税收占税收收入总额的比重要远高于其他税类，从近十年的数据来看，所得税类的整体占比和内部结构没有太大的变化，在波动中保持了一种稳定的状态。以 2014 年的数据进行分析。2014 年，所得税类占税收总额的比重达到了 57.81%，是财产税类比率的 7 倍多。该数据表明法国直接税主要来源于公民企业的流量所得，而不是存量所得。从所得税税种的贡献度角度分析，所得税类中社会保障税的贡献最大，占税收总额的比重为 33.855%，大约是个人所得税份额（16.736%）的 2 倍，企业所得税（4.05%）的 8 倍多，处于绝对的主体地位。法国的财产税类占比较低，其与所得税类的比重相差甚远，2014 年仅为 7.727% 左右，处于辅助税种的角色。它和所得税类都属于直接税，不同的是它来自存量所得，而所得税来自流量所得，这一数据较低也反映了法国社会整体的货币流动性较强，财富的存量较少。

二、法国的主要税种介绍

（一）公司所得税

1. 纳税人

法国公司所得税的纳税人包括在法国从事生产、经营活动的法人实体、公司注册地在法国的法人实体，主要有有限责任公司、有限股份合伙企业和外国公司的子公司。

2. 征税对象

公司所得税的征税对象为公司所得，即居民公司在法国境内、境外从事生产、经营活动取得的利润。但对居民公司通过其境外分支机构从境外取得的收入不予征税。对境外子公司的未分配收益也不征税。外国公司在法国的常设机构比照居民公司纳税。

3. 税率

法国公司所得税的税率为33.33%。税率15%和8%适用于某些特定的情况。法国资本利得视同一般所得，征收所得税，其标准税率为33.33%。但特许权使用费适用15%的税率。纳税人持有两年以上的股票，在取得股票销售收入、缴纳资本利得税时，税率为8%。从2005年1月1日起，附加税税率为1.5%。

4. 应纳税所得额和应纳税额的计算

法国公司税的纳税人每一纳税年度的收入总额减去准予扣除项目以后的余额为应纳税所得额。下列项目，按照规定的范围、标准准予从应纳税所得额中扣除。

（1）免税所得。从其他公司取得的税后利润。

（2）折旧费用扣除。折旧费用允许从应纳税所得额中扣除，各种设备的折旧可以采取直线法或者余额递减法来计算折旧。

（3）关联公司扣除。公司支付给关联公司的合理费用可以在应纳税所得额中扣除，但是如果支付的费用明显不合理，税务机关有权根据税法第 57 条规定予以调整。在法国，关联公司包括母公司、姊妹公司。

法国母公司从其子公司取得的红利，红利的 95% 可以免除企业所得税，但是 5% 部分必须加回到母公司的应纳税所得额中。

（4）亏损结转。从 2004 年 1 月 1 日起，废除了净经营亏损向后结转的年限限制，经营亏损可以向后无限期结转。

公司也可以选择另一种方法处理净经营亏损。即用以前三个年度已经缴纳的所得税税款抵免。采取这种向前结转的方法处理净经营亏损的具体步骤是：第一，计算出前三个年度已经缴纳的所得税税款之和；第二，用前三个年度的应税所得与本年度亏损相抵；第三，相抵后的数额如为正，则用相抵后的数额乘以所得税税率得出所得税税额，用前三个年度已经缴纳的企业所得税之和减去以上计算出的数额得出余额，该余额允许从以后 5 年的企业所得税税额中扣减，5 年期间仍未抵扣完的金额，税务机关将以现金的形式返还给企业；相抵后的数额如为负数，前三个年度已经缴纳的所得税税款之和即为允许从以后 5 年的企业所得税税额中扣减的数额，5 年期间仍未抵扣完的金额，税务机关将以现金的形式返还给企业。上述允许在 5 年期间抵扣的金额也可以称为税收优惠。

（5）税收扣除。除企业所得税和罚款外，大多数税款可以在应纳税所得额中扣除。

（6）避免双重征税。居民公司来源于境外的所得已经在境外缴纳的企业所得税税款，准予在汇总纳税时，从其应纳税所得额中扣除，扣除额主要采取以下三种办法：第一，对已经在境外缴纳所得税的红利，给予免税处理；第二，对利息、特许权使用费按照避免双重征税协定中对利息、特许权使用费有关征收预提所得税的规定处理；第三，对与法国尚未签订避免对所得双重征税的国家，利息、特许权使用费已经在境外纳税部分，准予在汇总纳税时从其应纳税所得额中扣除。

（7）研究费用扣除：经过有关部门审核确认的研究费用，可以从当年的应纳税所得额中扣除，研究费用扣除标准为当年研究费用额减去前两年该项费用平均额的 50% 。但是每年的最高扣除额不得超过 610 万欧元。

（8）存货计价原则。在法国，纳税人存货成本的确定遵循历史成本原则，以取得时的最低成本或者市场价格来计价，存货的领用、发出采用先进先出法或者加权平均法，禁止使用后进先出法。

（9）关联企业的业务往来。法国公司与其外国关联企业之间的业务往来，应当按照独立企业之间的业务往来收取或者支付价款、费用。由于不按照独立企业之间的业务往来收取或者支付价款而减少其应纳税所得额的，税务机关有权根据税法第 57 条规定进行合理调整，由此减少的应纳税所得额将被加回到原应纳税所得额中。

（10）利息扣除限制。法国公司纳税人支付给本国股东或者外国股东的利息超过或者低于法国金融机构正常利率平均值的，税务机关可以参照正常利率进行调整。

5. 征收管理

法国公司和其控股达 95% 的本地子公司可以合并申报缴纳企业所得税，各子公司有盈有亏，可以盈亏相抵后，缴纳企业所得税。其他公司集团，只要拥有其子公司 50% 的股份，并且事先得到财政部的许可，也可以合并申报缴纳企业所得税。法国企业所得税按会计年度缴纳，实行分季预缴，预缴数为上一会计年度应纳税所得额的 1/4，在下一个会计年度的前 3 个月内实行年终汇算清缴，补齐少缴的所得税税额。

法国对欠缴税款的行为加收利息，从 2006 年 1 月 1 日起，对迟付税款将要加收年利率为 4. 8% 的利息或者是按月加收 0. 4% 的利息。

（二）个人所得税

1. 纳税人

在法国，个人所得税纳税人分为居民纳税人和非居民纳税人。居民纳税人应就其来源于全世界的个人所得缴纳个人所得税。非居民仅就其来源于法国的个人所得缴纳个人所得税。法国的个人所得税的税收收入占国家税收总收入的 18% 左右。

法国法律规定，个人凡满足以下四个条件之一的，可以被认定为法国居民。

（1）个人的习惯住所或者家庭在法国。

（2）法国是其基本的逗留地区（在一个日历年度中超过183天）。

（3）职业活动在法国进行。

（4）法国是其经济活动的主要地区。

2. 征税对象

（1）应纳税所得额。法国个人所得税的应纳税所得额为本年实际收到的年所得，主要包括工资、薪金、现金津贴、生活费、困难地区补助、教育费用、搬家补贴、所得税退还、资本利得和其他投资收入。

（2）资本利得和投资所得。

3. 个人应纳税所得额的计算

法国采取综合计税方式计算个人所得税。以家庭为单位征收个人所得税，纳税人的家庭所有收入，不区分来源，统一加总来计算应纳税所得额。

不同来源的收入在计入应纳税所得额时可以减去为获得该项收入而支付的必要的成本、费用。收入较低的纳税人也可采取简易的计算方法，即按其收入的一定比例计入应纳税所得额中。

取得经营所得或非经营所得且收入很少的纳税人也可选择以该项收入的一定比例直接计算缴纳个人所得税和社会保险缴款。应纳税所得额减去税法规定的可以扣除的项目（如家庭、职业等开支）后，得到其应纳税所得额。经营所得的标准为出售货物或提供居住场所的纳税人年收入不超过81500欧元；提供服务的纳税人年收入不超过32600欧元。适用于非经营所得的标准为年收入不超过32600欧元。

法国个人所得税设置综合费用扣除，重点费用扣除包括五个主要方面：

（1）未成年子女抚养费用：在法国居住6年以上的纳税人或其家属可以以抚养未成年子女需要为由，申报个人所得税费用扣除。最高扣除额不超过税前家庭月总收入的50%，最高不超过2300欧元/月。

（2）高等教育费用。

（3）医疗、健康费用。

（4）因公因私的费用。

（5）单位提供的工作福利、贷款利息。除此之外，家庭必要支出，如维持生计支出、赡养老人和抚养未成年人支出、因残疾而导致的支出和非营利目的的公益性支出（包括公益性捐赠、资助等）等都可以扣除。自2009年起，税法对纳税人家庭成员享受服务的支出和投资性支出的扣除设定了上限，2011年为18000欧元与应纳税所得额的6%之和。

4. 税率

根据法国政府税务网发布的信息，自2015年元旦起，法国个人所得税免征额及税率调整为如表7.2所示。

表7.2　法国个人所得税税率调整

2014年		2015年	
征税收入档次	税率（%）	征税收入档次	税率（%）
6011～11991欧元	5.5	低于9690欧元	0
11991～26631欧元	14	9690～26764欧元	14
26631～71397欧元	30	26764～71754欧元	30
71397～151200欧元	41	71754～151956欧元	41
超过151200欧元	45	超过151956欧元	45

本次个人所得税税率调整，将有1800万较低收入家庭从中获益。与此同时，对于年收入在9690～11990欧元的家庭来说，征税比率则从此前的5.5%提高到了14%。

取得利息收入或类似的固定收益证券收入的纳税人，可以选择对该项收入适用19%的预提税替代个人所得税。转让不动产和出售有价证券取得的资本利得，按其售价与原值的差额征收19%的个人所得税和12.3%的社会保险税。不动产持有超过5年的，再多持有1年便可获得10%的税基扣减，即出售持有超过15年的不动产无须就其资本利得缴纳个人所得税。此外，转让纳税人的主要住所或转让不动产的价值低于15000欧元，免征资本利得个人所得税。持有欧盟境内公司有价证券超过5年的，每多持有1年便可获得1/3的税基扣减，即出售持有超过8年的欧盟公司有价证券无须就其资本利得缴纳个人所得税。转让商业资产（包括转让工业、商业、农业以及非商业企业的资产）分为短期资本利得和长期资本利得。短期资本利得计入个人所得税税基适用超额累进税率，长期资本利得适用28.3%的税率，其中，个人所得税税率为16%，社会保险缴款征收率为12.3%。

除上文介绍的个人所得税率，证券收益带来的个人所得，统一按18%的税率计征个人所得税。2009年补充规定，如果这一收入每年超过25730欧元，超出部分再加征12.1%的税收附加。

固定资产收益带来的资本所得，统一按16%的税率计征个人所得税。2009年补充规定，如果这一收入每年超过25730欧元，超出部分再加征12.1%的税收附加。

5. 征收管理

年收入低于8440欧元的纳税人免征个人所得税，若纳税人年龄超过65周岁，该标准为9220欧元；对于外国外交人员的薪金及其来源于法国以外的收入免征个人所得税。

法国个人所得税申报要求夫妻必须联合申报，除非在严格的限制条件下，否则不允许单独申报。个人所得税纳税采取日历年度申报的方法，建立在年收入的基础上，申报必须在下一个年度的3月1日之前完成。申报表分成几部分，包括纳税人婚姻状况和受抚养人情况。居民工资、薪金所得缴纳个人所得税不采取源泉扣缴的方式，非居民从法国的雇主或者职业活动中取得的所得必须采用源泉扣缴的方式。纳税人缴纳个人所得税可以有两种选择，一是分三次缴纳，前两次预缴，最后一次汇算清缴。另一种方法是按月预缴，最后汇算清缴。

近期，法国税制也在不断进行改革，其中一个突出特点是减税。为了弥补减税导致的税收减少，法国财政部制定了规范申报、增加遗产税以及鼓励自行申报等办法，保持了个人所得税的总额稳定。对入境主动缴纳个人所得税的个人，法国税务部门给予税务优惠。

（三）工资税

法国工资税是对非增值税纳税人（或其90%以上收入无须缴纳增值税）的法国居民公司征收的，纳税人主要是银行、保险公司、医疗或辅助医疗公司、协会和其他非营利组织。

工资税的税基是雇主向雇员支付的所有货币和其他非货币形式的报酬乘以上年度其无须缴纳增值税的收入占其总收入的比重。

工资税实行三级超额累进税率，最低税率为4.25%，最高税率为14%。

从2000年到2014年，法国工资税收入占税收总收入的比重呈现上升的趋势，见图7.4。

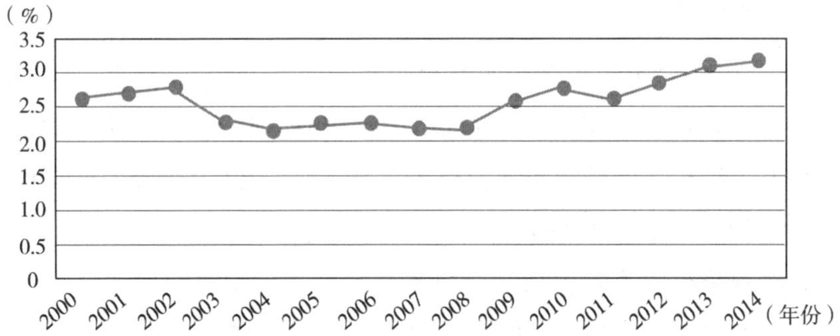

图7.4　2000—2014年法国工资税收入占税收总收入比重

数据来源：OECD database.

（四）社会保障相关税

欧洲大多数国家的社会保险资金主要来源于税收收入。但法国社保资金主要依赖于社会分摊金。近年来，由于法国社会保险开支不断上升，政府为弥补社保资金缺口，还开征了一系列社会保险税收，主要包括普通社会保险税、社会保险债务偿还捐税、公司利润社会捐税、公司社会团结捐税及其附加等。与社会分摊金不同，社会保险税收不具有直接返还的性质，而是用于补充社会保险的预算。

1. 普通社会保险税

纳税人为法国居民，税基计算与个人所得税类似，但对不同来源收入征收的税率不同：对劳动报酬和其他类似收入按7.5%征收、对财产性收入（包括不动产收入、资本利得等）按8.2%征收。

2. 社会保险债务偿还捐税

纳税人为法国居民，税基比普通社会保险税略宽（一些免征普通社会保险税的收入，如家庭津贴、住房津贴等，需要纳入社会保险债务偿还捐税税基），税率为0.5%。

3. 公司利润社会捐税

纳税人为法国公司所得税纳税人（年收入低于763万欧元的公司免税）。税基为纳税人缴纳的公司所得税减去扣除额（最高为763000欧元），税率为3.3%。

4. 公司社会团结捐税及其附加

纳税人是在竞争性领域从事经营活动且收入超过76万欧元的法人企业。税基为纳税人的营业收入，税率为0.16%（公司社会团结捐税税率0.13%，附加税率为0.03%）。

社会保障税收收入包括社会分摊金和社会保险税收收入。近年来该项收入占GDP的比重一直都在35%左右，见图7.5。

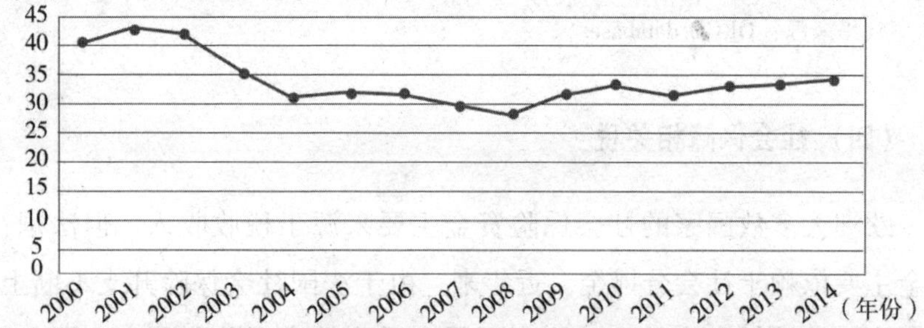

图7.5 2000—2014年法国社会保障税收收入占GDP比重

数据来源：OECD database.

（五）商品和劳务税

法国税收收入虽然以直接税为主，但部分也来源于间接税。间接税主要来源于流转税类中的增值税和消费税，即商品和劳务税。

增值税和消费税这两个税种都是在商品流通环节中课征的，都有增加财政收入、调节资源配置的作用，但其课征环节和计税依据完全不同，对产业结构引导和收入调节作用的差别较大。首先，增值税是针对生产销售的各个环节分别课征的税种，采取进项抵扣的方式计算税收，不仅可避免重复征税，而且有利于产业结构的升级和社会分工，但并不具有收入分配功能。其次，增值税对政府的掌控能力要求较高，需要在全国范围内建立起规范的抵扣制度；消费税仅在零售环节课征，按消费的全额计征，计算方法较增值税简单，主要作用在于引导消费、调节收入差距。由于消费税计征简便且课征灵活性大、政策变动成本低，税率和税基的调整较增值税更容易进行，政府有极大的操作空间。

增值税课征范围基本涵盖了所有商品的交易和服务内容，消费税仅仅局限于石油、烟草等特殊商品。

1. 增值税

法国是世界上最早开征增值税的国家，最初只对工业生产和商品批发环节征收增值税，1966 年将其征收范围扩大到商品零售环节和农业。就纳税主体而言，1978 年扩大到自由职业者。目前，法国增值税的征收范围包括农业、商业、工业、服务业等所有行业和所有主体，即法国境内所有从事有偿提供商品和服务活动的企业和个人都应缴纳增值税。

法国的增值税法规定，增值税为价外税，税基等于商品交易的实际价格，即以购买方支付商品的总金额为税基进行征收，卖方以任何方式提供的额外降价（打折优惠、回扣、补偿、佣金等）都可以从税基中予以扣除，其税基包括商品和服务所应缴纳的除增值税外的其他税收，但不包括增值税额本身和其他附加代垫的费用（如运输费、保险费、包装费等）。还规定小汽车、某些燃料产品以及免费劳务等不允许予以扣抵。

增值税的收入目前约占国内主产总值的9%，居于西欧国家之首。法国的增值税是欧洲共同体中税率级次最多的国家，主要是由于纠正增值税累退性的社会原因，但由此也增加了管理的复杂性和在欧洲共同体内部协调的难度。

增值税实行多档税率：标准税率（20%）、低税率（5%）、特别税率（2.1%）、零税率和中间税率10%。

（1）标准税率为20%。适用于除低税率范围之外的交易。

（2）低税率为5%。适用于大部分食品、农产品、动物饲料、社会保险不负担的医疗产品、书籍、为执行廉租住房政策而发生的不动产交易、对持有超过两年的主要住所进行的维修装修、餐厅提供的堂食服务（酒精饮品除外）。

（3）特别税率为2.1%。适用于出版业和医疗保险负担的药品。

（4）零税率，适用于出口商品和劳务。中间税率为10%，适用于餐馆、即食餐点食品、交通运输、旧房翻新、大型卖场、露营、酒店、租房（带家具）、电影、动物园、博物馆、非处方药。

增值税法对特殊交易行为，如银行和金融交易、黄金投资交易、旅行社提供的旅游服务等做了特别规定。

2. 消费税

法国的消费税是对特定的商品和行为征收的税，具有选择性。具体包括酒类消费税、能源产品消费税、烟草产品消费税和污染行为税等。

（1）酒类消费税。酒类消费税是对酒精含量超过1.2%的酒类饮料（或酒精含量超过0.5%的啤酒）按照酒的不同种类和酒精含量进行分类，根据酒中所含纯酒精量或酒的产量定额征收的一种消费税。

（2）能源产品消费税。能源产品消费税是对石油、天然气、煤炭产品按重量或体积（如汽油、柴油等燃料）征收的消费税。能源产品消费税是增值税税基的构成部分，属于地方政府的税收收入，地方政府可以在规定幅度内决定该部分的税额标准。

（3）烟草产品消费税。烟草产品消费税是对烟草产品在零售环节征收的消费税。

（4）污染行为税。污染行为税是根据“污染者付费”的原则，对污染环境的行为征收的一种税。征收该税的目的在于环境污染成本内部化到污染产品的价格之中，从而遏制污染产品的使用。污染行为税适用于垃圾储存和处理、污染气体排放、对环境有潜在风险的活动、主动散发印刷品、销售和使用塑料袋等行为。对从事上述行为的企业根据活动的不同种类分别确定税基和税率。污染行为税的纳税人应当根据税法主动申报并提前缴纳应纳税额。

自2000年以来，商品和劳务税的贡献度呈不断降低的趋势。见图7.6法国商品和劳务税占税收总收入比重。

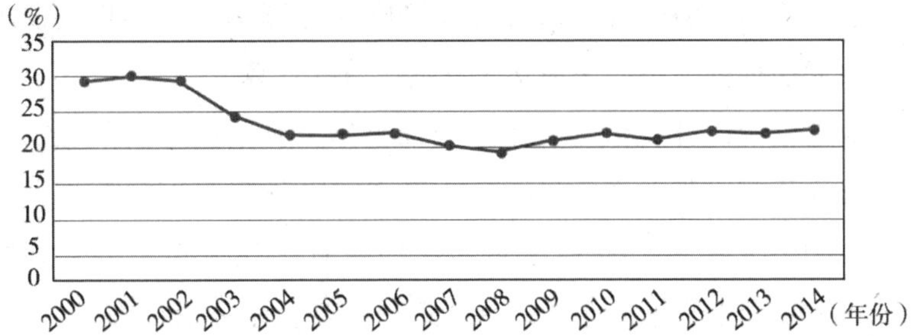

图7.6　2010—2014年法国商品和劳务税占税收总收入比重

数据来源：OECD database.

（六）财产税

财产税是对财产征税，法国财产税要求对家庭所有住房和汽车等财产合并纳税，就是说，按照各类财产的总价值计征。对大多数家庭来说，财产税主要就是房地产税。税率是按照比例税率征收。

从法国财产税占税收总收入的比重来看，2000年以来都在7%上下波动，从2010年起呈上升趋势。见图7.7。

（七）财富税

法国政府规定对拥有财产净值超过一定数额的自然人，按年度征收财富税，又叫团结互助税。这一税种最初设于1989年，税基包括所有财产和财产性权利，包括已开发或未开发的土地、农场、家具、金融投资

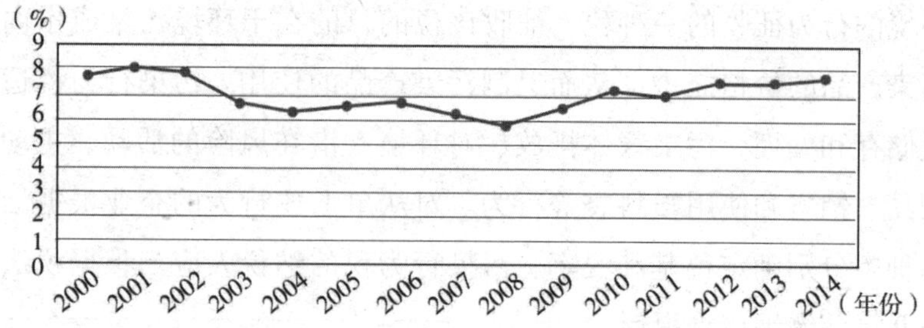

图 7.7　2000—2014 法国财产税收入占税收总收入比重

数据来源：OECD database.

品、汽车、飞机、游艇等。财富税以家庭为计算单位，即将纳税人及其配偶、一起居住的父母、未成年子女财产合并计算。

计算财富税的计税依据并不是全部财富，其中部分财产和财产性权利被排除在税基之外，主要包括商业资产（由纳税人有效管理的个人独资企业、纳税人拥有 25% 以上可表决股权且在该公司重要管理岗位任职）、纳税人承诺持有的股份、在风险投资基金中占有的股份、著作权、某些乡村不动产、古董、艺术品和收藏品等。财产价值的计算原则上按照市场价值计算。对纳税人拥有并作为主要住所使用的房产扣除其市场价值的 30% 后计入税基。

目前，财富税的起征点为 130 万欧元。财富税实行超额累进税率，自 2012 年 1 月 1 日起税率调整为两档：130 万欧元～300 万欧元，税率为 0.25%；300 万欧元及以上的，税率为 0.5%。为避免临界点附近纳税人税负差异过大，对应税财产净值介于 130 万欧元和 140 万欧元之间、300 万欧元和 320 万欧元的纳税人适用“平滑机制”，即赋予其特别税收抵免。

（八）土地税

顾名思义，是对土地为纳税对象征收的税。土地包括已开发土地和未开发土地两种。

1. 已开发土地税

对已有地上附着物，包括住宅、工业建筑、道路、交通轨道等或者可立即用于建设的土地征收的税。除法律明确规定给予永久免除（如公共建筑、农业建筑用地等）或临时免除（新建企业或创新型企业用地、根据城市规划需要鼓励开发的区域）该税之外，任何单位和个人都要按年缴纳已开发土地税。

已开发土地税的纳税人为土地所有者，税基是有关部门评估并按时更新的该地块租金的50%，税率由相关地方议会在税法规定的范围内来确定的。

2. 未开发土地税

对未开发土地按年征收未开发土地税，法律明确规定给予永久免除（公共土地）或临时免除（有机农业用地、人工造林和环境涵养用地）的未开发土地除外。纳税人为土地所有者，税基是有关部门评估并按时更新的该地块租金的80%，税率由相关地方议会在税法规定的范围内来确定的。

（九）居住税和房产空置税①

适宜居住的住宅及其附属物（包括花园、车库、私人停车空间）应缴纳居住税。纳税人为每年1月1日实际居住在应税住宅内的自然人，不论其身份为业主、租户或免费居住者。税基是有关部门评估并按时更新的该房屋的租金，税率由相关地方议会在税法规定的范围内确定。如该住宅为纳税人的主要住宅，可获得税收减免。

自2007年开始，地方政府还可以对空置5年以上的房产征收房产空置税。房产空置税是指对征税时点1月1日前两年内，该房屋基本无人居住即每次连续居住的时间少于30天的房屋为纳税对象征收的税收。

（十）地方经济捐税

2010年，法国地方营业税被废除，取而代之的是地方经济捐税，包括基于不动产租金的商业不动产捐税和基于商业活动增加值的商业增值捐税。

---

① 资料来源于：http：//www. docin. com/p－217765880. html.

1. 商业不动产捐税

自然人或法人、非法人公司或信托公司在法国境内从事经常性经营活动的，须每年缴纳商业不动产捐税。该税的税基是有关部门评估并按时更新的该房屋的租金，税率由相关地方议会在税法规定的范围内进行确定的。税法为商业不动产捐税规定了上下限，净收入10万欧元以下的企业应介于200欧元到2000欧元之间，其他企业应介于200欧元到6000欧元之间。对由国家或地方政府、公益组织、港口城市、廉租住房组织、农业组织、私立学校等组织的重要的文化、教育、卫生、体育、社会公益活动永久免税；对律师、自由职业者临时免税；地方政府还可以根据城市规划、发展战略需要等给予临时免税。

2. 商业增值捐税

自然人或法人、非法人公司或信托公司在法国境内经常性从事经营活动且年营业额超过50万欧元的，须每年按增值额的一定比率缴纳商业增值捐税。

商业增值捐税增值额的计算公式为：增值额 = 营业额 - 购买资产支出 - 各项开支。理论上，税率为增值额的1.5%，但营业额低于5000万欧元的企业可以享受减税。商业增值捐税最高不超过增值额的3%。

免除商业不动产捐税的自然人或企业，也自动免除商业增值捐税。

二、中法税制比较

（一）主体税类差异

法国的直接税高于间接税，税制结构体现出直接税为主体的特征，其中社会保障税是最主要的税种；而我国税制是以间接税和直接税为双主体的税制结构。2015年中国的间接税占全部税收的比例为54.52%，且以增值税为最主要税种，2015年增值税占税收总收入的比例为24.9%，随着营改增的全面实施，增值税占税收总收入的比重还会上升。

（二）个人所得税差异明显

法国的个人所得税税收收入占国家税收总收入的18%左右。中国个人所得税税收占整个国家税收的7%左右。

法国个人所得税设置综合费用扣除，中国是分项扣除，不同的项目有不同的扣除标准。法国已婚夫妇进行个人所得税申报时必须联合申报，我国的个人所得税是由个人自行申报。

法国以家庭为单位来计算、征收所得税，既减少了税收累进性的影响，又避免了忽视家庭赡养人口不同而导致的税收不公平。

法国的个人所得税是按年计征的，是对纳税人某一年度的全部所得征收，这样不但减少了征税和纳税过程中的工作量，而且也在一定程度上堵塞了逃税、避税的漏洞。相比之下，我国个人所得税的课税方法就显得不够科学。我国的个人所得税对工资、薪金按月计征，对劳务报酬等所得按次计征，而对个体工商业户的生产经营所得和企事业单位的承包经营、承租经营所得却按纳税年度计征，这样不仅增加了征管上的难度，而且从制度上鼓励纳税人采取分解收入的方法来合理避税。

（三）税收负担比较

法国有一个衡量个人税收负担的关键日——免税日。法国莫利纳里经济学院发布的一份研究报告显示，2015 年法国人的免税日为 7 月 29 日，较上年推迟了一天。这意味着法国人的税负压力加重了。所谓免税日，是假设一国国民从年初开始工作，所挣的钱不吃不喝全部用来交税，把税交完的那一天就是免税日。这一指标反映出一个国家税收在国民收入中所占的比重和国民购买力水平。免税日越靠后，国民的购买力就越低。在报告所涉及的 28 个欧盟国家中，只有比利时的免税日比法国晚，为 8 月 6 日，法国和比利时成了欧盟内部税负最烦重的两个国家。一个法国人一年的平均收入理论上为 5. 58 万欧元，而完税之后实际到手的钱只剩下不到 2. 81 万欧元，缴税比重高达 57. 5%，高于欧盟 45. 1% 的平均水平。自 2013 年以来，法国的免税日已经向后推迟了 3 天，近 5

年的税收总额上涨了1.2%。法国人劳动成果的一大半都用来支付各种税费。

法国宏观税负较高。不仅个人，法人等实体税负也较高。自20世纪80年代法国实行税制改革，税收占GDP的比重首次超过了40%，其后一直保持在40%以上。2014年法国税收收入占GDP的比重达到44.029%，较2011年上升了2.412%，税负压力在OECD（经合组织）国家中名列第二位，仅次于丹麦（48.6%）。高税收负担奠定了法国税制结构的特殊性。有资料显示2010年至2015年这六年中，法国共计增加27项税收，远高于其他欧洲邻国。法国2014年以前的税收占GDP的比重一直较高，见图7.8。

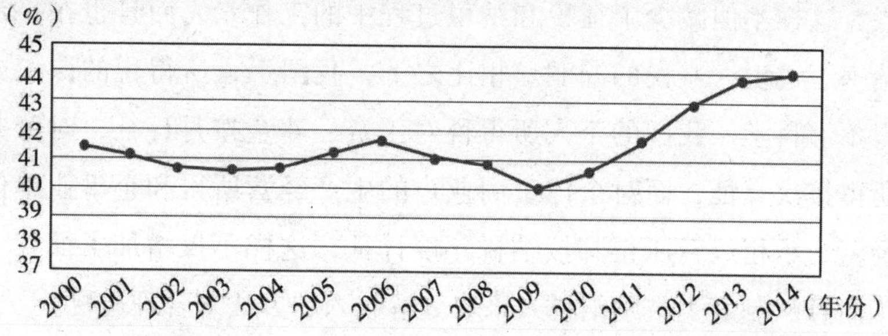

图7.8　2000—2014年法国税收占GDP比重

数据来源：OECD datdbase.

相比之下，中国的税收收入占GDP的比重较低，见图7.9。

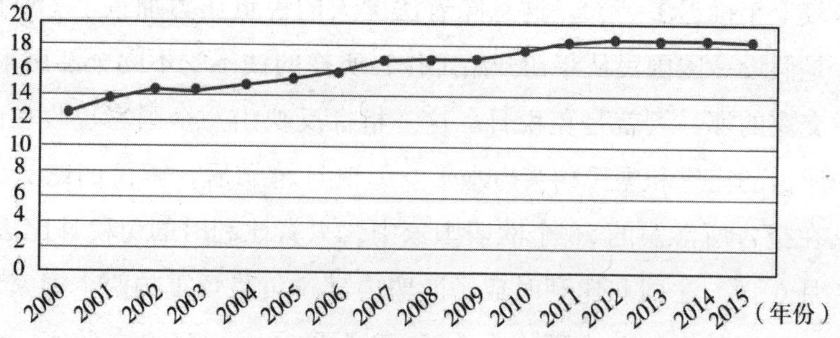

图7.9　2000—2015年中国的税收收入占GDP比重

数据来源：中国统计局，2015年的数据来源于中华人民共和国财政部。

相比之下，中国的宏观税收负担率似乎不那么高，但是中国税收收入占 GDP 的比重的增长速度都明显高于法国。法国高税负主要是由所对应的较高的社会保障水平所决定的。法国社会保障类税收收入占税收收入的比重自 20 个世纪 70 年代超过 40% 以后，便一直维持在 40% 左右的高位，直到 21 世纪才开始有所下降。而中国目前的社会保障制度仍不完善，如果中国也建立起像法国一样完善的社会保障体系，可能相应的税收负担也会提到很高。法国社会保障税占 GDP 的比重和占税收收入的比重分别见图 7. 10 和图 7. 11。

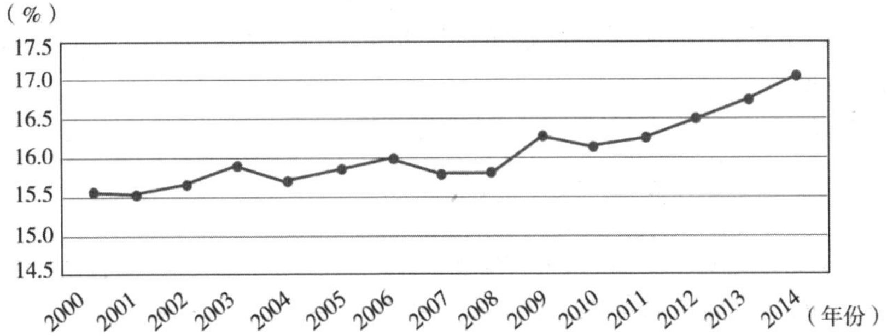

图 7. 10　2000—2014 年法国社会保障税收收入占 GDP 比重

数据来源：OECD database.

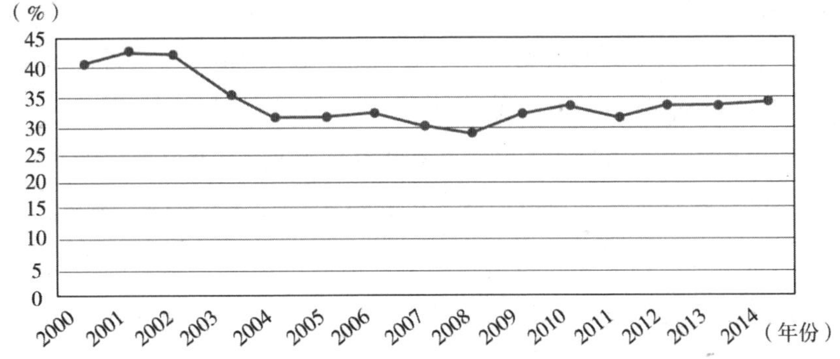

图 7. 11　2000—2014 年法国社会保障税收收入占税收总收入比重

数据来源：OECD database.

（四）税基和税率等要素设计与纳税人技术匹配程度差异

税基和税率等要素设计与纳税人的技术相匹配，不仅会提高征税的效率，还会减少因逃税、漏税造成的税收严重流失。

在税基方面，法国在实际操作的过程中，税基的可监测性和可测量性程度较高，税收成本低，且有利于潜在税基转变成有效税基。

在税率方面，法国更多地是实行简化税率。

与法国相比，中国的主要税种，如增值税、个人所得税、土地增值税等计算都很复杂，较难为纳税人所接受，税收的简便原则没有得到很好体现。不仅会造成因纳税技术的不足而产生的税收流失，而且会降低税收征收的管理水平。

（五）税收法律体系完善程度差异

法国经过上百年的税制发展过程，在税源控制、税收征管、纳税申报等方面都形成了较为完备的税收法律体系。

在税收立法上，法国健全的法律制度覆盖了税收的课征、管理、检查的每一个环节。法国的税法是四大公法之一，任何关于税基、税款缴纳、税收机构越权行为等方面的争议均可以从中找到诉讼依据。法国还建立了完善的非诉讼途径来解决税收方面的相关问题，并逐渐成为处理争端的主要方式，以上措施都有效地维护了税收执法的客观性和公正性。

而中国目前现行的有效税种为 18 个，但只有三部实体税收法律，即企业所得税法、个人所得税法、车船税法。其他 15 个税种“游离”在全国人大的立法之外，主要税种都是依据国务院制定的暂行条例开征。

从目前立法程序和立法精神来看，由于我国的税收立法主要是行政立法，几乎所有涉及纳税人的法规、规章等，主要强调的都是国家权力和纳税人的义务，而相对忽视对国家权力的制约和对纳税人权利的保护。这种情况在我国的税收法规中最高法律《税收征管法》中就有体现。如《税收征管法》中规定，对纳税人偷税的，由税务机关追缴其不缴或者少缴的税款、滞纳金，并处不缴或者少缴的税款百分之五十以上五倍以下的罚款。这些行政处罚的幅度过大，会造成税务机关的自由裁量权过大。另外在《税收征管法》中，并未明确、全面规定纳税人的权利，税收征管中侵犯纳税人合法权益的现象时有发生，如国家大量赊欠企业出口退税现象等。享受国家出口退税是国家给予出口企业法定的优惠政策，也是国际惯例，及时得到退税款是纳税人的权利，但遗憾的是这些权利并没有得到应有的保护。

（六）税收征管的现代化水平差异

在税款的征收管理上，普遍运用计算机是法国的特点。首先是完善的软硬件研发，可以让用户随时查看个人缴税退税情况等；其次是征管部门计算机设备全覆盖，包括各地各部门无论规模大小统一配备计算机，从登记到申报、检查全流程无断点涵盖，方便整体管理；最后是税务系统内外部信息共享，更与银行、海关、医疗机构等建立了部门间的联网，便于纳税人信息的核实。我国尚未实现内外部信息共享。法国的税务检查建立在完善的计算机系统上，同时辅以人工入户检查，其税务稽查人员甚至有获得消费场所顾客名单等私人信息的权利，以便于人工稽查。

四、文化因素是中法税收制度差异形成的关键要素

经济发展和税收征管水平可以很好地解释法国以直接税为主体税制的结构特点，但并未能给出强有力的解释依据。经济因素对税制的影响在不同的国家具有一定的共性，每一个国家在经济发展到特定的阶段都会发生主体税种的转变，这是一种客观存在的规律，发达国家都经历了由以间接税为主体到以直接税为主体的阶段。深度剖析中法税收制度差异，法国的文化因素起到了关键性作用。

文化因素有着诸多主观性，从源头上决定了税种偏好。法国人长期以来形成的价值观潜移默化地影响着各自的生活方式、追求偏好和评价标准，甚至于国家的形成和制度的建立，这在税制结构问题上也不例外。

税收作为一种国家治理的工具，它不是单独发挥作用的，它需要与

其他制度相互配合才能更好地维护税收原则，如在公平方面税收作为一种收入分配的重要手段，会受到收入分配制度的显著影响。因此我们需要将税制放在相关制度的大环境中，再研究这一系列制度的制定与执行如何影响了税制结构的选择。

文化诱因是制度安排的本源性前提。美国经济学者道格拉斯·诺斯（Douglass C. North）曾说过：社会强有力的道德和伦理法则是使经济体制可行的社会稳定要素。如果没有一种明确的意识形态理论或知识社会学理论，那么，无论是在资源的现代配置上，还是在历史变迁的能力上，我们的说明都存在着无数的困境。

当前，中国税制结构的改革正处于关键时期，制度创新的过程充满了不同价值观的激烈碰撞，了解文化在其中发挥的重要作用，有利于中国从深层次上夯实制度的文化基础，减少改革在推广和执行中的阻力。

文化对税收制度的影响是间接性的，作用的媒介即为国家治理。不同文化背景下民众对国家的定位不同，对国家治理涵盖的范围、干预程度、政策目标等都有着不一样的要求和期待，一个国家或者一个政权想要长期获得民众的支持，就要使国家治理理念符合民众的诉求。国家治理理念一方面体现在政府的职能范围中，如果民众依赖于政府运作来解决问题，就会形成职能范围覆盖面广的"大政府"，国家在经济发展和社会发展中都担当极其重要的干预角色；如果民众更依赖于市场配置资源，就会形成"小政府、大市场"的格局，政府仅仅发挥宏观调控的作用，弥补市场失灵，是处于辅助地位的。另一方面体现在对公平和效率的偏好上，文化中平等理念过重时，追求稳定平和的特点更容易使民众关注"公平"方面，希望政府能够营造一种具有保障的生活，体现社会公平正义；文化中自由占据上风时，追求自我实现和突破成为主流，就更加渴望政府能够提供给大家一个竞争的氛围，能够释放个人能力，实现社会高效运作。

法国人民崇尚"自由、平等、博爱"，人们追求平和稳定的生活，厌恶竞争带来的紧迫感，认为"天赋人权"，每个人都具有天然的生命自由的权利，依赖于以集体的形式解决问题，国家就是在这样的理念下建立起来的，承担着社会建设的主要责任，任何公民都应受到国家的保护。这是《人权宣言》中的保证，是法国所有法律制定的基础。法国生活处处都体现着一种集体主义的色彩，追求平等的诉求是社会的意识主流，一旦感受到不公平的待遇就会激发民众内心的抗争情绪，1789 年的法国大革命，就是一次集体主义抗衡的真实写照，虽然以失败告终，但却使民主共和的思想深入人心，即使之后的政权更替，但这一阶段战争的梦魇，进一步强化了法国人追求平等、稳定的价值观念。

当时人与人之间的信任感降低，动荡的社会让人们缺乏归属感，怀疑一切、否定一切成为了法国人的思维定式，无论在企业层面，还是在行业层面，人们对契约约定没有安全感，认为国家是最可以信赖的机构，因为选举权掌握在公民手中，执政者不按照公民意愿执行时，他们随时可以通过选举进行更替，甚至发动暴动。另外，人们意识到了工人阶级力量的强大，不再满足于被统治阶级压榨和剥削，在社会建设中掌握了较大主动权，国家政策要充分保障劳动者的权益，否则他们就会发动罢工等暴力手段进行抗衡。

基于此，法国公民对国家产生了强大的依赖性，形成了高度集权的国家机制，政府掌握了大量的资源，对社会发展的干预程度也较大，成为了典型的“大政府、小市场”的治理模式，扮演了“国家保护人”的角色。法国政府为了维护政权的稳定，制定政策，尤其是制定财税政策时，必然会充分考虑民众偏好，以满足他们的公共诉求，当前法国税制结构的选择正是适应这一治理理念的体现。

五、法国税收制度对国家的启示

（一）搭建综合与分类相结合的个人所得税制框架

中国的个人所得税改革，首先要在制度上确定全面搭建综合与分类相结合的个人所得税税制框架，然后完善征管体系，提升征管质量。这是法国个人所得税改革一路走来的主要经验。在研究中发现，法国个人所得税的改革并不是一蹴而就的。不同历史时期，税制变动的侧重点都不一样，但所有的变动都围绕着“综合制”展开。

中国目前的“分项计税”的个人所得税存在诸多弊端。从先期搭建制度框架的思路，制定个人所得税综合费用扣除标准，制定综合所得税率标准，差别化对待纳税人，过渡到真正意义上的“综合与分类相结合”的个人所得税税制，才是最终的改革目标。

（二）社会保障缴费改革为社会保障税

在中国，社会保障以缴费的形式存在，包括养老保险、医疗保险、失业保险、生育保险、工伤保险，这些缴费缺乏法律上的统一性，尤其是强制性。许多企业有意逃避缴纳社会保险费的义务。他们通过延长新员工的试用期，或将合同工签为劳务用工甚至直接瞒报或假报正式员工数量，尽量不缴或少缴社会保险费，这是一种逃避责任的做法，也严重侵害了劳动者的权益和雇员的福利。因而社会保障税的征收可避免诸多弊端。

（三）借鉴征收污染行为税

法国根据“污染者付费”原则，对污染环境行为征收污染行为税，使环境污染成本内部化到污染产品的价格中，从而遏制污染产品的使用。该税的社会效应十分有效。

中国经济的发展付出了沉重的环境代价，但对于污染的治理和打击成效不佳。发展经济的目的是为了人民更加有尊严地活着，对于污染主力军，不能因为其带来了一点经济效益就向它们大开方便之门，除了要从法律上明确它们的治污责任外，也应该学习发达国家的有益做法，对企业征收污染行为税等环境税。

法国环境税由中央和地方政府共享，并且实施专款专用。中国地域广阔，地区间经济发展不平衡，人口及工业布局也不均衡，环境污染程度也不一样。因此可以效法法国，环境税由中央和地方共享。根据不同地区污染程度，科学划分中央和地方共享税收比例，这样既可以实施重点的局部治理，又可以进行全面治理。无论是中央还是地方的环境税收入都应该实行专款专用，这将有利于因地制宜地开展环境治理，提高税收作用于环境保护的效率。

（四）借鉴征收空置房屋税

法国征税的该项税收也可以为我国所借鉴，近些年来房价居高不下，有的人炒房投资，有的人却还买不起房，针对这种情况，借鉴法国征收空置房屋税的做法，可以有效打击炒房投机的行为、稳定房价、调节经济。

第八章

中韩税收制度理论与实践的比较

韩国位于东亚大陆朝鲜半岛的南部，面积 9. 96 万平方公里，地形以山地为主，约占国土面积的 70%，地势东北高、西南低。矿产资源较少，虽已发现矿物 280 多种，但有开采利用价值的仅有铁、无烟煤、铅、锌、钨等 50 余种，且储量不大。由于自然资源匮乏，主要工业原料均依赖进口。

韩国人口约 5000 万，为单一民族。50% 左右的人口信奉基督教、佛教等宗教。现有一个特别市——首尔特别市，九个道——京畿道、江原道、忠清北道、忠清南道、全罗北道、全罗南道、庆尚北道、庆尚南道、济州道，六个广域市——釜山、大邱、仁川、光州、大田、蔚山。

韩国实行三权分立、依法治国的体制。韩国是 20 国集团成员之一，是拥有完善市场经济制度的经合组织中较为发达的国家。韩国是典型的政府主导型市场经济，税收作为宏观调控的重要手段之一，在韩国经济的发展过程中发挥了非常重要的作用。

一、韩国税收制度特点

（一）分税制税收管理体制

韩国实行中央、省、市（县）三级课税制度，实行中央与地方分税管理。现行的主要税种有：国税（中央税）包括个人所得税、公司所得税、社会保障税、增值税、特别消费税、遗产和赠与税、酒税、印花税、证券交易税、交通税、教育税、农村开发特别税、综合不动产税等。省税包括财产取得税、注册税、闲暇税、许可证税、公用设施税、地区开发税、地方教育税等。市、县税包括居民税、财产税、机动车税、农业所得税、屠宰税、烟草消费税、汽车燃料税等。

按征税对象来划分，可将韩国的税种分成商品税、所得税、财产及其他税三类。其中商品税类主要包括增值税、消费税、关税等；所得税类主要包括企业所得税（法人所得税）、个人所得税、农业税等；财产及其他税包括综合不动产税、遗产与赠与税、酒税、印花税和证券交易税、交通能源环境税、教育税和农渔村特别税等。

（二）以直接税为主体的税收制度

韩国的税制是以直接税为主的税制体系。近年来，个人所得税、企业所得税、综合不动产税、利得税、遗产与赠与税、交通能源环境税、居民税、机动车税、农业所得税、汽车燃料税等直接税的收入占税收总收入的60%以上。

二、韩国主体税种

（一）个人所得税

1. 纳税人

韩国个人所得税的纳税人包括居民纳税人和非居民纳税人两种。凡在韩国境内定居或居住满一年的个人，为居民纳税人，被国内居民或国内企业雇佣但在境外工作的行政人员、经理和员工，也属于居民纳税人。除居民纳税人之外的属于非居民纳税人。不同的纳税人承担着不同的纳税义务，如表8.1。

表 8.1　韩国个人所得税纳税义务人与纳税义务

项目	居民	非居民
定义	在韩国居住一年或一年以上	任何未被认定为居民的个人
纳税地点	居住地或定居地	经营活动所在地（固定居所）或收入来源地
纳税义务	世界范围的收入	来源于韩国的收入
	综合课税	综合课税（有固定居所的情况下）
	对资本利得，退休金以及伐木收入采用分项课税体系	对资本利得，退休金以及伐木收入采用分项课税体系
	预提所得税	预提所得税

2. 征税对象

韩国采用综合分类所得税制。综合所得和分类所得内涵各不相同。

（1）韩国的综合所得内涵包括以下 8 个方面：①工薪所得；②利息所得；③股息所得；④不动产租赁所得；⑤经营所得；⑥偶然财产所得；⑦养老金所得；⑧其他所得，如得奖所得、博彩所得等。

综合所得加总后按照累进税率进行纳税。

（2）韩国分类所得主要是对三种税目征税，即退休所得、资本收益及山林所得。

①退休所得。因为退休而产生的收入及根据《国民年金法》及《公务员年金法》等法律规定取得的一次性收入（包含附加金、津贴等非年金形式一次性支付的收入）。

②资本收益。因为资产的转让而产生的收入。

③山林所得。因为山林的采伐及继承而产生的收入。

3. 应纳税所得额的计算

不同种类的所得，计算应纳税所得额的方法是不同的。除正常费用的支出扣除外，还有一些特殊扣除。

（1）分项扣除。分项扣除是指工薪所得、养老金所得和退职金所得这三项所得要按下列标准扣除。

①工薪所得扣除。按照表 8.2 的累退扣除率计算应纳税工薪所得。

表 8.2　工薪所得扣除率表

工薪所得	扣除率（%）
不超过 500 万韩元的部分	100
500 万韩元至 1500 万韩元的部分	50
1500 万韩元至 3000 万韩元的部分	15
3000 万韩元至 4500 万韩元的部分	10
超过 4500 万韩元的部分	5

②养老金所得扣除。扣除标准如表 8.3 表示，但扣除额最多不超过 900 万韩元。

表 8.3　养老金所得扣除表

养老金所得	扣除率（%）
不超过 350 万韩元的部分	100
350 万韩元至 700 万韩元的部分	40
700 万韩元至 1400 万韩元的部分	20
超过 1400 万韩元的部分	10

③退职金所得扣除。先统一扣除 45% 以后，再根据就业年限不同确定进一步的扣除额，按就业年限计算的扣除标准如表 8.4 表示。

表 8.4　退职金所得扣除标准表

就业年限（N）	扣除额（万韩元）
不超过 5 年的	30 × N
5 年至 10 年的	150 + 50 ×（N − 5）
10 年至 20 年的	400 + 80 ×（N − 10）
超过 20 年的	1200 + 120 ×（N − 20）

（2）综合扣除。综合所得还要进行以下四项扣除。

①基本扣除。居民可以按照家庭人数每人每年扣除 100 万韩元。

②附加扣除。对年龄不低于65岁老人以及需抚养未年满6岁者，在基本扣除的基础上，可以按照每人每年100万韩元追加扣除（年满70岁以上者追加扣除标准提高到每人每年150万韩元）；赡养残疾人每人每年追加扣除额为200万韩元；有配偶或者有赡养负担的女户主家庭，可以追加扣除50万韩元。

③小家庭扣除。工薪家族享受基本扣除的成员只有1人和2人的小家庭，可以分别加扣100万韩元和50万韩元。

④特别扣除。对工薪所得者给予有限额的保险费支出、医疗支出、教育支出、住房贷款利息支出、捐赠支出等多项特殊扣除。

如果纳税人没有申请上述扣除或者其综合所得中没有工薪所得，可以选择年标准扣除，即每年扣除60万韩元（工薪纳税人为100万韩元）。

4. 税率

综合所得实行综合累进征收，分享所得实行单独税率分项征收。综合所得适用的累进税率如表8.5表示。

表8.5　韩国个人综合所得税适用税率表

级数	全年应纳税所得额	税率（%）
1	不超过1000万韩元的部分	8
2	1000万韩元至4000万韩元的部分	17
3	4000万韩元至8000万韩元的部分	26
4	超过8000万韩元的部分	35

分项所得中的退职金所得和木材所得（出售木材实现的所得）适用的税率同上述综合所得适用的税率。退职金所得在计税时，是根据退职金所得除以雇员的就业年限的数额来确定适用税率的，并以此计算的结果再乘以就业年限作为最终应纳税额。这样处理的目的是雇员在退职时一次性取得的退职金能根据其就业年限的平均化，以降低其适用的累进税率的档次。

分项所得中的资本利得按表8.6税率表分项征收。

表 8.6　资本利得税率表

资本利得项目		税率
1. 不动产及相关权益转让	持有期限满 2 年	同普通所得适用的税率
	持有期限满 1 年但不足 2 年的	40%
	持有期限不足 1 年的	50%
	拥有 3 处或 3 年以上达到规定标准的房产的	60%
	非经营和非居住用的土地（2007 年起）	60%
2. 未注册资产转让		70%
3. 公司股票转让	大公司的大股东持有不足 1 年的股票转让	30%
	中小型公司股票的转让	10%
	其他股票的转让	20%

注：韩国对个人所得税纳税人还要按照其所得税额的 10% 附征地方居民税。

5. 税收抵免

（1）股息抵免。居民收到国内公司分配的股息所得并纳入综合所得缴纳个人所得税的，其股息所承担的公司所得税允许抵免。

（2）国外税收抵免。对居民境外所得在国外已纳税款，则在计征个人所得税时允许抵免，但是抵免额以该项所得按照本国税法计算的应纳税额为限，不足抵免部分可以往后结转 5 年。

（3）工薪所得的特别抵免。对于工薪阶层，可以根据其应纳所得税额的大小按照表 8.7 所列抵免率享受特别抵免（但是抵免额最多不能超过 50 万韩元）。

（4）灾害损失抵免。该抵免同公司所得税规定。

表 8.7　工薪所得抵免率表

应纳综合所得税税额	抵免率（%）
不超过 50 万韩元的部分	55
超过 50 万韩元的部分	30

（二）公司所得税

1. 纳税义务人

韩国公司所得税纳税义务人指的是法人，又称法人税。法人根据成立目的分为赢利法人和非赢利法人两种。根据所在地分为国内法人和外国法人。这样划分的理由是，根据法人类型的不同，征税对象而有所差异。

2. 征税对象

韩国法人税的征税对象包括法人的各事业的年度所得、土地等转让所得以及清算所得等。

各事业的年度所得包括：若一个公司的总机构或主要办事机构设在韩国，则该公司为国内法人，税法规定就其世界范围内的所得征税；外国设有总公司或主要办事处的外国法人，就其来源于韩国的所得征税。

赢利法人的征税对象是所有发生的所得。对非赢利法人只对发生收益的所得征税。

土地等转让所得是指国内企业、外国企业、赢利企业、非赢利企业对境内土地等转让时发生的差额所得。

清算所得是指国内赢利企业解散（合并）时发生的差额所得。公司转让资本性资产实现的资本利得，不区分持有期限的长短，应统一按普通所得进行征税。

3. 税率

韩国公司所得税实行两档累进税率，自2005年1月1日起公司所得税税率如表8.8所示。

表8.8　2006年公司所得税税率表

级数	全年应纳税所得额	税率（%）
1	不超过1亿韩元的部分	13
2	超过1亿韩元的部分	25

外国公司，如果在韩国设有常设机构，则只就归属于该常设机构的来源于韩国的所得部分，按照普通公司所得税率进行纳税。

如果在韩国没有常设机构，则对外国企业就来源于韩国的所得征收预提税。预提税税率表见8.9。

表8.9　韩国预提税税率表

所得类型	预提税税率
经营所得和船、飞机的租赁所得	2%
个人劳务所得	20%
证券股票利得	售价10%
股息、利息、特许权使用费和其他所得	25%

注：按照售价的10%或出让差价的25%两者中的较少者计税；对于转让的股票占被投资公司有表决权股票的比例不足25%的，其实现的利得不征预提税。

此外，公司所得税纳税人应当按照其应纳公司所得税额的10%缴纳属于地方所得税的地方居民税（见居民税）。

4. 应纳税所得额的计算

除了正常的费用支出可以在税前扣除以外，在计算税收时还作了一些特殊扣除规定。

（1）准备金扣除。下列准备金可以在规定限额内扣除：

退休准备金。在支付给雇佣1年以上职工工资的10%以内，且准备金累计总额不超过应当支付给所有职工（假定他们在年底退休）退休金的40%扣除。

坏账准备金。按应收账款总额的1%（金融机构为2%）或者当年坏账损失占上一年应收账款的比例两者中的较大者扣除。

保险企业法规定提取的负债准备金和应急准备金。按不超过总统令中所规定的限额扣除。

保险公司支付给保险人的利息准备金。不超过金融监管委员会和经济财政部所规定的限额等进行扣除。

（2）捐赠扣除。向公益单位、社会福利组织和宗教组织的捐赠；向学术研究、技术开发和发展体育技能的捐赠和设立奖学金；向总统令规定的公共团体的捐赠，可以扣除，但扣除额总计不能超过应纳税所得额的5%，超过部分可以往后结转3年。

此外，无偿向政府机构捐赠的货物和现金；为国防和战争救济的缴款；为灾害救济捐赠货物和现金；给私立学校用作设施建设、教育、设立奖赏金和研究的捐款以及给设在免税经济区的外国教育机构用作设施建设的捐款，可以在应纳税所得额的50%内扣除，超过部分只能结转1年。

（3）业务支出扣除。在不超过下列两项数额合计的范围内可以扣除，纳税期月数乘以1200万韩元（中小企业为1800万韩元）再除以12。根据经营年度毛收入和表8.10所列比例计算扣除额。

表8.10　按毛收入计算的扣除比例

毛收入	扣除比例（%）	扣除额
不超过100亿韩元	0.2	毛收入×0.2%
超过100亿但不超过500亿韩元部分	0.1	2000万韩元+（毛收入-100亿韩元）×0.1%
超过500亿韩元部分	0.03	6000万韩元+（毛收入-500亿韩元）×0.03%

5. 税收抵免

（1）国外税收抵免。本国公司在国外缴纳的公司所得税可以抵免，但是不能超过国外来源所得的应纳税额，不足抵免部分可往后结转5年；本国公司的国外来源所得，如果在国外享受免税规定，则在税收协定允许的范围内，可以饶让抵免。

（2）灾害损失抵免。本国公司因自然灾害造成财产30%以上损失的，则被认为存在纳税困难，可以按其损失财产占总财产的比例抵免其公司所得税，但抵免额不能超过财产损失额。

（三）增值税

1. 纳税义务人

增值税的纳税人是在生产营业过程中独立供应货物或提供劳务的组织、企业或个人。

2. 征税对象

增值税以提供货物和劳务以及进口货物的增值额为纳税对象。

3. 税率

零税率。韩国对出口商品、在韩国以外提供的劳务、轮船和飞机的国际运输业务、为外汇收入者提供的其他商品或劳务、军工企业生产的军事（包括警察）装备、提供给武装部队的石油制品、地铁建设劳务实行零税率。

10%的一般税率。除零税率以外的其他商品或劳务则征收10%的一般税率，此税率可在3%的限度内调整，税率调整有效期不能超过两年。

4. 增值税计算

韩国增值税因不同的纳税人采取不同的计算方法。韩国增值税的纳税人分一般纳税者和定额纳税者两种。

（1）一般纳税者实行的是税款抵扣法。即：从卖出商品的税金中减去购买商品时缴纳的税金。即：

交纳税金＝销售税金（销售额×10%）－卖入税金（卖入额×10%）

但是免征增值税范围的进项税额之间不能抵扣。

（2）定额纳税者的增值税计税方法。定额纳税者的增值税是从适用增值税率的销售税金中减去适用增值税率的卖入税额。即：

交纳税金＝供应单价×行业增值税率－购买税额×行业增值税率

适用定额纳税者的行业增值税率，不同的行业税率都不同，制造、零售、电、煤气、水、建筑、房产租赁、农牧林渔业、其他服务业和饮食、住宿、运输、仓库、通信业等都设有不同比例的税率。

5. 免征增值税规定

韩国增值税的免税范围包括很多内容。

（1）基本生活必需品，如自来水、农林畜水产品。

（2）某些社会福利性服务，如图书报纸杂志、通讯广播、图书馆、博物馆、动植物园的门票收入等。

（3）某些国计民生的服务，如医疗保健、教育、公用电话等。

（4）某些私人服务，如为律师、会计师、艺术家、书法家等提供的劳务。

（5）其他货物和劳务，如邮票（不包括集邮品）、印花税票、宗教、公益团体提供的货物和劳务、政府部门提供的货物或劳务、免费向政府和公益团体提供的货物或劳务、住宅和不超过住宅面积5～10倍的附属土地的出租、金融保险服务等。

相比之下，韩国增值税的免税范围较宽。但过宽的主要原因是为了简化征管工作。如金融、保险服务的增值额很难计算，而某些私人劳务，如医生、律师、会计师等，由于税源零星分散且富于流动性，税务部门很难对其进行监控。

6. 征管方式

韩国对纳税人的管理主要依赖电子计算机。纳税人在纳税期满 25 日内，将纳税申报书报送所住地税务署，并附送全部销售和购进的税金计算书。税务署把资料整理后送地方国税厅计算中心，计算中心将申报书及税金计算书全部输入计算机。每份税额在 30 万韩元以下的汇总输入，30 万韩元以上的逐份输入。

每个纳税期都选定几个行业对所有纳税人进行交叉审计，因为韩国规定纳税人在提供物品和劳务时，必须填写一式四联的税金计算书，第一联由供货方保存；第二联由供货方交当地税务机关；第三联由购货方保存；第四联由购货方交当地税务机关。供货方税务机关与购货方税务机关将税金计算书输入计算机，并实行联网核对，以检查有发票证明的销售与有发票证明的购买之间是否存在数额不一致的情况。

韩国增值税征管方式比较先进，收效也较好，其原因是实施增值税的准备工作比较充分：一是配套制度的准备。早在 1971 年，韩国就建立起纳税登记制度，对所有纳税人进行税务登记，并给每个纳税人确定税务编码，同时统一了交易凭证和税金计算书，建立了计算机网络系统。二是组织和技术上的准备。为实施增值税，从财政部、国税厅、地方国税厅到税务署，都新设了增值税课，新增了 2000 名税务公务员，形成了上下对应的管理体系。国税厅不惜代价增加对计算机的投入。三是舆论的准备。财政部和国税厅利用各种媒体向广大民众宣讲税法，并派相关人员到全国各地巡回讲解，基层税务署还召集纳税人进行纳税辅导。四是堵塞各种税款流失漏洞。税务机关严查逃税问题，提高发票本身的防伪性能，在全国范围内形成计算机互联网。五是建立了交叉审核监督机制。韩国利用计算机建立起了税金计算书的交叉审核机制。

（四）特别消费税

韩国特别消费税只对六类应税货物和两类应税场所征收。纳税人为生产、进口以下六类应税商品者，销售第三类货物者以及应税场所经营者。

1. 六类应税货物及其适用税率

表 8.11　六类应税货物及其适用的税率

<table>
<tr><th colspan="2">货物类型</th><th>税率</th></tr>
<tr><td rowspan="2">第一类货物</td><td>老虎机、弹球游戏机及类似的娱乐性设备</td><td rowspan="2">20%</td></tr>
<tr><td>猎枪和来复枪</td></tr>
<tr><td rowspan="2">第二类货物</td><td>鹿角、蜂王浆</td><td rowspan="2">7%</td></tr>
<tr><td>香水</td></tr>
<tr><td rowspan="2">第三类货物</td><td>首饰（不包括工业用钻石和未经加工的原矿石），珍珠、玳瑁壳、珊瑚、琥珀、象牙及其制品</td><td rowspan="2">对于价值超过 200 万韩元的部分，适用 20%</td></tr>
<tr><td>贵重金属产品</td></tr>
<tr><td rowspan="2">第四类货物</td><td>高档照相机及其附件、高档手表、高档皮毛及其制品（不包括兔皮和未经加工的皮毛）</td><td rowspan="2">对价值超过 200 万韩元的高档家具（500 万韩元/件或 800 万韩元/套）的部分，适用 20%</td></tr>
<tr><td>高档地毯和家具</td></tr>
<tr><td rowspan="2">第五类货物</td><td rowspan="2">汽车（不包括发动机排气量为 800 毫升及 800 毫升以下的汽车）</td><td>排气量 2000 毫升以下的，为 5%</td></tr>
<tr><td>排气量超过 2000 毫升的汽车和越野小汽车，税率为 10%</td></tr>
<tr><td rowspan="4">第六类货物</td><td rowspan="4">实行从量定额征收</td><td>汽油，每升 630 韩元；柴油，每升 365 韩元</td></tr>
<tr><td>煤油，每升 178 韩元；丙烷气，每升 40 韩元；丁烷气，每升 360 韩元。从 2006 年 1 月 1 日起煤油和丁烷气分别按 134 韩元/升和 306 韩元/升的标准征税</td></tr>
<tr><td>天然气（包括液态），每升 60 韩元</td></tr>
<tr><td>重油，每升 15 韩元</td></tr>
</table>

2. 二类应税场所及适用税率

第一类场所，实行定额征收：赛马场，每人500韩元；老虎机经营场所，每人10000韩元；高尔夫球场，每人12000韩元；赌场，每人3500韩元（外国人每人2000韩元，专对外国人开放的赌场税额为零）；自行车赛场，每人200韩元。

第二类场所，如娱乐性酒吧、客栈等，税率为10%。

消费税税基，除了实行定额征收的以外，为提供的货物或者劳务的价值（生产应税货物的，为出厂价；进口应税货物的，为报关价；销售应税货物的，为销售价）实行价外征收，即增值税、教育税和消费税本身都不纳入消费税税基中。

（五）遗产和赠与税

对继承财产者（包括个人或公司）征收遗产税，对受赠财产者（包括个人或公司）征收赠与税。韩国居民就其继承或者受赠的境内外所有财产纳税，非居民仅就继承或者受赠韩国境内的财产纳税。非营利公司继承或者受赠财产免征遗产和赠与税。在计征遗产和赠与税时，还有许多其他的扣除规定。

遗产税和赠与税按照相同税率实行超额累进征收，税率如表8.12所示。

表8.12　韩国遗产和赠与税税率表

级数	应纳税遗产额或者赠与额	税率（%）
1	不超过1亿韩元的部分	10
2	1亿韩元至5亿韩元的部分	20
3	5亿韩元至10亿韩元的部分	30
4	10亿韩元至30亿韩元的部分	40
5	超过30亿韩元的部分	50

（六）酒税

对酿酒厂和从保税区进酒者征收。在韩国要从事酿酒或者销售酒工作的，必须从政府处取得酒生产许可证或者销售许可证。税率有从价定率和从量定额两种：对酒精含量达95%以上的白酒，定额税率为每公升57000韩元（酒精含量每增加一个百分点，税额相应增加600韩元）；其他酒精含量较低的酒，因酒的种类和酒精含量的不同，税率从5%至80%不等，如啤酒（酒精含量1%以上）税率为80%（2007年降为72%）；果酒（酒精含量1%以上）税率为30%；白兰地（酒精含量1%以上）税率为72%等等。并且某些酒可以免税（如出口酒）。

（七）印花税

对财产权的设立、转让或变更的凭证征收，税率如表8.13所示。

表8.13　印花税税率（税额）表

<table>
<tr><th>应税凭证</th><th>凭证涉及的金额</th><th>应纳税额（韩元）</th></tr>
<tr><td>1. 不动产、船舶、飞机或企业的转让合同</td><td rowspan="3">1000万韩元至3000万韩元的部分
3000万韩元至5000万韩元的部分
5000万韩元至10000万韩元的部分
10000万韩元至10亿韩元的部分
超过10亿韩元的部分</td><td rowspan="3">20000
40000
70000
150000
350000</td></tr>
<tr><td>2. 消费贷款合同</td></tr>
<tr><td>3. 业务合同</td></tr>
<tr><td>4. 不动产租约</td><td>—</td><td>10000</td></tr>
<tr><td>5. 需登记动产的转让合同（轿车、重型机器、船舶）</td><td>—</td><td>3000</td></tr>
<tr><td>6. 土地使用权及附属物的契据</td><td>—</td><td>3000</td></tr>
<tr><td>7. 矿产开采权、无形产权、捕鱼权、版权或企业冠名权的转让契约</td><td>—</td><td>3000</td></tr>
<tr><td>8. 设施可用权（高尔夫和公寓的会员卡）契约</td><td>—</td><td>10000</td></tr>
</table>

续表

应税凭证	凭证涉及的金额	应纳税额（韩元）
9. 持续或重复交易的契约	—	1000
10. 商品赠券	1 万韩元～5 万韩元	200
	超过 5 万韩元的	400
11. 股票凭证、债券、投资凭证、受益凭证、共同保险公司的资金凭单	—	400
12. 保险单、存单、存折等金融凭单	—	100
13. 租赁或延期付款合同	—	10000
14. 公司章程、合伙企业书面合同、合并合同	—	30000
15. 债务担保合同： （1）银行担保 （2）作用担保基金担保 （3）保险公司担保	—	10000 1000 200

（八）证券交易税

证券交易税的纳税人为股票或企业权益的出让人、证券发行公司、证券公司。税务部门对股票、企业权益的转让，应按照转让价格征收。税率为 0.5%。

在海外如纽约证券交易所或者纳斯达克上市的股票转让不征税。对某些符合条件的证券可以减征甚至免征——在韩国证券交易所上市的股票转让，适用税率为 0.15%；在韩国纳斯达克上市的，税率为 0.3%；其他方面的，税率为 0.5%。

（九）交通税

对生产和进口汽油、类似的替代燃油和柴油者实行从量定额征收的税收。不同的物品，单位税额也不同。并且不同的时期，单位税额都有变化，但总体上是增加的趋势。

汽油及类似替代燃油，每升630韩元。柴油及其类似替代产品，2007年7月1日以后为545韩元。

（十）教育税

在韩国从事金融保险业务者、特别消费税纳税人（除液化石油气、汽油、柴油和液化天然气外）、交通税纳税人和大部分酒税纳税人，为教育税的纳税人。其税基和税率如表8.14所示。

表8.14　韩国教育税税基、税率表

纳税人	税基	税率①
金融保险企业	毛收入②	0.5%
特别消费税纳税人	应纳特别消费税税额	30%（煤油、重油、丁烷等15%）
交通税纳税人	应纳交通税税额	15%
酒税纳税人	应纳酒税税额	10%（酒税税率70%～100%的，为30%）

注：①根据教育投资基金的资金状况，税率可在上下30%幅度内调整。
②对来自公益信托财产的收益，不征教育税。

需要说明的是，在计征公司所得税或者个人所得税时，其缴纳的教育税不能在税前列支扣除。

（十一）农村开发特别税

韩国从1994年7月1日开征此税，为各项农村发展计划提供了资金，以支持农业的发展。此税的征收期原为10年，即计划征收至2004年6月30日，到期后又延长了10年，即征至2014年6月30日。

农村开发特别税的纳税人主要是享受公司所得税、个人所得税、关税、财产取得税、注册税等有税收减免优惠的个人或者公司，其税基为享受的减免税额。此外，缴纳某些特别消费税的纳税人、缴纳证券交易税、财产取得税、赛马税和土地税的纳税人，应当按照其纳税额附征农村特别开发税，其税率如表 8. 15 所示。

表 8. 15　农村开发特别税税率表

税基	税率（%）	备注
公司所得税、个人所得税、关税、财产取得税、注册税的免税额	20	科技发展、公益项目等的税收减免除外
存款利息减税额	10	
上市股票的转让价	0. 15	
公司所得税税基超过 5 亿韩元部分	2	限于 1994 年 7 月 1 日以后结束的纳税年度及以后年度
特别消费税额	10	高尔夫球场门票，为 30%
财产取得税额	10	小住房或农场里的住房除外；对汽车取得税的附征，1999 年 1 月 1 日起取消
综合不动产税额	20	
娱乐税额	20	

对新建中小企业、外国金融机构等有一定的税收减免优惠政策。

（十二）综合不动产税

对拥有超过规定标准的住房和土地者按不动产价值累进征收，税率在 1% 至 4% 之间。此税虽属国税，但所征税额全部转给地方政府使用。

（十三）社会保障税

根据国家养老计划，雇主和雇员都应当按照工资的 4. 5% 缴纳养老保险，但是雇员的月纳税额不超过 162000 韩元。

（十四）财产取得税

通过购买或者继承方式取得不动产、机动车、重型设备、树木、船舶、飞机、高尔夫会员资格、公寓成员、保健俱乐部会员者，按照取得时财产的申报价格缴纳财产取得税，税率一般为2%。但是对别墅、高尔夫球场、高档住宅、豪华轮船和高档娱乐场所等的取得，按正常税率的5倍征收，即税率可达10%。

（十五）注册税

对财产权或者政府规定的其他权利的取得、产生、转让、变更或者终止进行注册者征收。税基一般为财产注册时的价值，税率为0.01%～5%，也有按件征收的，每件3000韩元至90000韩元不等。

（十六）闲暇税

对赛马协会、国家体育促进会或地方汽车比赛团体、斗牛组织等娱乐性团体组织赛事取得的门票等收入征收，税率为10%。

此外，还征收许可证税、公用设施税、地区开发税和地方教育税等税种。

（十七）居民税

对在市或者县内有住处的个人（包括有一处超过规定规模的办公室或者经营场所者）和有办公室的公司，从量定额征收居民税，其年税额为：

个人，10000韩元以内，由各地方政府具体确定；公司，按公司规模不同而不同，如表8.16所示。

表8.16　韩国公司居民税税额表

公司规模	税额（韩元）
资本超过100亿韩元，雇员超过100人	500000
资本超过50亿韩元，雇员超过100人	350000
资本超过50亿韩元，雇员少于100人；或者资本超过30亿但不足50亿韩元，雇员超过100人	200000
资本超过30亿韩元，雇员少于100人；或者资本超过10亿但不足30亿韩元，雇员超过100人	100000
其他公司	50000

此外，对缴纳个人所得税、公司所得税或者农场税的个人或公司，按照其缴纳税额附征居民税，税率为10%。

（十八）财产税

对建筑物、船舶和飞机征收。税基为应税财产的“标准价值”，税率因不同财产而异，如表8.17所示。

表8.17 韩国财产税税率表

征税对象	税率（%）
土地：一般按价值不同实行超额累进征收	0.2~5
高尔夫球场、别墅、高档娱乐场所	4
工厂	0.5
其他建筑	0.25
普通住宅：按价值累进征收	0.15~0.5
船舶： 豪华船舶	5
其他船舶	0.3
飞机	0.3

此外，征收机动车税、农场税、屠宰税、烟草消费税和汽车燃料税等税种。

三、中韩税收制度差异分析

（一）税制结构差异分析

中韩两国的税制结构是不同的，本部分主要是从中央税与地方税结构、直接税与间接税、征税对象和征管水平四个方面进行对比分析，找出中韩两国税制之间的差异。

1. 中央税与地方税结构差异分析

（1）韩国的中央税和地税。韩国的现行税收管理体制分国税系统和地税系统，国税系统负责国内税（国内税又可以分为直接税和间接税）、关税和其他一些目的税的征收；地方税系统划分为省级（道）地税系统和市县级（市郡）地税系统，不设共享税。韩国税制由16种国税和13种地方税组成。

国税主体部分的直接税主要有个人所得税、企业所得税、遗产与赠与税。间接税部分主要由酒税、开发消费税、增值税、印花税和证券交易税构成。除此之外，还有四种由国税厅征收的目的税，即交通能源环境税、教育税、综合不动产税和农渔村特别税，目的税的税收收入直接划入事先指定的政府项目中。

地方税分为省级（道）地税和市县级（市郡）地税，其中省级（道）地方税又分为普通税和目的税，县市级（市郡）地方税也分为普通税和目的税。具体见图8.1和图8.2。

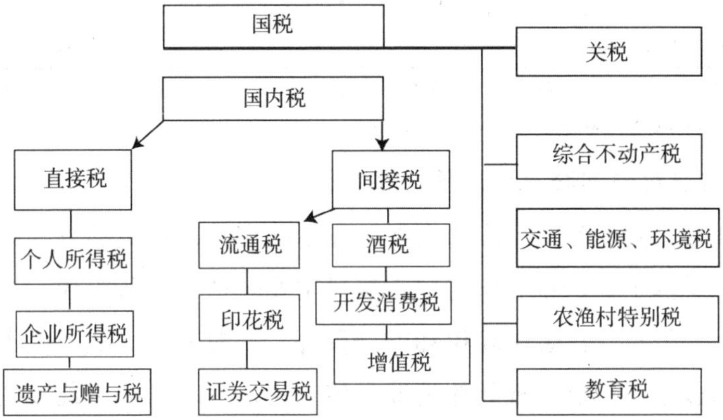

图8.1　韩国国税的构成

（2）中韩中央税与地方税负担比较。在中央税与地方税的税收负担上，中国与韩国的税收收入比例大不相同，见表8.18。该表表明，2014年韩国的中央税收总额占比为78.97%，而中国的中央税收总额占比为50.31%，比较说明，韩国中央政府的经济调控能力较强，这对中央政府运用政府的财力来调节地域之间的差异以及通过财政补贴和转移支付等手段来促进某些产业的发展有着重要的作用。

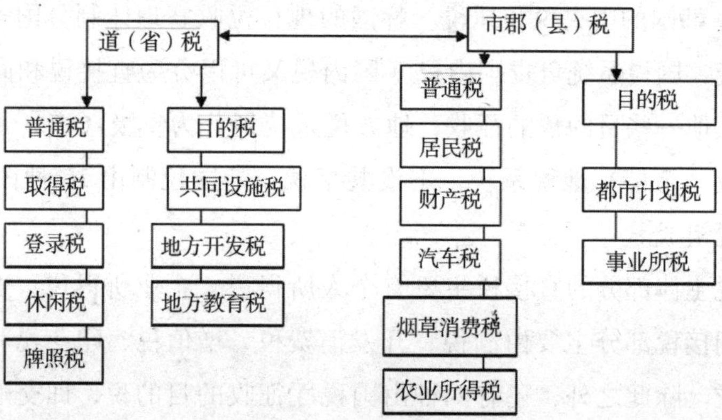

图 8.2　韩国地方税的构成

表 8.18　2014 年中韩两国中央税与地方税收入比例

	中国（%）	韩国（%）
中央税收总额	50.31	78.97
地方税收总额	49.69	21.03

数据来源：《中国统计年鉴（2015）》，http：//www.oecd－ilibrary.org/taxation/data/revenue－statistics/korea_ data－00244－en.

2. 直接税与间接税的结构差异分析

近年来，随着韩国经济的发展；税制的完善；税基的不断扩大，直接税成为韩国主要的税收来源。直接税主要包括个人所得税、企业所得税、资本利得税、社会保障税和财产税等。一般来说，财产税占税收总额的比重较小，但也要视具体情况具体分析，所以以直接税为主体的税制结构，实际上就是以所得税为主体的税制结构。韩国属于以直接税为主体的税制结构，直接税所占比例一直处于上升趋势，2014 年直接税的比例超过 64%（个人所得税、企业所得税、社会保障税和财产税），见表 8.19。因此选择所得税作为主体税种，可以较好地体现课税公平合理的原则。

表 8.19　2014 年韩国各税种税收收入及占比

主要税种	数额（百万韩元）	占税收总额百分比（%）
个人所得税	31567.87	15.36
企业所得税	28690.59	13.96
商品和服务税	63176.85	30.74
其中：增值税	34938.4	17
社会保险税	54133.97	26.34
工薪税	575.456	0.28
财产税	21230.22	10.33
其他	6145.08	2.99
税收总额	205520	—

数据来源：http：//kosis.kr/eng/statisticsList/statisticsList_01List.jsp？vwcd = M T_ETITLE&parentId = M#SubCont.

但我国目前的税制基本上是以间接税和直接税为双主体的税制结构，2015 年间接税（增值税、消费税、营业税）占全部税收收入比例的 54%左右，直接税（企业所得税、个人所得税、房产税）占全部税收收入比例的 27%左右，其他辅助税种数量较多，但收入比重都不大，见表 8.20。

表 8.20　2015 年中国各个税种税收收入及占比

主要税种	数额（亿元）	占税收总额百分比（%）
增值税	43092	32
营业税	19315	14
消费税	11390	8
关税	12616.01	9.27
个人所得税	8617	6
企业所得税	27712	21
其他	13278.99	9.73
税收总额	136022	—

数据来源：国家税务总局《中国税务年度报告（2015）》。

从表 8.19 和表 8.20 的对比分析可得，韩国税收以直接税为主，而中国税收是以间接税和直接税为双主体的税制体系。

（二）税收规模的差异分析

一个国家或者地区税收收入的总额可以来反映该国家或者地区的税收规模的大小。中国与韩国的税收总额每年都在增加，这通过表 8.21 与图 8.3 可以看出。但从总量上看，中国的税收总额比韩国高出很多，如 2015 年中国税收总额为 209609.90 百万美元，韩国为 16951 百万美元；从增长速度上看，中国的税收总额明显处于快速上升的趋势，而韩国的税收总额增加缓慢；从总量上看，中国的税收总额是韩国税收总额的近 12 倍，说明中国的税收收入较多。

表 8.21　中国和韩国的税收总额对比

单位：百万美元

国别＼年份	2011	2012	2013	2014	2015
韩国	2907.2	3031.58	3172.2	3470.14	16951
中国	142414.82	160073.60	181290.00	194762.70	209609.90

数据来源：https：//data. oecd. org/tax/tax - revenue. htm#indicator - chart；《中国统计年鉴》（2011—2014 年）；国家税务总局网《中国税务年度报告（2015）》。

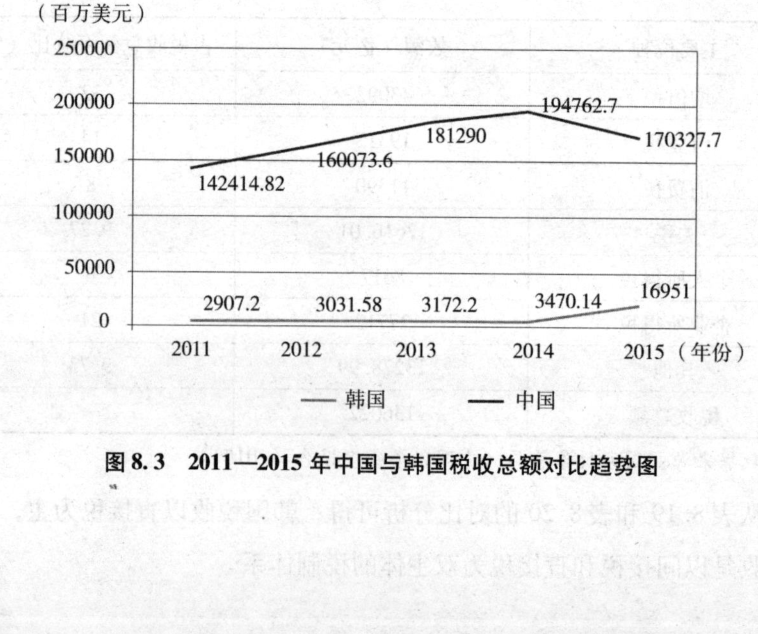

图 8.3　2011—2015 年中国与韩国税收总额对比趋势图

（三）宏观税负差异分析

宏观税负又称总体税收负担，是一个国家所有纳税人税收负担的总和，一般通过一个国家一定时期内税收总量占同期 GDP 的比重来反映。主要指标包括国内生产总值税负率、国民生产总值税负率和国民收入税负率等。宏观税负的高低，表明政府占有国民经济总量 R 的大小，也表明政府执行社会经济职能的强弱。一般来说，它是各国政府制定各种税收政策的重要依据。

由于我国政府收入中存在各种非税收入、制度外收入，并占有相当的比重，有学者按口径不同，将宏观税负分为大、中、小三个口径：①小口径税负：税收收入占 GDP 的比重；②中口径税负：财政收入占 GDP 的比重；③大口径税负：政府收入占 GDP 的比重。其中政府收入不仅包括中口径的税收收入和预算内管理的收入，还包括预算外的收入，以及制度外的收入等。在这里选取小口径税负——税收收入占 GDP 的比重进行对比分析。

所谓税收负担率是指税收收入总额同 GDP 的比率。从表 8.22 来看，中国和韩国的税收负担率都呈上升趋势，但是韩国的每年税收负担都比中国的要重。从图 8.4 可知，中国与韩国的税收负担率每年都在增加，但增速都较为平稳。

表 8.22　中国和韩国的税收负担率　　%

年份 / 国别	2011	2012	2013	2014	2015
韩国	36.90	38.17	40	37.49	49.06
中国	18.97	19.39	18.79	18.73	17.00

数据来源：https://data.oecd.org/tax/tax-revenue.htm#indicator-chart.

中国和韩国的税收负担动态趋势，见图 8.4。

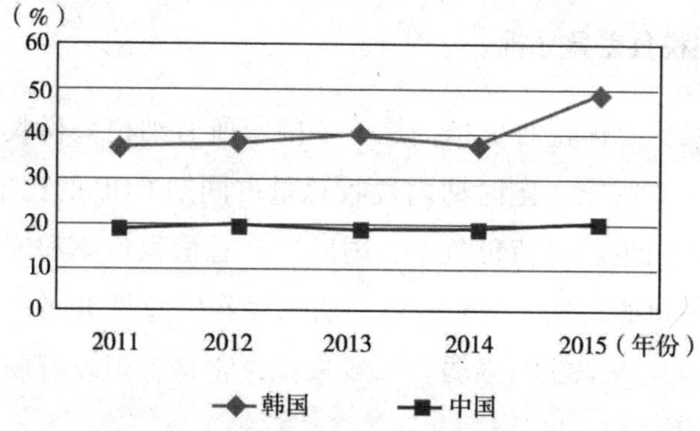

图 8.4　中国和韩国的税收负担率动态趋势图

(四) 税收征管差异分析

1. 纳税申报差异

中韩两国在纳税登记上都采用自行申报的纳税方式。但两国仍存在差异。韩国企业的增值税将 1 年分为上半年和下半年，以 6 个月为纳税期限。这种纳税期限，一方面，有助于缓解纳税企业一次性缴纳税金的负担，并允许在纳税期限期内对一部分的销售额和应纳税额进行申报纳税；另一方面，有助于维持稳定的税收收入。对于企业增值税纳税人应当在纳税期满 25 日内，将纳税申报书以及全部销售和购入的专用发票，报送到所在地税务局，由税务局把资料整理之后交到地方税务局的计算机数据运算单位，数据运算中心将申报书和专用发票全部输入计算机，并建立起计算机网络系统，实行联网核查。

而中国企业增值税将货物所有权的转移或者对劳务的提供收取相应的价款时间作为纳税义务的发生时间，将 1 日、3 日、5 日、10 日、15 日、一个月或一个季度作为纳税期限，根据纳税期限的不同以 5 日和 15 日作为纳税申报期限。与韩国比较，中国的纳税申报期限相对复杂，并且具体纳税日期由主管税务部门确定，不便于纳税人的实际操作。

2. 纳税地点、征管权限层面的差异

中韩两国在纳税地点的制定上存在着差异。中国对企业所得税的纳税地点规定与韩国相比较简单。中国在企业所得税税法中，有最初纳税地点确定不合适时，应当如何变更纳税地点的规定，但对于实际经营管理所在地的具体标准非常明确。由于规定过于简单，税务机关在纳税人纳税地点的确定问题上经常发生争执。在征管权限的规定上，韩国是有效实施两级税制的国家之一。国税与地税部门之间，对于税种管辖权的规定非常明确，由一个税务机关负责管理，在一定程度上提高征管效率和降低税收成本。而中国在征管权限的规定上，是由中央、国家税务总局集中管理国家税务与地方税务；在地方，国税系统与地方系统机构是分设的。这种税务机构的设置在世界上是独有的。

3. 税法罚则的差异

税法罚则作为强化税收征管的重要手段，中韩两国税法都予以高度重视。两相比较，以下几点差别具有代表性。

（1）对税收违法犯罪的处罚不同。在韩国主要是由税法进行规范，而我国则严格区分了税收违法与犯罪的界限，违法而未构成犯罪，由税法追究行政法律责任；构成犯罪，则由刑法追究刑事法律责任。相应地，在我国违反刑法而没有构成犯罪的，由税务机关处以行政罚款；构成刑事犯罪的，由司法机关处以自由刑的同时处以罚金作为附加刑。韩国税法则只有罚金，没有罚款。其优点在于避免税务机关与司法机关在处罚权上的争执；不足的则是当条件不完备时，不能保证处罚的及时有效。

（2）处罚的标准不同。韩国税法的处罚较轻，而我国税法对一般偷税犯罪的最重刑罚是7年有期徒刑和偷税额5倍以下罚金，严重的偷税可处50万元罚金和死刑的最重刑罚。两者之间的差别反映出韩国进入法治化社会后，整个社会的法治环境在改善和税收征管的手段在加强，对违反税法的强制处罚，特别是畸重的人身罚在减少。而我国目前尚不具备上述条件，对严重的税收犯罪活动，不得不加大处罚力度，并以人身罚的重处作为最后的威慑手段。

（3）处罚的依据不同。韩国税法罚则分散在《国税基本法》《国税征收法》《租税犯处罚法》中，针对性强，占有的篇幅也比较大。而我国税法的罚则集中在《税收征收管理法》及其实施细则中，便于查找，但是对于不同类型税收违法处罚的区别不及韩国税法细致。

四、对中国税收制度改革的启示

由于历史、文化、经济基础的差异，无论是政府、税务机关，还是纳税人，对于税收的观念和税法的认识与韩国相比都有一定差距。这使得我国税收法制的完善和实施都会受到影响。在政治上，韩国实行三权鼎立、依法治国的体制，

韩国是典型的政府主导型的市场经济，加之中韩税制建立的历程不同，致使中韩税收制度中理论与实践存在诸多差异，深究这些差异，会给中国税收制度的建设带来诸多启示。

（一）逐步建立以家庭为基本纳税单位的个人所得税制度

个人所得税应选择以家庭为纳税单位，这里所说的家庭是指以婚姻关系为基本单位的核心家庭。这样可以实行以家庭收入为主的纳税，按家庭综合纳税能力征税。这样不仅便于对居民的收入和消费进行调节，而且在我国，以家庭为纳税单位更能增强家庭观念，更有利于家庭和社会的稳定。所以，在采用以家庭为纳税单位时，应以夫妇为纳税单位联合申报。

在个人所得税的费用扣除上，应考虑家庭老人的赡养费用、子女的教育费用、夫妇一方工作单独负担家庭费用等情况，除基本扣除外，应按具体情况来增加附加扣除，以合理调节人们之间的收入差距，照顾人均低收入家庭。具体来说，费用支出分两部分：一部分是为取得收入所必须支付的相关费用，如差旅费、维修费等，这部分可采取据实列支或在限额内列支扣除；另一部分是维持劳动力简单再生产的生计费，这部分费用应根据纳税人赡养人口的多寡、婚姻状况、健康状况、年龄大小等进行扣除。

（二）逐步完善直接税为主体的税制体系

伴随着我国社会主义市场经济体制的建立与完善，我国的所得税收入不断增加，所得税等直接税为主体的税收指导体系的建设也日趋成熟。中国的基尼系数连续14年在0.4国际警戒线以上，更说明以直接税为主体的制度建立的迫切性。现在市场经济实体因间接税的高税负，不仅强化了成本的刚性，降成本难度加大，同时也侵蚀了税源。现在我国税收总体收入中所得税在收入中的比重仍然较低，因而提高所得税在税收收入总额中的比重、完善现行所得税制度已经成为迫切需要解决的问题。

（三）建立交叉审核监督机制

韩国利用计算机建立起了税金计算书的交叉审核机制。韩国的交叉审核机制绩效，尤其是对增值税专用发票的交叉审核机制绩效相当高。但中国在1994年实施增值税至今，增值税领域的违法犯罪相当突出，且偷逃税数额之大令人触目惊心，关键仍在于未能建立起专用发票的交叉审核机制，虽然中国各级税务机关已建立“增值税专用发票计算机稽核系统”——交叉审核机制基础。而韩国已建立了专用发票的交叉审核机制，在每个纳税期都会选定几个行业的所有纳税人进行交叉审计，形成了上下对应的管理体系，有助于检查销售方与购买方之间的发票数量和金额一致与否。

但中国的税务软件系统并非标准化，纳税人的统一编码也在完善之中，税务操作人员和纳税申报人等的能力还有待提升，这些都是交叉审核机制实施的必要条件。所以，要想提高征税效率，“修桥铺路”这一课必须尽快补上。

第九章

中加税收制度理论与实践比较

加拿大，领土面积为998万平方千米，2014年人口为3554万，是一个地广人稀的国家。加拿大领土面积中有89万平方公里被淡水覆盖，可持续性淡水资源占世界的7%。加拿大矿产资源有60余种，主要有钾、铀、钨、镉、镍、铅等。加拿大原油储量仅次于沙特阿拉伯居世界第二位，其中97%以油砂形式存在。加拿大是一个高度发达的资本主义国家，丰富的自然资源和高度发达的科技使其成为世界上拥有较高生活品质的国家之一，同时是全球最富裕、经济最发达的国家之一。加拿大也是世界上最大最重要的钻石生产国之一。

加拿大属于联邦制国家，全国有13个联邦级行政区，实行的是联邦、省（或属地）和地方三级行政制度。2015年加拿大国内生产总值GDP初值为19856.54亿加元，人均GDP 43311美元。加拿大的教育、政府透明度、自由度、生活品质及经济自由度在国际上都名列前茅。

加拿大是典型的英法双语国家。加拿大社会的多元文化环境被加拿大政府和人民引以为傲，它不但是区别于其他移民输入大国的显著标志，而且也是吸引移民的主要原因之一。

一、加拿大税收制度特点

（一）税种多、税负重

加拿大有“万税之国”的称号，全国共有税种 20 多个。现行的主要税种有个人所得税及附加税、公司所得税及附加税、货物劳务税（增值税）、社会保障税、资本税、销售税、关税、特别倾销税、矿产税、土地和财产税等。

加拿大税负高，税收收入占财政收入和 GDP 的比重较大。扣除出口退税因素，自 1993 年以来，税收收入占财政收入比例一般在 81% 以上，个别年份已经达到 90%。除此之外，税收收入占 GDP 比重一般在 38% 以上。加拿大人每年四成以上收入要缴税。加拿大 2015 年的“税务自由日”是 6 月 10 日，即加拿大人的工资收入在这一天前都要用来缴税，这一天之后赚的钱才能进入自家腰包。

（二）直接税为主体的税收体系

加拿大是以直接税为主的国家，实行联邦、省（或属地）和地方三级征税制度。联邦政府有联邦所得税（公司及个人）、联邦销售税（GST，魁北克省由该省自行管理 GST）、关税与特别消费税（烟、酒、珠宝、古董等）、资本税、其他类似税的社会福利计划，如退休金（Canada Pension Plan）、失业保险（Unemployment Insurance Premiums）、育儿津贴（The Canada Child Tax Benefit）等。省政府有省所得税（公司及个人）、省销售税（PST，阿尔伯塔省除外）、天然资源税、资本税（仅曼尼托巴、安大略、魁北克、萨斯喀彻温及纽芬兰与拉布拉多等省课征）、土地转让税。市政府主要有房地产税（Property Tax）。

联邦一级以个人所得税为主，辅之以社会保障税，省级以个人所得税为主，辅之以社会保障税，地方税以财产税为主。所以，无论加拿大的联邦、省（或属地），还是地方，都是以直接税为主，其中个人所得税、公司所得税、资本收益税、财产税等税收收入是税收收入主要来源。

直接税在加拿大税收收入中占有较大比重。加拿大直接税中的个人所得税占税收收入的比重达49%，个人所得税和公司所得税两者之和占税收收入的比重达63%。

（三）征管部门职能的绝对服务化转换

加拿大税收征管部门是国家税务总局（CRA），其总部在首都渥太华，它是财政部下属最庞大的一个机构。国家税务总局下设税收司和关税司两个分支机构，负责国家主要税种的征收管理工作。税收司主要负责关税以外的所有联邦税收事务，关税司主要负责对进口商品征收关税和进出口事务。

国家税务总局系统由三级机构组成。第一级是税务部，由8个职能部门构成，负责掌握和处理包括推动相关计划和项目进展、制定相关政策以及协调各项工作等全局性的事务。第二级是大区税务局，其工作重点在于税务实际工作。第三级是小区税务中心，代替征收各省的公司所得税和处理联邦政府的税收事项工作。

加拿大税务机关管理风格的最大特点是CRA从执行机关转变为服务机关，这种功能上的转变引起了诸多变化。CRA人员采取相当谦和的态度，提高服务质量的努力持续至今，服务的内容不断扩展，更加精细。CRA加大了对公众的广泛宣传，通过在线服务和信息公开等方式有效地促使CRA公开其行政立场。提升CRA征管水平一直是永恒的话题，为解决激进的国际税收筹划，同时作为国际联合避税信息中心（Joint International Tax Shelter Information Center）的成员，CRA与澳大利亚、日本、英国、美国一道，致力于通过合作打击国际避税。

（四）税制构成要素比较差异

与中国税收制度的构成要素相比，加拿大在税率、税率级次、个人所得税税制模式选择、纳税申报期限等方面，都存在很大差异。

（1）加拿大货物劳务税税率较低。货物劳务税税率较低表明加拿大税收来源不是生产环节，间接抑制了各级政府强烈的投资和招商引资的冲动，同时也说明加拿大税制结构明显体现出对环境保护的重视。

（2）加拿大的公司所得税税率高于我国企业所得税税率，说明加拿大税收来源主要是所得收入。

（3）加拿大个人所得税税率级次较少。加拿大个人所得税的税率级次较少，仅为4级，且边际税率也较我国偏低，并没有对富人征以非常高的边际税率来矫正收入分配格局。这一经验表明，在税率设计时，不一定要用较高的边际税率来使收入由富人转向穷人，可以寻求税率与免征额或者其他扣除项目的结合来完善个人所得税调节收入分配。

（4）个人所得税税制模式的选择差异。个人所得税税制模式可归纳为分类所得税制、综合所得税制和混合所得税制三大类。加拿大采用的综合税制更有助于实现公平，我国的分类课征虽然有利于税源控管，但存在明显不合理的地方。

（5）加拿大个人所得税自行申报的期限是第二年4月30日前，而中国是第二年3月，时间上加拿大给了个人更多的纳税时间，等于给纳税人提供了更长的无息融资，更有利于居民投资，促进经济发展。

二、加拿大主要税种

1. 个人所得税

（1）纳税人。加拿大个人所得税的纳税人分为居民个人和非居民个人两种。通常，在加拿大拥有自己和家庭的固定住所的个人被视为加拿大居民。在一个公历年度内，在加拿大临时居住183天以上的非居民个人，将被视为整个年度的居民，并在加拿大就其来自全世界的所得纳税。不满足这两项条件的，都视为非居民。

（2）征税对象、税率。加拿大居民就其来自全世界的所得纳税，为避免双重征税，加拿大居民就来源于加拿大境外的所得在外国缴纳的税可以享受外国税收抵免和扣除。

加拿大非居民则仅就其在加拿大就业所得、经营所得和处置在加拿大的应税财产的资本利得纳税。应税财产是指在加拿大的应税财产，具体包括位于加拿大境内的不动产、在加拿大境内从事经营使用的资产和非资产，以及未在股票交易所上市的加拿大居民公司的股票。某些情况下，已经在股票交易所上市的加拿大居民公司的股票，非居民公司的股票和非居民信托机构的权益也被视为应税财产。

加拿大个人所得税分联邦个人所得税和省及属地个人所得税两种。联邦个人所得税是按应纳税所得的5级超额累进税率并按表9.2免税额计算税金。除征收联邦所得税外，加拿大的10个省和3个属地自定应纳税所得额、税率和减免额。

表9.1 加拿大联邦个人所得税税率

2016年应纳税所得额	2016年边际税率（%）				2015年应纳税所得额	2015年边际税率（%）			
	其他收入	资本收入	加拿大股息			其他收入	资本收入	加拿大股息	
			符合条件的	不符合条件的				符合条件的	不符合条件的
不超过45282美元	15	7.5	-0.03	5.24	不超过44701美元	15	7.5	-0.03	4.7
45282美元至90563美元	20.5	10.25	7.56	11.67	44701美元至89401美元	22	11	9.63	12.96
90563美元~140388美元	26	13	15.15	18.11	89401美元~138586美元	26	13	15.15	17.68
140388美元~200000美元	29	14.5	19.29	21.62	超过138586美元	29	14.5	19.29	21.22
超过200000美元	33	16.5	24.81	26.3					

表9.2 联邦基本个人免税额

2016年个人总额	2016年税率	2015年个人总额	2015年税率
11474美元	15%	11327美元	15%

数据来源：加拿大税务规划网站。

（3）应纳税所得额计算。计算加拿大应纳税所得时，要重点考虑下列因素：

①雇员毛所得。雇员毛所得包括政府官员或者雇员获得的薪金、工

资、酬金、董事费和其他所有，雇员接受或者享受的与雇佣有关的大多数额外福利也被视为雇佣所得纳税。但在特殊的工作场所或者偏僻的地段工作，获得的食宿费、工作地点与主要居住地之间往返的交通费可以免税。

②资本利得和投资所得。在加拿大，对短期居民获得的资本利得和投资所得在税收上没有优惠。资本利得并不全部计入应纳税所得额，按一定比例计入应纳税资本利得，不同时期规定的比例不同，按普通税率纳税。资本损失可以扣除，但只能用于抵销资本利得。当年没有抵销完的资本损失可以向前结转 3 年，向后无限期结转，用于抵销这些年度获得的资本利得。另外，加拿大居民个人处置符合条件的农用财产以及符合条件的小型经营公司的股份实现的资本利得中，最多可以有 50 万加元的资本利得免税。

非加拿大的居民来源于加拿大的诸如利息、股息、租金和特许权使用费等非勤劳所得要缴纳 25% 的预提税，而不按照累进税率纳税，但非居民就来源于加拿大境内的不动产净租赁所得可按累进税率纳税。

③雇员商务扣除。在计算雇佣所得时，个人扣除是非常有限的。所缴纳的各种税、利息（与取得经营收益和财产所得有关的利息除外）、大部分人寿保险费和意外损失不能扣除。被允许的扣除包括政府官员或者雇员工作时必需的差旅费和其他费用，按注册养老金计划缴纳款项，且这些扣除都有一定限额。

④非商务费用。可以扣除的非商业费用包括按各种注册储蓄计划缴纳的款项，照顾子女的某些费用，离婚后支付的赡养费和抚养费（如果接受方纳税），在加拿大境内搬家产生的符合条件的搬迁费用（通常应是因工作发生变化而导致的搬迁）。

⑤个人减免额。加拿大个人减免额采用的是税收抵免的形式，包括个人抵免额和其他抵免额两种。

个人抵免额。根据不同的人，确定的抵免额不同，对普通人、已婚者、体弱接受赡养的人以及提供照顾的人、残疾人和 65 岁以上的老人，在不同时期规定不同的定额抵免额。

其他抵免额。其他抵免额内容具体且繁多，不同时期也有所调整。以2014年为例，其他抵免额项目及标准见表9.3。

表9.3　加拿大其他抵免额标准

项目	抵免额
养老金	符合条件养老金的15.25%，最高抵免额为305元①
学费	符合条件学费的15.25%，最低抵免额为每校100元①，未使用的该项抵免可以无限期向后结转
教育费用	全日制学生每月64元①。非全日制学生每月16元。未使用的该项抵免，可以无限期向后结转
教课书	全日制学生每月10元①。非全日制学生每月3元。未使用的该项抵免可以无限期向后结转
学生贷款利息	对根据《加拿大学生贷款法典》和省学生贷款计划得到的贷款利息的15.25%可抵免。未使用的抵免可以向后结转5年
医疗费用	超过1844元和净所得3%中较低者医疗费用的15.25%②
慈善捐赠	不超过200元部分的15.25%，超过200元部分的29%。正当慈善捐赠不得超过净所得的75%。未使用的抵免可以向后结转5年②
向政府养老金计划和失业保险计划缴纳的费用	当年已缴纳费用和要求缴纳费用中较低者的15.25%，最高抵免额为402元
雇佣	雇佣所得和250加元（2006年以后为1000加元）中较低者的15.25%

注：①在某些情况下，未使用的抵免可以转给配偶、父母、祖父母、子女、孙子女、兄弟或者姐妹、姑母或者姨母、叔父或者舅父、侄女或者外甥女、侄儿或者外甥使用。②配偶中的一方可以申报另一方的医疗费用抵免和（或者）慈善捐赠抵免。

2015年以后，加拿大个人所得税有了诸多新的调整，具体如下：

①儿童运动抵税额增加。每个16岁以下的孩子运动抵税额从过去的每人500加元增加到每人1000加元。

②搜索和救援志愿者返还。可申请最高达3000加元的返还。

③家庭减税（Family Tax Cut）提高。从2014纳税年度开始，对于家有18岁以下未成年人的家庭，税收减免额度最高可达到2000美元。

④通用儿童津贴（UCCB）。从2015年1月1日起，6岁以下儿童的

托儿津贴将从每月 100 加元提高到每月 160 加元，6～17 岁的孩子享有每月 60 加元津贴。

⑤孩子上幼儿园费用可以抵税数额增加。6 岁以下儿童的抵税额度由原来的 7000 加元变成 8000 加元，6 岁以上由 4000 加元变成 5000 加元。

⑥应急服务志愿者。免税额提升 1000 加元。

⑦领养费用。每个孩子可抵扣的领养费用额度提升到 15000 加元。

⑧医疗费用。作为工资支付的一些残疾税收抵免成本，或者用于管理严重糖尿病服务的成本支出，现在可以作为医疗费用抵税。

⑨投资税收减免。矿业开发税收减免政策有所延伸，税收减免资格主体扩大。

（4）个人所得税的征管。加拿大建立了以纳税人自核自缴、税务机关监督查处、审计部门监督为基本核心的制度。加拿大个人所得税按年度自行申报，自核自缴，但对于工资收入，采用的计税方式是由公司预估年收入，再进行个人所得税的代扣代缴，待第二年初报税后，多退少补。

对于自雇人士，需要根据当年年收入的预估值或前三年的收入计算预缴税额，并按季度预缴个人所得税，只有在前三年中有两年年收入低于 3000 元的自雇人士（self－employee）才可以不预缴个人所得税。

从 2015 年 2 月 9 日开始，加拿大税务局将启动一款移动应用（APP）供个人纳税者使用，以方便纳税人使用移动设备登录税务局网，查询纳税记录。纳税人可以在任何时间、任何地点进入自己的纳税记录系统进行查询。同时，也可以选择接受电邮通知，纳税、得知自己的纳税评估等是否完成。纳税人有争议时，可以通过税务上诉的形式申请重新核查，并可以申请税务代理。

2. 公司所得税

（1）纳税人。纳税人主要是公司，加拿大公司分为居民公司和非居民公司两类。居民公司是指管理和控制中心在加拿大的公司，居民公司又可分为公营公司和私营公司。公营公司是指股票或其子公司股票在加拿大证券交易所上市的公司。不在加拿大证券交易所上市的公司，包括国外公营的子公司等都属于私营公司。

（2）课税对象。加拿大的居民公司就其来源于全球所得纳税，非居民公司只就其来源于加拿大境内的所得纳税。

（3）税率。分联邦公司所得税税率和各省及属地公司所得税税率两种。

①公司所得税税率。居民公司，就全球所得按38%的一般税率缴纳联邦税；非居民公司，按在加拿大所得征收相同税率的联邦税。对在加拿大各省或属地范围内取得的所得，联邦公司税的税率可以降低10%，即联邦基本税率实际为28%，其原因是这些所得还要缴纳省或属地的公司所得税。而对来源于外国管辖区的所得，联邦公司所得税的税率只能按照38%的基本税率纳税，无须缴纳省或属地的公司所得税。另外，加拿大的联邦公司所得税税率也有优惠性税率，制造和加工业适用22.1%的联邦公司所得税税率。

加拿大控股的小型私人公司，其勤劳经营所得的年应纳税所得中不超过40万加元的部分，适用的联邦公司所得税税率为11%，超过40万加元的部分，适用的税率为22.1%。

②各省及属地公司所得税税率。加拿大各省及属地公司所得税税率都采用固定税率。但不同的省及属地按不同行业分别确定不同比例的税率，就同一省及属地而言，大部分省及属地的制造业及加工业和其他行业的公司所得税税率相同。一般都是制造业及加工业的税率低于其他行业的税率。

（4）应纳税所得额和应纳税额的计算。①资本利得。纳税人实现的资本利得的1/2是应纳税资本利得，计入公司所得中，按一般税率纳税。资本亏损可以扣除，但是通常只能用于抵销资本利得。当年允许扣除的资本亏损超过应纳税资本利得的部分可以向前结转3年并无限期地向后结转，用来抵销这些年度产生的资本利得。

②公司间支付的股息。在计算应纳税所得时，一个加拿大公司从另一个加拿大公司获得的股息通常可以全部扣除。但是，某些优先股的股息不能扣除，而要按照公司税税率纳税。这样做的目的是为了限制发生

费用的法人实体把累积的扣除或者亏损获得好处转让给优先股投资者。

③外国所得。加拿大居民公司必须就来源于全球的所得缴纳联邦所得税，包括在外国从事经营的所得。另外，居民公司还必须就其从外国子公司和其他外国关联企业获得的消极所得纳税。

④股票股息。如果股息支付者是加拿大居民，则在税收上按照处理现金股息的办法来处理股票股息。股票股息的应纳税数额等于支付公司因支付股息而导致实收资本增加的数额。从非居民那里得到的股票股息不按照上述办法处理，而是认为所接受的股份的成本为零。

⑤折旧和折耗。税收上的折旧（资本成本扣除）一般是在把财产分为几类的基础上来计算的。年折旧通常是根据所规定的每一类财产适用的折旧率，使用余额递减法来确定。如，大多数机械和设备的年折旧率为 20%，自动化设备为 30%，大多数建筑物为 4%。多数类别的财产在购置当年只能申请扣除所允许的扣除额的 1/2。通常，财产只有从其投入使用的纳税年度起，才能申请进行资本成本扣除。纳税人可以申请不超过最大扣除额的任何数额的资本成本扣除。如果出售资产的收入超过了未进行折旧的成本，那么，以前已经进行的资本成本扣除可以被收回。

⑥矿业、石油和天然气活动。矿业、石油和天然气公司的开采费用和某些生产前开发成本通常允许 100% 扣除，其他开发费用允许使用余额递减法按照 30% 的比例扣除。这些行业的资本性财产的成本按照上述折旧规定进行折旧。另外，在某些情况下，购置的重要资产以及为新矿山或大型扩展所购置的资产可以享受来源于新矿山所得的 100% 的加速折旧。

⑦亏损结转。净营业亏损通常可以向前结转 3 年，向后结转 20 年。

⑧对外国关联企业的支付。支付给非居民关联企业的特许权使用费、管理费和类似的费用是可以扣除的，限额是加拿大公司挣取所得时发生的费用，且不得超过合理的数额。大多数情况下，合理的数额是公平市价。

⑨利息。为实现经营所得或者财产所得的借款所发生的利息，或者

购置财产应支付的金额的利息是可以扣除的，只要这些利息是按照法律上承认的合约支付的，并且在一定条件下是合理的。当公司对某些非居民股东的负债超过了公司权益的两倍，那么，资本弱化的有关规定将限制该公司的利息扣除。

⑩税收扣除。在计算公司所得税时，无论是联邦所得税，还是省所得税都不能被扣除。

除此之外，对科学研究和实验费用的扣除有特殊规定。加拿大境内进行研究和开发的经常费用和资本费用在发生的当年可以扣除，或无限期向后结转。另外，纳税人还可以享受相当于研究和开发费用20%的“投资税收抵免”（不能退还），用来减少当年的应缴纳税额，或者，把该投资税收抵免向前结转3年或向后结转20年，用于抵销这些年度应缴纳的税额。符合条件的加拿大控股的私人公司可以享受可退还的投资税收抵免，该抵免额相当于每年研究和开发费用不超过200万加元的部分的35%。该抵免要受某些所得和资本限额的制约。

商誉和其他某些无形财产的资本费用的3/4，可以使用余额递减法，按照最大年比率7%进行摊销。如果商誉和其他无形资产被出售，收入的一部分将作为收回已摊销额或作为利得纳税。给已注册的加拿大慈善机构的慈善捐款可以扣除，扣除的最大限额是其净收入的75%。扣除可以向后结转5年。

3. 销售税

加拿大的销售税，包括联邦商品劳务税（GST）和省销售税（PST）两个税种。

商品劳务税是加拿大联邦政府对流通环节销售的货物和提供的劳务征收的税，是对所有货物和劳务在售卖的每个环节道道计征、层层抵扣。

省销售税是加拿大省级政府对零售环节销售的货物和提供的服务征收的一种税，由各省政府根据本省情况自行立法，自行确定税率。销售税的税率由各省自行确定，该税税基较宽，凡是商品生产及其劳务都是该税的课税对象，它几乎包括了全社会的各个生产领域和范围。各省（除尔伯塔省外）在征收联邦销售税的同时，在同一税基上还要征收销售税，税率各省不同，从6.5%到12%不等，平均税率约为8%。从目前的执行情况看，税率最高的是纽芬兰省，为12%，税率最低的是不列颠哥伦比亚省，为6%。

4. 房地产税

加拿大最古老的税种之一——房地产税，属于地方税。从英国对加拿大殖民统治时期就已出现，至今已有130多年的历史，征收对象是拥有房屋、土地的房主，而不是承租人。加拿大房地产税收，至今仍然是地方财政收入的一个重要来源，占到财产税收的40%左右。政府通过房地产税收将这一社会财富集中起来进行重新分配，用于改善城乡基础设施（公路建设与维护、街道照明、消防设施、垃圾收集治理以及警察保安）、支持教育事业（补贴校舍改扩建，以及学校教育经费等）、兴建廉租住房（补助生活困难户解决住房问题）和发放家庭补贴，支持养老保险、医疗保险等事业。

加拿大的房地产税主要是对土地、建筑物及永久性的构筑物征收房地产税。大部分地区，除了征收营业性房地产税外，对市政区居民、农村居民住宅也同样征收，有的地区对农业用地和林业用地也征税。可以说，房地产税的课税对象几乎涵盖所有类型的房产、地产，甚至设备和设施。

（1）加拿大房地产税税率的确定。在加拿大，地方政府财政管理部门每年初都对本年度的财政支出做出预算，其减去房地产税以外的其他收入，差额的部分就是本年房地产税应纳税款的总额。之后再根据应纳税款总额和辖区内应税房地产评估价值总额的比例来确定当年房地产税税率。

（2）加拿大房地产税税金的计算。每年房地产税税款总额为政府住房评估价乘以税率。房屋的评估价值，一般参考同小区邻居的房屋价值和同小区内房屋的实际销售价格来确定。同时，政府会将所有影响市场价值的因素都考虑周全。一般情况下，要考虑房屋的地点，房屋的建筑面积和使用面积，建筑年龄，建筑质量以及是否进行了重大的改建、装修和加盖等因素，这也是房地产评估价值确定的最主要因素，同时还要考虑其他影响房产价值的因素，具体包括卫生间的数量、是否有壁炉、地下室是否已装修、车库数量/面积、是否有游泳池、暖气和空调的类型、交通模式、是否靠近街角、是否靠近高尔夫球场、铁路地铁、主干道路，以及周边绿地面积大小等。

对于自住房产，省一级政府一般是免收房产税的。地方政府（市政区）也有权力批准对特定财产给予免税，如政府自用的房地产、学校、公立医院、墓地或教堂。

由于房地产税的税收立法权在各省，所以同一省内各市的房地产税的规定大体相同，而不同省份则有变化。

5. 社会保障税（工薪税）

加拿大的社会保障税主要是为了执行退休金计划和失业保险计划。各省开征社会保障税，主要是调节和保障社会医疗保健、人员就业等方面的财政需要，一般专项用于社会保障和社会保险支出。

社会保障税是以计税工资为基础，按一定比例计算的。联邦和各省都开征社会保障税，但税率不尽相同。各省开征的社会保障税及税收收入使用不尽相同。如曼尼托巴省征收医疗保健和第二职业教育税，年工薪600000～1200000加元的，税率为4.5%；1200000加元以上，税率为2.55%。纽芬兰省征收医疗及第二职业就业税，年工薪300000加元以上，税率1.5%。安大略省征收健康税，年工薪0～200000加元的，税率为0.98%；200000～230000加元的，税率为1.1%；230000加元以上，税率1.95%。

社会保障税的纳税人是居民雇员和雇主。居民雇员缴纳的养老保险有一个最高限额，雇主需等额缴纳。除此之外，居民雇员另须缴纳失业保险，也有一个缴纳的最高限额，一般情况下，雇主缴纳的数额是雇员的几倍。并且在计算个人联邦所得税时，居民雇员可以得到按当年实际缴纳保险费的一定比例进行的抵免。

自营者的养老保险也有缴纳的最高限额，并且在计算个人联邦所得税时，自营者可以在税前扣除所缴纳的养老保险金的一半，没有扣除的部分还可以享受税收抵免。自营者无须缴纳失业保险。

6. 环境税

在加拿大的税收体系中，与环境相关的税费主要分为碳税、特定消费税、特定产品税、排污收费等四种。

（1）碳税。目前，不列颠哥伦比亚（BC）省开征了碳税。碳税与汽车燃油税、省销售税类似，所有企业、个人和在不列颠哥伦比亚省的游客，在该省购买或使用燃料，或为了取暖和获取能量而燃烧易燃品，都需要支付碳税。

（2）基于化石燃料征收的消费税。主要包括对汽油、柴油和航空燃料征收的联邦消费税，如阿尔伯塔省、魁北克省的动力燃料税等。此项消费税与碳税类似，但征收范围小于碳税，计税依据与征收方式相仿。

（3）基于特定产品的税收。主要包括安大略省的酒精饮料容器税，萨斯喀彻温省的石油、过滤器、容器回收计划费用，不列颠哥伦比亚的省轮胎税等。

（4）排污收费。这里的排污收费亦指由政府收取，并直接进入政府预算的收费。主要包括魁北克省城市垃圾处理费、不列颠哥伦比亚省排污费、魁北克的废水处理费等。

加拿大的人均能源消耗在世界上名列前茅，但却是世界上环境质量最好的国家之一。据统计，在世界上 10 个空气最好的城市中，加拿大占了 7 个，它被联合国评为最佳居住国家。除去人口密集度和工业结构等原因外，加拿大良好的环境状况与其税收密切相关。

7. 其他税

各省根据本省的经济、财政状况以及税源情况，可以在联邦授权范围内通过省议会立法，设立税种，增辟财源。如有的省开征属于资源税的森林采伐税，有的省开征投资税等。

三、中加税收制度比较

（一）税收管理体制比较

加拿大税收管理体制可以概括为分权、分税、分管、复合型税收体系。

（1）分权，即加拿大税收实行的是由联邦、州和地方县、市分别立法和征管，政府支出基本上以事权划分为前提，每一级政府都享有不同的征税权。在税制上的一个显著特征是主要税收（如个人所得税、公司所得税、销售税及货物和服务税等）的税源由联邦政府和省政府共享。但关税由联邦政府征收并独享，资源税归省政府，财产税全部归市政府。

（2）分税，即加拿大的税收管理体制分为联邦、州及地方政府三级。联邦政府主要靠个人所得税、公司所得税，州政府靠个人所得税，而地方政府靠财产税。

（3）分管，加拿大中央和地方分别管理各自的税收，地方政府在税收上拥有相对独立的各种权限。分享税权由省级政府行使，是地方政府履行政治经济职能的必要的资金保证，在一定程度上也有利于确保联邦与省政府分配关系的相对稳定。

（4）复合型税制体系，从税收体系上看，加拿大主要税种有所得税（个人所得税、公司所得税）、间接税（增值税、商品与服务税、消费税、关税）、财产税和社会保险税。所得税为主体税种，且个人所得税为第一大税种。可以说，加拿大是一个典型的既有重点税种又有辅助税种的复合型税收体系。

在税收管理体制上，中国实行的是中央和地方两级管理体制。各级政府都以增值税、消费税等间接税为主体。中国政府的各类税收除少数税种依法征税外，其他大部分税种都依据税收条例等征收。另外，中央和地方名义上都分别管理各自的税收，但地方政府在税收上并不拥有相对独立的权限。

（二）税收负担比较

税收负担是指整个社会或纳税人（个人或法人）实际承受的税款，它表明国家课税对全社会产品价值的集中程度以及税款的不同分布，所引起的不同纳税人的负担水平。依据考察的层次不同，主要分为宏观税收负担和微观税收负担两种。

1. 宏观税收负担

宏观税收负担主要是研究国家当年征收的税收总额与一国的社会产出总量或总经济规模之间的对比关系，即社会总体的税负水平。衡量宏观税负的主要指标是国内生产总值负担率，它是指一定时期内税收收入总额与国内生产总值的比率（T/GDP）。中国和加拿大两国的宏观税负比较，见表 9. 4。

根据表 9. 4 的数据绘制中加两国柱状图，见图 9. 1。

表 9. 4　中加两国宏观税负比较

年份 宏观税负	2015	2014	2013	2012	2011
中国负担率	16. 34	18. 73	18. 80	18. 84	18. 54
加拿大负担率	14. 9	14. 3	14. 4	14. 1	14. 2

数据来源：中国 2011—2014 年的数据是根据《中国统计年鉴（2012—2015 年）》计算而得，中国 2015 年的税收收入来自《中国税务年度报告（2015）》，为 110604 亿元（已扣减出口退税），GDP 为 676708 亿元，来源于中华人民共和国《国民经济和社会发展统计公报（2015 年）》；加拿大的数据来自 *Annual Financial Report of the Government of Canada*。

通过表 9. 4 及图 9. 1，我们可以得出这样的结论，中国的税收收入占 GDP 的比重较高，明显高于加拿大，但宏观税负高并不代表人均负担必然较重。

从中、加两国税收收入规模及结构，还可以进一步比较两国的宏观税负差异，见表 9. 5 及表 9. 6。

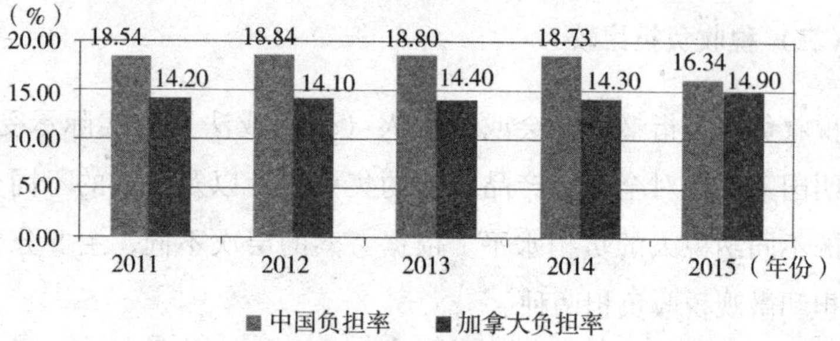

图 9.1　2011—2015 年度中国与加拿大税收负担率比较

表 9.5　加拿大税收总额及主要税种占比　　单位：十亿美元

项目	2015 年		2014 年		2013 年		2012 年		2011 年	
	金额	比例	金额	比例	金额	比例	金额	比例	金额	比例
Total revenues	295.45	100	282.35	100	271.68	100	256.64	100	245.20	100
Personal income tax	144.9	49.04	135.74	48.08	130.81	48.15	125.73	49	119.27	48.64
Corporate income tax	41.40	14.01	39.45	13.97	36.59	13.47	34.99	13.63	31.70	12.93
non - resident income tax	6.5	2.2	6.22	2.2	6.40	2.36	5.07	2	5.30	2.16
Goods and Services Tax (GST)	32.95	11.20	31.35	11.10	31.00	11.41	28.82	11.23	28.37	11.57
Other taxes and duties (excl. GST)	16.85	5.70	15.83	5.61	15.14	5.60	14.73	5.74	14.74	6.01
Employment Insurance (EI) premium revenues	23.10	7.82	22.56	7.99	21.77	8.01	20.39	7.95	18.56	7.57
Other revenues	29.70	10.05	31.19	11.05	29.97	11.03	26.90	10.50	27.27	11.12

数据来源：由 *Public Accounts of Canada* 整理计算所得。

表 9.6　中国总额收入及主要税种占比　　单位：十亿美元

项目	2015 年		2014 年		2013 年		2012 年		2011 年	
	金额	比重	金额	比重	金额	比重	金额	比重	金额	比重
税收收入	2094.7	100	1947.6	100	1812.9	100	1600.7	100	1424.2	100
个人所得税	132.7	6.3	120.6	6.2	107.1	5.9	92.6	5.8	96.1	6.7

续表

项目	2015 年		2014 年		2013 年		2012 年		2011 年	
	金额	比重	金额	比重	金额	比重	金额	比重	金额	比重
企业所得税	426.8	20.4	402.7	20.7	367.8	20.3	312.7	19.5	266.1	18.7
国内消费税	175.4	8.4	145.6	7.5	135.0	7.4	125.3	7.8	110.1	7.7
国内增值税	663.6	31.7	504.3	25.9	472.5	26.1	420.3	26.3	385.1	27.0
营业税	297.4	14.2	290.6	14.9	282.7	15.6	250.5	15.7	217.1	15.2
关税	398.8	19.0	46.5	2.4	43.1	2.4	44.3	2.8	40.6	2.9
其他	398.8	19.0	437.5	22.5	404.6	22.3	355.1	22.2	309.1	21.7

数据来源：2011—2014 年的数据根据《中国统计年鉴（2012—2015 年）》整理而得；2015 年的数据由《中国税务年度报告（2015）》整理而得，其中 2015 年的税收按 136021.83 亿元计算，汇率均为中国银行每年 12 月 31 日的中行折算价。

图 9.2 以折线图形式更加直观地展示了中加两国税收规模差异。

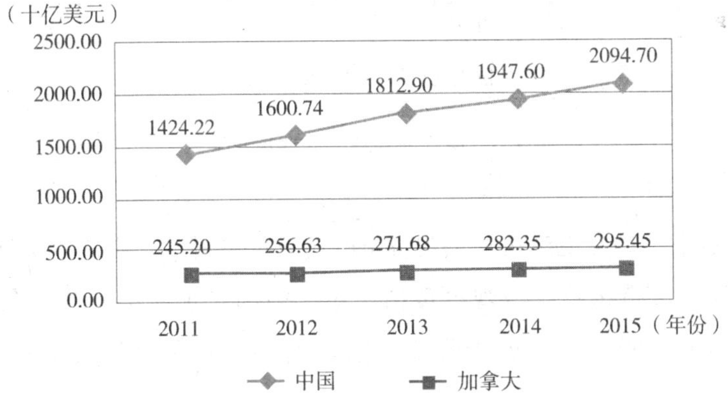

图 9.2　中国与加拿大税收规模比较

通过表 9.5 和表 9.6 可以看出，加拿大所得税占比较大，而中国增值税占比较大。通过图 9.2 中国与加拿大税收规模的比较还可以看出，两国的税收收入规模差额较大，但都呈增长趋势，中国的税收收入的增长幅度明显大于加拿大。

2. 微观税收负担

微观税收主要研究人均税收负担，即个人的税负水平。从个人负担的角度看，中国的税收负担明显低于加拿大。见表 9.7 及图 9.3 中国、加拿大两国微观税负的比较。

表 9.7　中加两国微观税负的比较　　单位：美元/人

微观税负比较	2015 年	2014 年	2013 年	2012 年	2011 年
中国人均负担	1239.09	1425.99	1333.82	1183.23	1057.2
加拿大人均负担	8240.96	7943.64	7727.87	7384.87	7139.88

数据来源：中国数据根据《中国统计年鉴（2012—2015 年）》整理而得；加拿大数据由 *Public Accounts of Canada* 整理计算所得。

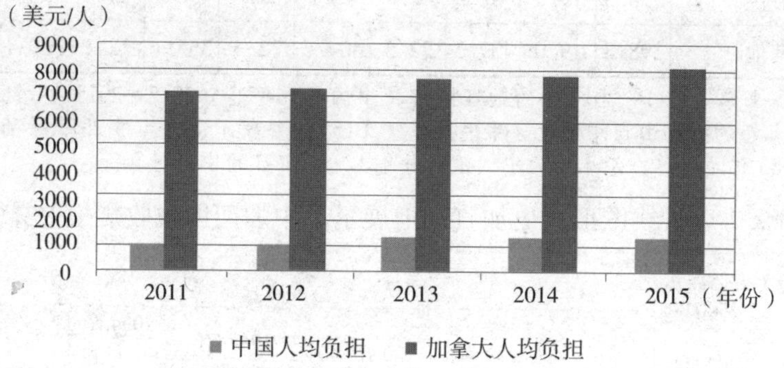

图 9.3　中国与加拿大人均税负比较

通过中、加宏观税负和微观税负的比较可以得出，宏观税负指标中，中国比加拿大负担重；微观税负指标中，中国较加拿大负担要轻得多。这与中国现在所处的发展阶段及中国与加拿大的人口基数不同有直接关系。

（三）税收成本比较

加拿大整体税收成本较低。根据表 9.7 计算，该国的人均年税收收入总额大概是我国的 1/7 左右，但税收征管人员却不及我国的 1/20，这与该国公民的税收法律意识强和税收征管现代化水平高不无关系。

加拿大税收征管的现代化水平是十分高的。该国借助于分区设置的 8 个税收业务处理中心和遍布全国的计算机信息网络，把纳税人和税务机构有机地联系在一起。该国实行联邦与省税协商代征制度，大大节约了人力，减少了税收成本。我国目前设有两套庞大的税务征管机构，相互之间很少沟通协作，造成了大量的人员浪费，同时也使纳税人无所适从。

“自主申报”（Demand to File）是低税收成本的另一个重要原因。以个人所得税为例，加拿大的个人所得税税收主管部门是 CRA（Canada Revenue Agency），CRA 相信纳税人愿意并且能够了解国家的税收法律，要求纳税人自觉申报、主动纳税，该行为被称为“自主申报”。在每年的个人所得税申报期间，一方面，税务机关、税务中介和志愿者为纳税人提供大量的辅导服务。另一方面，CRA 鼓励纳税人在“自我评估”的基础上主动改正错误，特别是以前年度的申报错误，这项体现公平原则的措施被称为“自主披露”（Voluntary Disclosure Program）。该措施鼓励纳税人自主发现并主动改正以前年度向税务机关报送的不准确或不完整的信息，以及披露未向税务机关报送的有关涉税资料。纳税人除缴纳少许滞纳金外，将免于其他处罚。VDP 贯穿于整个税收征管流程，与纳税评估、审计、行政复议和税收诉讼构成了税收征管的有机整体。实行“自主披露”的根本目的是为了提高纳税人的税法遵从度，体现税收政策的公平性。

在中国，纳税人财务核算水平低下，纳税服务体系也不健全，因此征收成本很高，且往往核定数低于实际数，税收流失严重。

（四）税务代理比较

为确保纳税申报的质量，保障自核自缴制度的正常运行，加拿大重视以纳税服务为主的税收中介服务。在加拿大，大约 60% 的人自己申报个人所得税，30% 左右的人聘请注册会计师申报，10% 左右的人委托税务代理机构申报。加拿大从事税务代理服务的主要是律师、会计师等自营职业者以及代理机构。加拿大没有行业性的税务代理协会，也没有严格的税务代理师职业资格限制，代理人员只是根据纳税人的说明如实填写纳税申报表，为纳税人申报纳税，在法律允许的限度内帮助纳税人节税，代理税收诉讼等各种事宜，并对纳税申报不负连带责任。

税务代理机构每年都要对税务代理人员进行培训，以提高服务质量和竞争能力。加拿大税务代理公司的收费标准按收入来源项目的复杂程度和工作量大小而定，一般在40～300加元。为提高办事效率，经税务局批准，税务代理机构可以开办电子报税业务，报税微机与税务征收机构联网。纳税申报和退税申报十分方便，也便于税务部门抽样审计。

在我国，纳税人服务体系不健全，表现在我国的税务中介法规不完善、规定不够全面、法律级次低等各方面。税务代理行业组织不完善，虽成立行业协会，但功能发挥的提升空间较大。税务代理机构行为不规范，许多代理机构在组织上与税务机关尚未脱钩，不易取得纳税人的信任，不利于业务的开展。所以，我国税务代理率普遍较低，据抽样调查测算，全国委托税务代理的纳税人约9%。

（五）信息化差异比较

加拿大通过税务征收处理中心来管理税款的征收、报表的审核和计算机数据的处理。在每年纳税期内，税务征收处理中心都会将那些因报表填报错误而遭到计算机拒绝接收的数据转入人工处理。以个人所得税为例，通过对比纳税人所申报的个人所得税申报表和雇主所填制的雇员情况登记表以及金融管理部门填制的投资申报表，来确定纳税人申报个人所得税的真假。若发现问题，那么税务部门就要向纳税人发放税款审核通知单，这样纳税人就必须按照最新接收到的通知单来补缴税款以及利息。

诸多媒体都发表税收信息。加拿大电视媒体有专门发布税收新闻的频道，会公布最新的税收法律法规，征询社会各界意见，让公民了解税收法律法规，以便顺利执行。税务局建有专门网站，及时向社会发布信息，使社会各界都能查看税收相关情况，了解自己该交哪些税、多少税，并接受举报和监督。每个办税厅都有大量的税收宣传资料，供纳税人查看。设立了众多会计师事务所和税务师事务所，可以更好地满足纳税人关于税收咨询、税收筹划等方面的服务，给纳税人带来了便利。

（六）征信体系差异

加拿大有完善的个人信用体系和社会信用体系，纳税人愿意自觉纳税，以获取更好的信用记录。良好信用体系的建立，使纳税人偷逃税的机会成本增大。相对于税务机关对不诚信纳税的处罚来说，良好的信用意识的培养具有更积极的意义。在加拿大，失信惩戒主要包括两个方面：一是作为一个纳税人，如果失信，将面临严重的税收处罚、更频繁的纳税评估和税务稽核；二是作为一个社会人，如果失信，将严重影响其贷款申请、就业、租房及一切商业往来。

目前我国的税收征管手段落后，计算机虽已投入应用，但作用较小，仅限于一般的记录、计算和小规模的交叉稽核，没有与银行等部门实行联网，无法全面取得纳税人与纳税有关的信息，税务之间的查询也往往采用函件形式，效率较低。不仅对纳税人虚开发票、隐瞒收入、虚报成本等违法行为查处不力，对严重的执法不严等问题也不能公开。对查出的大量偷税案件，往往仅是补税了事，如收取滞纳金和罚款即算是较严厉的处罚手段了，按照有关规定对纳税人提请刑事处罚的比例很少。

（七）税收处罚程度差异

加拿大税收体系的法治精神根深蒂固，重要原因不仅是税收相关的实体法和程序法完善，更关键的是较高质量的税收执法系统和较强力度的执法。税务部门对于纳税人的偷逃税等违法问题，会一直追查到底，追究相关人员的法律责任。

加拿大建立了严厉的累进式处罚制度。加拿大税务机关对于那些不按时或者未按照税收法律进行纳税的纳税人，有一个从宽松到严厉的处罚过程。①对于初次延迟申报的纳税人，一般不会处罚，但对其纳税信用进行记录并公开。②税务机关对初犯后三年内出现延迟或未申报的，给予相当于少缴税款部分5%～17%的罚款。③经处罚后三年内再次出现未申报的，税务机关对其少缴纳的税款给予10%～50%%的罚款。可以看出，加拿大的税收处罚也具有伸缩性，但任何行使该裁量权的行为都会受到约束，要受到司法审查的一般异议和诉讼程序的约束，也要受到近期任命的监察专员（ombudsman）和总审计长（Auditor General）的审查，后者持续地检查CRA税收管理各个方面。所有处罚信息都会纳入纳税信用记录，纳税人的不良信用记录会在很大程度上影响到纳税机关对其处罚的力度，更会影响纳税人的交易程度。

中国对税收违规行为也有一个从轻到重的处罚，重的程度要比加拿大重。加拿大重在对信用记录的管理，而中国重在对税款的处罚。我国的《税收征管法》规定，对于那些偷税的纳税人，税务机关会追缴其不缴或少缴税款和滞纳金，并对补缴或少缴的税款处以50%以上五倍以下的罚款，构成犯罪的，依法追究刑事责任。但是这种严厉的处罚程度仅仅体现在名义上，因为罚款率的变化幅度很大，这就在一定程度上导致了自由裁量权过大。即便是违规非常严重，都只是体现在罚款层面上，对纳税人信用影响不大，并没有建立起违规产生的信用资质降低和与其生存环境间的关联，从而大大降低了处罚的力度和强度。

当纳税人违反了税收法律法规却没有得到应有处罚，这样会导致其他的纳税人效仿，导致纳税人都不遵守税收法律，形成法不责众的局面，无法提高纳税人的纳税积极性，同时社会整体的纳税环境也就无法改善。我国应该提升执法系统的执行质量，做到执法必严、违法必究，加大惩罚力度。不仅在经济上进行惩处，对不良信用记录也要公开，后者更为重要。

四、加拿大税收制度对中国的启示

加拿大的税制特点主要取决于，加拿大政府一贯执行凯恩斯主义国家干预经济的税收政策，以及在公平与效率两个主要税制原则的权衡中，加拿大历届政府更偏向于公平。

（一）成功地完成了“渐进改革”到“综合改革”过程

加拿大经历了从1984年9月开始的“渐进改革”到1987年马尔罗

尼政府开始的“综合改革”的税制改革，改革的步骤选择和内容选择对中国税制改革有借鉴作用。加拿大税制“渐进改革”的主要内容有三方面：①增进税制的公平性，减少偷、逃、漏税机会，1985 年与 1986 年两次减少或取消了个人所得税中的某些优惠减免待遇。②新增加了个人与公司附加税，并较大幅度地提高了间接税的比重。

在“渐进改革”中，并没有触及“高税率、重税负”问题。1987 年，加拿大政府决定实行“综合改革”方案，内容包括：①综合考虑包括联邦个人所得税、公司所得税与销售税三大税种在内的总体税改，以求在税制结构中形成新的比例。②综合考虑税制与社会保障制度的配套改革。③通过以“低税率、宽税基、强刺激”为基本特征的新税制，全面推动经济的发展。

中国的税制改革已经到了“综合改革”的阶段，应在破解高税负、高贫富差距、环境污染等问题上有实质性的作为。“低税率、宽税基、强刺激”的税制体系体现出的经济与社会治理功能，也正是现行中国税制所需要的。

（二）应建立起调节地方政府投资弹性的税收体制

税收制度对地方政府投资弹性的影响非常明显，其机理主要是通过各级政府收入的定向功能实现的。加拿大联邦政府的税收收入以个人所得税为主，省政府的税收收入以个人所得税和销售税为主，而地方一级政府的税收收入则以财产税为主。这样的税种收入结构，决定了无论是联邦、省还是地方一级政府，其最主要的税收均不是来源于生产环节，而是来源于收入、消费和财产环节。源于生产环节的流转税越多，各级政府的投资冲动和招商引资冲动也就越强烈。

我国税制结构的主体特征是以流转税和所得税为主体，由于收入、消费、财产环节的税收收入在税收总收入中所占比例较少，地方政府为了增加财政收入，不得不发展产业，尤其是纳税较多的工业企业。从生产环节征税有利于保证税收足额征收，这在我国的经济社会发展中曾经发挥了重要作用。

从生产环节征税所带来的负面作用也日趋明显。随着我国居民收入水平的不断增长、财富的不断增加及国民素质的不断提高，我国有必要借鉴加拿大等发达国家主要针对收入、消费、财产等环节征税的经验，加快税收制度改革。第一，进一步改革个人所得税，增强其调节收入分配的功能，消除贫富差距，提高中低收入群体的收入水平和消费水平。第二，开征房地产税，不断增加地方政府从财产环节获取的税收收入，逐步降低地方政府对土地财政的依赖。第三，改革消费税，逐步扩大征税范围，当前阶段可以将尚未纳入消费税征收范围、不符合节能环保要求的产品，纳入消费税征税范围。

（三）加快推进环境税进程

环境税的理论意义在于将环境污染纳入企业的生产成本，让环境污染者买单，实现了环境外部成本内部化。这是一种纠正负外部性影响的庇古税，它使资源配置接近于社会最优，可增加政府收入，也为提升社会福利创造条件，因此，通过环境税这一经济手段实现环保目标是必然选择。

借鉴和吸取加拿大环境税的经验，针对我国当前垃圾、水、空气等污染日益严峻，强化环境保护的呼声日益增大的现实，应当综合我国长期实行的环保收费制度取得的经验，针对垃圾、二氧化硫、水等主要污染物，加快实施费改税进程。一方面，可以解决排污收费缺乏法律强制性的问题，确保足额缴纳；另一方面，通过提高税收标准，解决长期以来排污收费标准低于治理成本的问题，逼迫企业加强环境治理。实现自我治理，就可少缴税或不缴税，政府治理，就是要根据企业负外部效应使其走上足额或多缴税的理性轨道。

（四）大力推广税务代理申报

在一个完善的征管市场中，税务代理人的活动往往是非常频繁的。在加拿大，很多纳税人都聘请有经验的税务师帮助其计算并缴纳各项税款。税务代理过程中，代理人充当中介角色，本着公正公平原则，保护纳税人的权利，执行纳税人的义务，确保征纳双方能够友好地沟通。不仅帮助纳税人合法地进行税务筹划，还能监督纳税人少缴、漏缴税款。就个人所得税而言，税务代理机构要缴纳其利润的0.3% ~0.5%作为税务代理保险，税务机关在审查中，若发现因税务师发生错误而造成的纳税人少、缴漏缴税款及其罚款，由这部分资金进行缴纳。

我国税务代理行业发展缓慢，政府应进一步支持税务代理业务的发展。税务代理业务的发展，一方面，必将有效地抑制偷逃骗税等行为的发生，保证国家税源的稳定；另一方面，也可以有效规范纳税人的纳税行为，降低纳税人的纳税成本，提高纳税人的纳税效率，降低税务机关的征税工作量，促进整个征税系统效率的提高，实现社会福利最大化。

（五）协调中央与地方关系，充分调动中央和地方积极性

加拿大各省条件不同，经济发展水平悬殊，税收权力并不集中在联邦政府，省和地方也有一定的权力。省和地方根据各省及地方发展的条件，安排具体的税收内容，如税收征收、减免和开征新税种等。联邦政府和省政府税权划分明确，财权与事权相统一，税收收入划分明确，各自主体税种稳定。加拿大的分税制，既分享收入，也分享税权，各征各的税，互不干扰。这样充分调动了中央和地方的积极性，发挥了各级政府的职责和作用，使它们在各尽职能的基础上，组织完成好税收征管任务。

中国同加拿大相比，同样具有国土面积大的特点，但中国目前的税收制度存在各级政府事权划分不明，地方政府主体税种不够清楚，国、地税局征管权限划分不合理，税收成本大等诸多问题。借鉴加拿大的成功经验并结合中国的国情，我们应完善分税制，科学划分地方政府的事权，合理划分税权，使地方政府的财权与职责相匹配。给予地方立法权，各地方根据各自的地区特色确定相应税种，将立法权交给地方，并由其负责对该税法的解释和调整。做好不同税务机关之间的整合工作，减少不同层级机构之间的交易成本，降低税务成本。在现实中，促进国税与地税系统的整合，裁剪不合理的税务机构，优化税务系统业务流程，构

建一个较为合理的税收征收成本核算体系，对已有的成本开支进行严格的分析与控制，提高资金的使用效率。

（六）加快税收信息化建设

加拿大使用网络的纳税人已经超过65%，计算机的处理速度快捷，而且处理信息的能力非常强，通过计算机联网，将所有的税收信息以及政府部门的信息进行共享，使得申报表在审核、缴税以及退还税款等各方面都能得以广泛应用。

我国的“金税工程”旨在加强税务征管的信息化管理水平，但是其推广程度却远远不够。目前，我国对增值税控制、管理的能力有了很大的提升，但对所得税等其他税种的管理能力还有很大的提升空间。因此，电脑、网络以及通信等技术在税收系统的普及，提升征税系统管理质量是中国税收信息化水平提升的关键。

根据加拿大税务系统的经验，将我国的税银联网，税车辆管理所联网，税房产登记机构联网等，全面监控纳税人的个人财产状况，以实现税务制度的一体化管理，以及税务机关与各个不同部门之间的信息共享，这也是目前提升中国税收功能的重要手段。

第十章

中新税收制度理论与实践比较

新加坡，别称狮城，是东南亚的一个岛国，南面为太平洋与印度洋之间的重要航运通道——马六甲海峡的东部出入口。其国土面积小，只有718.3平方公里。自然资源比较贫乏，没有任何可供开发的腹地或天然矿产。农业受地形、河流等因素制约，农业耕地面积小，粮食依赖进口，连淡水也主要靠从国外引入。虽然四面环海，但其渔业资源并不丰富，年产仅1万余吨。植物资源比较丰富，其中，椰子、油棕、橡胶是经济价值较高的作物，寓意“卓越锦绣、万代不朽”的胡姬花——兰花是其国花，每年被大量销往欧洲、美国、日本、澳大利亚和中国香港等国家和地区，是该国重要的出口创汇商品之一。

新加坡政治体制实行议会共和制，执政党、议会、政府实际是三位一体的，政府总理拥有最高权力。新加坡实行多党民主制，目前合法的政党有20多个，影响最大的是人民行动党，还有工人党、民主进步党等，人民行动党从1959年成立自治政府时开始执政，是世界上连续执政时间最长的政党之一。

新加坡是亚洲的发达国家，被誉为“亚洲四小龙”之一，其经济模式被称为“国家资本主义”。根据2014年的全球金融中心指数排名，新加坡是继纽约、伦敦、中国香港之后的第四大国际金融中心，也是亚洲重要的服务和航运中心之一。

新加坡是移民国家，约有200多个民族，《2015年人口简报》显示，截至2016年年6月，新加坡总人口约553.5万人，马来西亚人是本土人种。新加坡国民大多为移民，华人（汉族）占了其总人口的74.2%，还有马来族（13.3%）、印度裔（9.1%）和欧亚裔混血（3.4%）等公民，其拥有4种官方语言，即马来语、华语、英语和泰米尔语。所以，新加坡是一个多元文化的移民国家，促进种族和谐是政府治国的核心政策。新加坡实行宗教自由，为多宗教国。根据2010年的人口调查，有宗教信仰的新加坡人占了总人口的83%，称得上多宗教融汇的大熔炉。

新加坡社会稳定、政府高效、官员清廉、人民满意、诚信程度高等在国际上有目共睹，无论是政府机构还是来访游客，都对这个年轻的国家给予盛赞。新加坡环境优美，有“花园城市”的美誉，人民文明程度很高，这也跟新加坡的“严刑峻法”有关，在全社会树立起对宪法和司法的崇高威信，这使新加坡成为全球法治程度最高的国家和地区之一。

一、新加坡主体税种介绍

新加坡行政上是一个统一的城市国家，没有地方政府，未开征地方税和市政税，在税收上实行中央一级课税制度，税收立法权和征收权均集中在中央。

新加坡目前开征的税种主要有所得税、商品和劳务税、社会保障税、机动车税、财产税、印花税、博彩税、关税等，其中所得税包括企业所得税和个人所得税，是新加坡最主要的税种。

新加坡2015财年财政预算中，所得税占其税收收入的43.11%，其次是商品和劳务税，占比18.60%。其他税种占比分别为：财产税占比8.17%，消费税和关税占比4.28%，机动车税占比3.24%，博彩税占比4.65%，印花税占比7.68。可见，以所得税为主体是新加坡税收制度的主要特征。

新加坡主要有两大税务征收与行政管理机构。一是新加坡的关税与国内货物税局负责关税和国内货物税的征收管理业务，是新加坡主要的税务行政管理机构；二是财政部下属的税务司，目前，该税务司作为一个政府法定机构，主要负责其他税种的征收管理业务，为政府估税、收税和强制纳税人缴税。

（一）企业所得税

企业所得税是新加坡最大的税种，在其税收收入中大约占到30%左右。政府总是不定期地对其税率等主要要素进行小幅度的修改，以保证新加坡投资环境具有足够吸引力。

1. 纳税人

新加坡税法规定，企业所得税的纳税义务人包括按照新加坡法律在新加坡注册成立的企业、在新加坡注册的外国公司（如外国公司在新加坡的分公司），以及不在新加坡成立但按照新加坡属地原则来源于新加坡应税收入的外国公司（合伙企业和个人独资企业除外）。根据公司的控制和管理职能是否在新加坡，将纳税人分为居民公司和非居民公司两类。居民公司是指公司的控制和管理职能在新加坡的公司，只要公司的控制和管理职能在新加坡，无论公司是否按照新加坡的法律在新加坡注册，都为新加坡居民公司。反之，若公司的控制和管理职能不在新加坡，即使是按照新加坡法律在新加坡注册的公司，也为非居民公司。

2. 征税对象

居民公司和在新加坡有常设机构的非居民公司要就其来源于新加坡内外的全部所得纳税，没有常设机构的非居民公司仅就来源于新加坡的所得纳税。

如果非居民公司从事生产经营活动的一部分是在新加坡进行的，其所获利润中与其在新加坡以外的地方从事这种经营活动没有直接联系的部分，就被视为来自新加坡的所得。

3. 税率

新加坡企业所得税税率不断调整，总体是不断降低的。2005—2007年的企业所得税税率为20%，2008—2009年为18%，从2010年至今为17%。

4. 减免规定

截至2015年12月，按新加坡税法规定，所有企业可享受前30万新元应税所得部分免税待遇。一般企业前1万新元所得免征75%，后29万新元所得免征50%。考虑到免税优惠，新加坡的企业利润税税率高达30万新元的税率仅为8.5%。另外还规定，起步企业前10万新元所得全部免税，后20万新元所得免征50%。股息和因贷款、债务、保险等各种形式产生的利息收益，税率为15%。

新加坡对公司资本利得不征税，同时资本损失也不能抵补。税后利润分红，分配给股东的税率为0%能够大幅度提升新加坡工业或服务业水平的新兴工业，可以享受5~10年不等的免税优惠。对于采取新规划、新技术来提高经济效益的企业，给予为期10年的13%的优惠税率。企业至少有50%的股权属于新加坡公民或永久居民的，其出售股份所产生的全部损失可从投资者的其他应税所得中扣抵。

新加坡财政部一直在降低税率，目的是为了让新加坡成为世界上大小企业的最佳基地，为了让失去工作的人能有更好的待遇，为了避免经济恶化，更为了持续保持招商投资的最佳环境，这是新加坡政府长期以来最关心的。

（二）个人所得税

个人所得税是新加坡仅次于企业所得税的第二大税种，约占其税收收入的20%左右。与其他税种相似，新加坡个人所得税具有宽税基、低税率的特点，尤其是其高税收征纳效率是值得称道的。

1. 纳税人

新加坡将个人所得税纳税人分为居民纳税人和非居民纳税人两类。其中，居民纳税人包括通常居住在新加坡的新加坡人、已经在新加坡建立了自己永久的家的新加坡永久性居民、一年中在新加坡待了183天及以上的外国人、一年中在新加坡工作了183天及以上的外国人（非公司董事），此外的视为非居民纳税人。

2. 征税对象

征税对象为居民个人和非居民个人在新加坡取得的所有收入，包括就业所得、营业所得、股息、利息、退休金、租金、特许权使用费、保险赔偿收入、财产所得等。自 2004 年 1 月 1 日之后，纳税人在新加坡取得的海外收入不再纳税，但通过合伙企业取得的海外收入除外。如果合伙人是个人，则需按照个人适用的所得税税率缴纳个人所得税。如果合伙人是公司，则需按照公司适用的所得税税率缴纳企业所得税。

如果非居民从事的生产经营活动中的一部分是在新加坡进行的，其所获得的利润中与其在新加坡以外的地方从事这种经营活动没有直接联系的部分，就被视为来自新加坡的所得。如果非居民个人的所在国与新加坡订有税收协定，这种非居民个人就可根据税收协定的规定申请相应的减免税。

3. 计税依据

计税依据是应纳税所得额。居民个人的应纳税所得额为收入总额扣除费用、捐赠和税务减免后的所得。适用税率为 0 ~ 20% 的超额累进税率。

新加坡的个人所得税按年份征收，一年 365 天的收入累计后，根据收入的高低不同，税率也有浮动。非居民个人的应纳税所得税额为收入总额扣除费用和捐赠后的所得。非居民个人不适用税务减免。非居民个人的受雇所得适用 15% 税率和居民个人所得税税率两者间较高者。董事费、咨询费和其他所得，适用 20% 的税率。

4. 税率

新加坡居民纳税人现行个人所得税税率采用超额累进税率，其中最高税率为 20%，较其他大多数国家都低得多。

表 10.1　新加坡居民纳税人个人所得税税率表

级数	全年应纳税所得额	税率（%）	速算扣除数
1	不超过 20000 新元	0	0
2	20000～30000 新元	3.5	700
3	30000～40000 新元	5.5	1300
4	40000～80000 新元	8.5	2500
5	80000～160000 新元	14	6900
6	160000～320000 新元	17	11700
7	过 320000 新加坡元	20	21300

5. 税收抵免

居民纳税人有各类税收抵免的情况，也称税收回扣。居民个人有权就子女抚养费、职业培训费、保险费以及公积金（CPF）缴款等事项享受个人所得税减免。纳税人在报税时，可以根据个人情况申请个人所得税回扣。

（1）课程费用估税回扣。课程费用估税回扣的对象是那些参加研讨会、会议或课程以提升个人能力或相关工作领域技能、知识的受雇人士。参加课程所获得的技能必须与在职的工作或行业内某领域相关。课程提供方必须在新加坡会计与企业管制局（ACRA）注册。无论参加课程、研讨会和会议的数量多少，纳税人最多可申请每年 5500 新元的课程费用估税回扣。但是，在理工学院或大学就读的全职学生、假期打工或参加工业实习的学生，或消遣娱乐课程则不能申请这项回扣。

（2）公积金（CPF）填补估税回扣。持有新加坡身份证的纳税人，且纳税人本人或雇主在公积金最低存款额填补计划下为退休账户进行了现金填补，纳税人可申请公积金填补估税回扣。如果纳税人的祖父母、父母、配偶或者兄弟姐妹在此前一年的收入不足 2000 新元，纳税人为他们填补了公积金最低存款额，则可申请额外估税回扣。回扣数额以对公积金的现金填补数额为依据，但个人和家庭的回扣每年分别不超过 7000 新元。此项估税回扣是根据公积金局的记录自动进行的，纳税人无须申请。

（3）公积金估税回扣。受雇的新加坡公民或永久居民可对雇员公积金强制缴交部分，或缴交给受批准的退休基金或福利基金的金额申请公积金估税回扣。如果纳税人的雇主参与了“雇用入息自动纳入计划”，这项回扣会自动扣除，无须申请或者递交。

（4）收益收入估税回扣。纳税人在上一年度从工作、退休金、投资交易、商业活动、专业或职业得到收入，就可以得到收益收入估税回扣。此项回扣是根据纳税人的实际收益自动进行的，其顶限分别为1000新元（55岁以下）、6000新元（55～59岁）以及8000新元（60岁及以上）。如果纳税人不幸患有身体或精神上的残疾并影响到工作能力，则回扣顶限将提高到4000新元（55岁以下）、10000新元（55～59岁）和12000新元（60岁及以上）。

（5）外籍女佣税估税回扣。已婚、分居、离婚或丧偶的女性纳税人，若在上一年度聘请了外籍女佣，可享有外籍女佣税估税回扣。无论纳税人自己或是其丈夫任何一方支付女佣税，她都可对每位外籍女佣申请等于两倍女佣税的估税回扣。

（6）残障兄妹估税回扣。纳税人在上一年度因照顾同住在新加坡的自己或配偶的残障（精神/身体上）兄弟/姐妹而花费至少2000新元，则可申请此项估税回扣。但若已经有其他人针对该残障兄弟/姐妹提出了此项回扣申请，纳税人将不能再申请。纳税人可针对每位残障兄弟/姐妹申请5500新元的估税回扣。同时，残障兄弟/姐妹在上一年度的收入应不超过2000新元。

（7）人寿保险估税回扣。若纳税人上一年度的公积金储蓄少于5000新元，则纳税人可对为自身或妻子所购买的所有人寿保险保费申请估税回扣。最高回扣额为5000新元与公积金缴交额的差额，或不超过投保额的7%，或已偿还的保险费，以更低者为准。

（8）战备军人估税回扣。为表彰战备军人的贡献，所有已完成全职国民服役的战备军人，可享有战备军人估税回扣。回扣额取决于战备军人是否每年回营受训或参加其他活动，以及是否是关键指挥人员或是否拥有关键职务。回扣额范围为1500～3500新元。战备军人的妻子和父母分别享有750新元的估税回扣，以感谢他们对战备军人的支持。无论子女中有几名战备军人，每名家长享有最高750新元的回扣。这项回扣将根据国防部的记录自动减免，无须申请。

（9）家长或残疾家长估税回扣。纳税人在上一年度因照顾自己或配偶的父母、祖父母或曾祖父母而花费至少2000新元，就可申请家长/残疾家长估税回扣。非身体或精神残疾的受养人，在上一年度须年满55周岁，受养人在上一年度的收入应不超过4000新元。如果已经有人对该受养人提出此项申请，纳税人将不能重复申请。纳税人可针对不同情况申请不同数额的估税回扣。

与父母同住和不与父母同住的，可申请的家长估税回扣分别为9000新元和5500新元，可申请的残疾家长扣税分别为14000新元和10000新元。

还可申请合格子女估税回扣（QCR）与残障子女估税回扣HCR。如果孩子未婚且未满16岁或全职读书，家长可申请合格子女估税回扣。如果孩子有残障或智障，未婚，且上一年度的收入少于2000新元，则家长可申请残障子女估税回扣。QCR和HCR不能同时申请，一个孩子只能申请QCR或HCR中的一项。夫妻可共享估税回扣额。

（10）退休辅助计划（SRS）估税回扣。缴税居民开设退休辅助计划账户，可享有估税回扣。这项回扣将根据纳税人的SRS自动减免，无须申请。

（11）妻子估税回扣。妻子在上一年度的生活费（包括赡养费/离婚赡养费）由丈夫支付，且收入不超过2000新元，丈夫可享有“妻子估税回扣”。纳税人已申请过残疾配偶估税回扣，或他人已以其妻子或前妻的名义申请了此项回扣，纳税人就不能再申请这项回扣。妻子估税回扣金额为2000新元，赡养或离婚赡养费回扣以实际支出为准，但不得超过2000新元。

（12）在职母亲子女估税回扣（WMCR）。已婚、分居、离婚或丧偶的在职母亲，如果孩子是新加坡公民，可在合格子女估税回扣和残障子女估税回扣之外，再享有在职母亲子女估税回扣。从2009估税年起，在职母亲第一个孩子享有的估税回扣为母亲总收入的15%，第二个孩子为20%，第三个及以后的孩子则为25%。所有子女的WMCR总和不能超过母亲收入的100%。针对每个孩子申请的QCR、HCR及WMCR的总和最高为50000新元。

6. 纳税申报

个人所得税是在每年的4月15日之前申报上一年度的税款。新加坡个人所得税申报手续为：纳税人在规定时间内进行纳税申报后，税务机关会向纳税人出具缴税通知（Notice of Assessment），纳税人须在接到缴税通知后一个月内缴纳税款，否则税务机关会对欠交税款征收罚款。

（三）财产税

1. 纳税人

新加坡财产税是调节贫富差距、补贴低收入者的重要手段，具有普遍征收且倾向于弱势群体的特征。新加坡的财产税的纳税人是财产业主，财产包括房屋、建筑物和土地。建筑物指地上所建的任何结构，包括任何房子、小屋、棚子或类似的带有屋顶的围护结构（无论是否用于居住）、隧道、各式码头、浮码头、地下或地上固体、液体或气体存储池。

2. 计税依据

新加坡以房屋的年租金总额的年值作为计税依据，新加坡国内税务局（IRAS）每年结合市场租金变化情况对物业年值进行重新评估。新加坡IRAS单独设置房产评估机构，首席评估人负责每年编制房屋、建筑物和土地估价清单，估价清单包括物业描述、业主姓名、年值。首席评估人向业主送达估价清单，要求其在清单送达之日起21日内，提交申报表。纳税人可通过邮局或电子邮件申报。

为确保估价准确，规定了两项义务：一是占有人报告义务，即首席评估人要求物业占有人提供业主姓名时，凡占有人拒绝、疏于提供或者错误提供的均被视为违法（除非法院采信其理由正当），并处不超过1000新元的罚款；二是业主自行报告义务，即业主拥有年值超过18新元的物业未收到纳税通知的，出售（转让）估价清单所列示的物业，应在出售（转让）后的一个月内报告，否则将被视为违法，并处不超过 5 000 新元的罚款。

3. 税率

新加坡财产税税率是不断调整的，调整的依据是经济发展状况和房屋租金市场波动的程度，一般以命令的方式通过公报发布。2015 年度的财产税税率，分为业主自住房屋、非业主自住住宅、非居住房屋三类。业主自住房屋、非业主自住住宅财产税税率见表 10.2 和表 10.3。非居住房屋税率为房屋年值的 10%。业主自住房屋实行 4% ~16% 的超额累进税率，且免征额为 8000 新元。

表 10.2 2015 年度业主自住房屋的财产税税率

年值	税率（%）	应纳税额（新元）
第一笔 8000 新元	0	0
其余的 17000 新元	4	1880
第一笔 55000 新元	—	1880
其余的 15000 新元	6	900
第一笔 70000 新元	—	2780
其余的 15000 新元	8	1200
第一笔 85000 新元	—	3980
其余的 15000 新元	10	1500
第一笔 100000 新元	—	5480
其余的 15000 新元	12	1800
第一笔 115000 新元	—	7280
其余的 15000 新元	14	2100
第一笔 130000 新元	—	9380
超过 130000 新元部分	16	

非业主自住住宅财产税税率实行 10% ~20% 的超额累进税率，无免征额，见表 10.3。

表 10.3　2015 年非业主自住房屋财产税税率表

年值	税率（%）	应纳税额（新元）
第一笔 30000 新元	10	3000
其余的 15000 新元	12	1800
第一笔 45000 新元	—	4800
其余的 15000 新元	14	2100
第一笔 60000 新元	—	6900
其余的 15000 新元	16	2400
第一笔 75000 新元	—	9300
其余的 15000 新元	18	27000
第一笔 90000 新元	—	12000
超过 90000 新元部分	20	

事实上，新加坡政府税务局每年收取的房产税都低于实际房产出租收益计算出来的税金，因为税务局是按房产所在区域的平均租金回报率计算的。经测算，2015 年新加坡财产税税负约为物业评估值的 0.6%。

新加坡对公共宗教用地、政府出资援建的公共学校、慈善机构及对新加坡社会发展有益的机构免征财产税。

（四）遗产税

新加坡对死者在新加坡的动产与不动产都要征收遗产税。税基以总的遗产价值为准，不超过 1200 万新元的，税率为 5%。超过 1200 万新元的部分，税率为 10%。但死者拥有的住宅的财产价值不超过 300 万新元的，可以免交遗产税。

（五）商品和劳务税

新加坡对所有提供的商品和劳务都征收商品和劳务税，进行商品和劳务交易的机构和个人为商品和劳务税的纳税人。其应税年营业额在 100 万新元以上的，应进行商品和劳务税的纳税登记，税率为 7%。

登记过的纳税人在计算应纳税款的时候可以扣除进项税额。进行商品和劳务交易的纳税人，其应税营业额在 100 万新元以上的，就要求进行商品和劳务税的纳税登记。

免税项目包括人身保险、某些金融交易、住宅财产交易等。出口商品和劳务适用零税率。新加坡对提供的应税商品和劳务征收商品和劳务税，这种税类似于增值税，纳税人在计算应纳税款时可以扣除进项税额。

（六）社会保障税

社会保障税对雇主和雇员征收，一般情况下，雇主按照普通货币工资总额以13%的税率缴纳社会保障税，雇员按收到的普通货币工资20%的税率纳税。

（七）机动车税

机动车税是针对机动车征收的各种税、费的总称（不包括进口关税），包括额外注册费、路税、高耗油发动机特别税等。新加坡国家容积较小，且人口密度较大，为了鼓励人们使用公共交通工具，其政府在机动车销售及使用的各环节设计了各种高额的税、费，以限制人们过多使用机动车，如在新车购置注册环节课以额外注册费，按车价的150%征收。

（八）外国劳工税

某些行业的雇主每月要为雇佣每一名外国工人缴纳外国劳工税，税额采用定额税率，近年来，税率有提高的趋势。

（九）印花税

印花税是针对商业及法律文书征收的税收，新加坡仅对固定资产、证券及股份的文书证明征收印花税。

新加坡印花税采用定额税率，且对于不同类型及价值的文书证明，其适用的税率也有所不同。

（十）博彩税

新加坡博彩税是对赌博的赌金征收的一种税。其纳税人是从事赌业经营的公司和组织。博彩税按次征收，每次赌博的总金额为计税依据，税率为比例税率，见表 10.4。

表 10.4　新加坡赌场税率表

博彩毛收入	赌场的税收率（%）
高级玩家	5
其他玩家	15

二、中新税收制度比较

（一）中新税收管理体制比较

新加坡是一个城市国家，且是一个单级次国家，国家财政也具有城市财政或单级次财政的特点。由于政权结构层次单一，财政管理层次也比较单一，不存在分级财政管理的条件，也没有中央政府与地方政府之间复杂的财政关系。没有分税制，没有中央地方共享税，没有分级预算，不存在中央财政对地方的税收返还和转移支付制度。

新加坡政府的财政收入主要来源于税收，非税收入在财政收入中所占比重较小。新加坡的税收和税种设计以宪法为依据，任何机构和个人都不允许征收额外的税和费。地方政府并没有真正意义上的税收，而只能征收诸如维修费之类的收费。而中国，财政收入的主要来源虽然是税收，但非税收入在财政收入中的比重有提高的趋势。

（二）税收收入结构比较

1. 直接税和间接税的比较

新加坡的税收收入以直接税为主，在 54% 以上，而中国以间接税为主。中新两国税收收入结构比较见图 10.1。

图 10.1 显示了 2011—2015 年中国和新加坡直接税、间接税所占税收收入总额的比重情况。有意思的是，中国的直接税与新加坡的间接税的

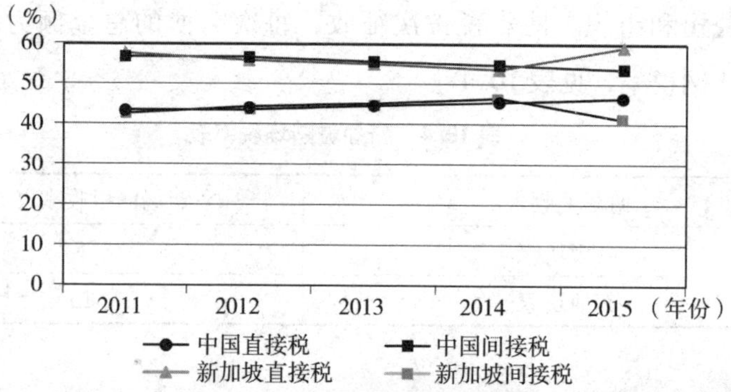

图 10.1　中新直接税间接税比较

注：我国的间接税统计包括增值税、营业税、消费税、资源税、关税以及城建税，其余为直接税。

数据来源：由《中国统计年鉴（2012—2014 年）》《新加坡统计年鉴（2015—2016 年）》，中央政府网 www.gov.cn 数据计算分析所得。

比例大体上一致，且呈现相同的变化趋势。相反，中国的间接税与新加坡的直接税比例基本相当，变化趋势也基本相同。具体来讲，中国间接税的比重高于直接税的比重，直接税所占比例呈上升趋势，间接税所占比例则呈下降趋势，随着经济发展水平的提高，直接税所占的比重一般会呈现上升趋势。相比之下，新加坡以直接税为主体税，所得税、财产税及遗产税等直接税在其税收收入中占有较大比重，但其比重有下降的趋势。事实上，新加坡的外向型经济发展特点决定了其直接税为主体的结构特点，如果以商品税为主体税种，势必影响其经济的发展。

2. 流转税和所得税构成

表 10.5　中新流转税和所得税比较　　%

年份	2011		2012		2013		2014		2015	
税种	流转税	所得税	流转税	所得税	流转税	所得税	流转税	所得税	流转税	所得税
中国	52.87	25.43	52.50	25.32	51.48	26.20	50.67	26.87	50.86	28.62
新加坡	23.48	43.90	22.30	43.64	22.88	42.08	23.57	44.66	22.88	43.11

注：我国的流转税统计包括增值税、营业税、消费税以及关税，所得税包括个人所得税和企业所得税。

数据来源：由《中国统计年鉴（2012—2014 年）》《新加坡统计年鉴（2016）》和新加坡 2015 财年财政预算数据计算所得。

表10.5显示了中新两国2011—2015年流转税和所得税占税收收入的比重，可以看出两国存在较大差别。中国是以流转税为主体的国家，流转税所占的比重在50%以上，所得税比重不足30%。

同大多数发达国家一样，虽然新加坡是所得税税率最低的国家之一，但新加坡实行的是以所得税为主体的税制体系。基于政府财政收入稳定的考虑，新加坡逐步提高了消费税的税率（从1994年的3%提高至目前的7%），但公司所得税和企业所得税两个所得税的税收收入依然占全部税收收入的40%以上。

（三）中新税收负担比较

为了衡量中新两国税收负担的大小，我们主要对中新两国的税收收入总额、租税负担率和人均税负三大指标进行综合比较。

1. 税收收入总额比较

税收收入总额的比较，见表10.6。

表10.6　中新近年税收收入总额比较　　单位：亿美元

年份 国家	2011	2012	2013	2014	2015
中国	14242.15	16007.36	18129.00	19476.27	17032.77
新加坡	460.76	501.19	511.46	541.098	551.92

注：新加坡统计周期为一个财年，即当年的4月1日至次年的3月31日。

数据来源：《中国统计年鉴》、新加坡统计局网站数据、《新加坡统计年鉴（2016）》。2015年中国税收收入总额由国家税务总局于2016年1月26日官方公布所得。2015年新加坡税收总额以2014年为基数，新加坡政府的预测增长率为2%计算所得。以上数据以美元为单位计算。以中国银行网站2011—2015年12月31日的美元汇率计算所得。2015年的数据来自国家税务总局《中国税务年度报告（2015）》。

2. 租税负担率

中新租税负担率的比较，见表10.7。

表 10.7　中新租税负担率比较　　%

年份 国家	2011	2012	2013	2014	2015
中国	18.98	19.37	19.43	18.73	17.24
新加坡	16.73	17.29	16.92	15.67	14.13

数据来源：《中国统计年鉴》，新加坡统计局网站数据，中华人民共和国财政部数据和《新加坡统计年鉴（2016）》数据计算所得。

表 10.6、表 10.7 列举了中新两国 2011—2015 年的税收收入总额和租税负担率，见图 10.2。其中，中新两国的税收收入分别按当年的汇率折合成美元。

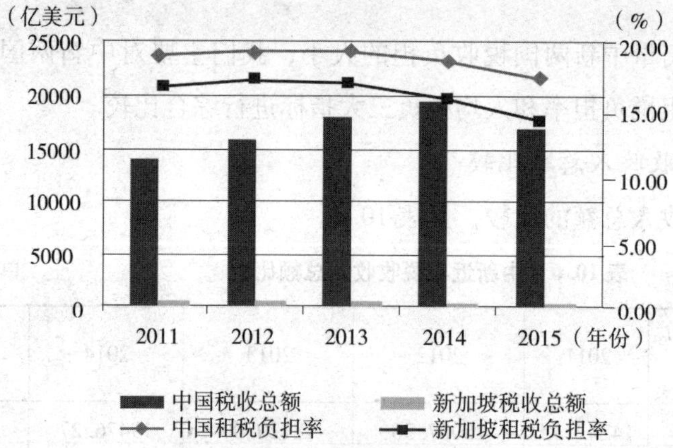

图 10.2　中新税收规模比较

由图 10.2 可以看出，不管是税收收入总额，还是租税负担率，中国的这两项指标都显著地高于新加坡。其中，中国 2011—2015 年的平均税收收入总额为 16977.51 亿美元，是新加坡的 30 倍之多，租税负担率的平均值为 18.75%，高于新加坡 16.15% 的平均水平。

新加坡为了维持其投资环境的竞争力，采取“低税负”的政策来吸引各国投资。从总体上看，新加坡的租税负担率较低，基本维持在 16% 左右。在税率设计上，新加坡各税种的税率都明显低于世界上其他国家，且近年来还呈现出下降的趋势，如个人所得税的最高税率仅为 20%，不但低于发达国家，也低于包括东盟其他各国在内的发展中国家。此外，新加坡在税收优惠上设计了各种有利于投资和吸引人才的税收扣除及减免优惠，这进一步降低了它的实际税负。

3. 人均税负比较

中新人均税负比较，见表10.8。

表10.8　中新人均税负比较　　单位：美元

年份 国别	2011	2012	2013	2014	2015
中国	1057.05	1182.19	1332.31	1423.89	1239.09
新加坡	8889	9434	9473	9893	9971

数据来源：《中国统计年鉴》，新加坡统计局网站数据和《新加坡统计年鉴(2016)》计算所得。

上表列举了中国和新加坡2011—2015年的人均税收负担额，用柱状图表示，见图10.3。其中数值都按照当年的汇率折合成美元。

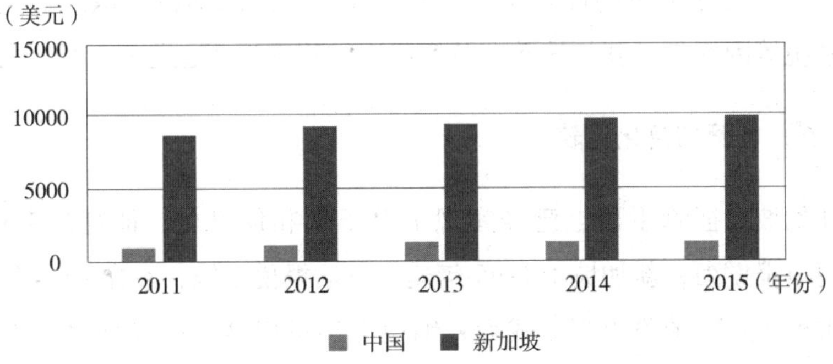

图10.3　中新人均税负比较

图10.3表示了中国和新加坡2011—2015年人均税收负担额的对比情况。可以看出，与两国税收收入总额对比情况完全不同的是，新加坡的人均税负大幅高于中国的水平。新加坡近年人均税负为9532美元，而中国只有1246.91美元。当然，新加坡汇率水平高于中国也会对这一数据产生影响。

（四）中新征税成本比较

成本是指经济活动主体为了达到特定目的所付出或耗费的各种资源。

经济活动中凡是有收入，就必然有成本问题的存在，作为国家财政收入主体的税收也不例外。税收成本是国家在税收征纳活动中的所有与税收征纳活动有关的费用和支出。广义的税收成本包括征税成本、纳税成本和税收超额负担三个部分，本章只探讨征税成本。

中国在1994年税制改革前，税收征收成本率为3.12%；税制改革后，征收成本率就一路升高，从1996年的4.73%，升高到2009年的近8%，翻了近一倍。2013年2月26日《中国经济导报》报道，中西部地区的征税成本更高，如内蒙古为9.6%，贵州为11%，河北为7.96%。

新加坡税务局对外公布的五年的财政报告显示，从2005—2010年的税收成本分别为0.93%、0.83%、0.77%、0.80%、0.88%。也就是说在2005—2010年中，平均每100元的税收的征税成本都保持在一元钱以下。在全世界税收成本较低的国家中，新加坡排名第二，最低的是美国，为0.58%。除了简单的税制设计、纳税人高诚信的纳税意识以及先进的征管系统等因素外，新加坡政府务实严谨的管理理念也是重要原因。

（五）征管信息化比较

新加坡在征管手段上已经实现了电子化和信息化，征管效率很高。在纳税申报方面，新加坡于1995年建立电话报税系统，并在1998年引入电子报税方式。纳税申报完成后，纳税人还可以通过电子转账、电话转账、网上银行等方式进行纳税。据统计，有60%的纳税人采用这些方式进行纳税。

为提高征管效率，税务署专门建立了税收计算机中心，负责各种税收的征收、税务资料的储存及查询等业务，通过计算机把税务署内部的工作运转连成一个完整的征管系统。对征税人来说，这种先进的电子化税收征管手段大幅度提高了税收征管效率，对纳税人来讲，为其节约了大量的额外税收成本。

相比之下，中国不管是在税收征管的效率，还是在征管手段上都与新加坡存在较大差距。目前，我国税务网络建设初具规模，各级税务机关的软、硬件设备设施建设也在逐渐完善，税务信息化建设已经走上了正轨，但我国税务信息化建设存在很多问题，比如税务机关对涉及税务的信息资源的共享率和开发使用率等都处在很低的水平；安全管理机制还不够完善；信息化发展还不够均衡；人才队伍的整体素质还不能满足现代管理需要等。

（六）税收监管比较

新加坡的税收监管的主要手段是采用评税制度。新加坡是世界上实施评税制度较好的国家之一，有许多有益的经验值得其他国家学习。

新加坡税务局十分重视纳税评估工作。新加坡税务局内部设立了专项评估部门，专门从事纳税评估。税务局内从事评税工作的机构主要有五个：一是税务处理部，该机构主要从事给纳税人发放评税表格，处理各种与纳税有关的邮件、文件以及负责档案管理工作；二是纳税人服务部，这是一个对自然人的当年纳税申报情况进行评税的机构；三是公司服务部，该部仅对法人即公司当年纳税申报的情况进行评税；四是纳税人审计部，对以往年度评税案件和存在异议的评税案件进行复评；五是税务调查部，主要从事对重大涉税案件的调查工作。

新加坡的评税工作内容由两部分组成：一部分是纳税人服务部或公司服务部对当年的纳税人申报情况进行评估，另一部分是纳税人审计部对以前年度的评税完毕案件或纳税人有异议的案件进行复评。如果在评税中发现重大涉税问题，则必须转入税务调查部进行调查。无论纳税人审计部或税务调查部对纳税人作出什么样的处理结果，其评税表仍然要由纳税人服务部或公司税务部制作完成。

由此可见，新加坡的评税制度，无论从组织构建还是评估内容等都环环相扣、严密周到，充分贯彻了依法征税、相互监督、主动服务的原则。

我国对税收进行监管主要是以税务检查的方式进行，即税务机关以国家税收法律、法规为依据对纳税人等是否履行纳税义务进行税务检查。

税务检查时主要检查纳税人执行国家税收政策和税收法规的情况、遵守财经纪律和财会制度的情况、纳税人的生产经营管理和经济核算情况、纳税人遵守和执行税收征收管理制度的情况以及查其有无不按纳税程序办事和违反征管制度的问题。

税务检查程序包括简易程序和一般程序。税务检查的一般程序包括选案、实施、审理和执行等四个环节，凡是立案的税务案件必须经过审理环节，按照一般程序办理。而对于不需立案或没有达到立案标准的税务案件一般按照简易程序办理。

（七）税收违章及处理的对比

新加坡在评税工作中，如果发现纳税人有违法事实，为避免纳税人事后以非故意的理由推脱，一般会先给纳税人一个主动坦白的机会。如纳税人拒不承认，那么此事的性质就由无知事故定性为主动事故，处理方法也由简单罚款上升为追究刑事责任。

新加坡税法对税收违章违法的处理有明确规定。如，隐瞒银行存款或自有财产、以假名或他人名义在银行开户或购买财产、隐瞒销售收入、银行存款超出所申报的纳税收入等均被视为偷税行为。纳税人如故意偷逃抗税，就会被起诉，受到法律的惩处，而且还会在媒体上曝光。违法者不仅要缴纳数倍于所逃税款的罚金，而且还会被判刑，甚至落到破产、身败名裂的地步。如果发现纳税人在未缴清税款的情况下试图离开新加坡，税务机关可向警察局、移民厅、海关等部门发出禁止其离境的通知书，这些部门将无条件地阻止偷税者离境。

税务局对纳税的稽查和对逃税的处罚甚为严厉。在税款缴纳上，新加坡税法规定，纳税人须于收到税务局发出的课税通知书一个月内缴纳应纳税款。逾期未缴税的将被罚款，如在 1 个月期限之内未缴税的，按迟缴税款的 5% 罚款；接下来每增加 1 个月，罚款增长 1%，直至最高的 12%。纳税人如遇特殊情况，经税务局核准后可分期缴税。如因报税表有错误而多缴税者可获退税，期限为 6 年。

在中国，税收违章违法行为包括未办理税务登记、注册登记和使用税务登记证；未按规定办理纳税申报；未按规定建立、使用和保存账务、票证；未按规定提供纳税资料，拒绝接受税务机关监督检查等行为。欠税是指纳税人因故超过税务机关核定的纳税期限，少缴或未缴等违章行为。对欠税者，税务机关除责令其限期缴纳所欠税款外，并从欠缴税款之日起，按日加收欠缴税款2‰的滞纳金。但对欠税者采取转移或者隐匿财产而造成税务机关无法追缴税款的，还应处以所欠税款5倍以下的罚款。偷税，即纳税人使用欺骗、隐瞒等手段逃避纳税的违法行为。对犯有一般偷税行为的纳税人，税务机关除追缴其应纳税款外，并可处以所偷税款5倍以下的罚款。抗税是指纳税人公然拒绝履行国家税法规定的纳税义务的违法行为。对违章行为的处理措施，可以根据情节轻重，分别采取以下方式进行处理：批评教育、强行扣款、征收滞纳金、处以税务罚款、追究刑事责任等。对抗税者，税务机关除追缴其拒缴的税款外，并处以拒缴税款5倍以下的罚款。对构成抗税罪的，还须移送司法机关，处以拒缴税款5倍以下的罚金，并对抗税的个人或单位负有直接责任人员处以3年以下有期徒刑或拘役；情节严重的，则处以3年以上7年以下有期徒刑。

三、新加坡税收制度对中国的启示

典型的经济外向型的单极型城市国家和为了能够更有效地保持吸引外资并促进对外贸易的发展的“低税负”环境及针对国内社会问题制定相应的税收政策是中新税收制度差异的原因。挖掘这些差异，对中国的税收制度建设有很大的启示。

（一）建立纳税人自我纠错制度

在新加坡在评税过程中，坚持以人为本，对于存在违法事实的纳税人，一般都要先给纳税人一个主动坦白的机会，这种纳税人自我纠错制度已经在全世界多个国家得以实施。我国也可以借鉴这一制度。针对我国税收征管中存在的偷税等行为，通过给予纳税人主动坦白的机会，使其主动补报补缴通过各种违章行为少缴的税款，给予纳税人更多的信任。这样有利于推动全社会树立诚信纳税意识，从而提高税收征管效率，节约社会经济管理成本。

（二）采用电子信息手段提高征税效率

新加坡通过采用电子申报、电话申报、网上转账、电话转账等现代化信息手段实现了税收征纳的电子化和信息化。纳税人可以在家里完成从纳税申报到缴纳税款的全部过程。申报电子化极大地提高了税收征纳的效率。

我国在纳税监控的信息化和网络化方面已经积累了一些经验。近几年我国各地税务机关通过与银行构建协税护税网络等信息化手段加强对高收入人群的监控。但这只是对特定税种的监控，如何将这种对特定人群的监控普及化，扩展为公司化，实现对每一个纳税人收入信息、家庭信息、财产信息以及纳税信息的综合监控是我国税收征管改革的重点。

（三）完善我国个人所得税

（1）扩大税基。新加坡的个人所得税不但税率低，而且费用扣除项目非常多，这两点是不利于税收收入筹集的，但它却仍然是新加坡的第二大税种。究其原因，还是因为它拥有宽厚的税基。首先，它几乎将纳税人所有来源的收入都纳入了它的征税范围。其次，新加坡拥有相对其他发展中国家更雄厚的经济基础。

相比较而言，虽然我国的个人所得税边际税率较高，达到45%，但它的征税范围仅限于税法中所罗列的所得项目，而费用扣除及其他税收优惠项目繁多且不规范，这些都制约了我国个人所得税的发展。因此，应逐步将纳税人的所有收入都纳入个人所得税的征收范围，并规范和减少费用扣除及各种税收优惠。

（2）采用以家庭为单位的综合征税模式。新加坡以家庭为单位进行综合征税，这种课税模式不但能够反映纳税人的收入能力，而且也充分考虑了纳税人的家庭负担状况，较好地体现了量能纳税的原则。

我国目前仍然实行分类征税模式，这种征税模式是有违公平税负原则的，并且对不同来源的收入采用不同的税率征税也不利于社会分工的细化。因此，在条件成熟的情况下引入以家庭为单位的综合征税模式是我国个人所得税改革的必然之路。

（四）完善财产编码共享制度

新加坡的财产编码制度完善。IRAS 内设街道与建筑名称局（以下简称“SBNB”），负责决定或变更建筑物、房地产或街道的名称，对房屋、建筑物、街道名称予以标识。并向业主发放财产编号，要求业主在房屋建筑物外立面或围墙入口处的醒目位置固定该编号。为了保护编号完整，对未经主审官或 SBNB 授权对财产自行编号、损坏名称或编号的，最高可处 1000 新元罚款。新加坡财产税编码制度是有效征管的重要基础。该编码在政府各部门内部共享，极大地提升了征税效率。

中国的财产编码制度不完善。目前我国街道、房屋、建筑物等编号由公安部门负责管理，税务机关按照纳税人编码进行管理。最主要的问题是纳税人编码与财产编码未建立起钩稽关系，致使财产编码未能有效地服务于税收征管。

近年来，我国国家税务总局积极推进“以地控税”“以税节地”，希望通过获取土地信息，强化房产税、土地使用税税收征管。但是由于我国建筑编码管理与税收征管是分离的，建筑编码由规划部门按公安编码制定，税务管理码根据纳税人所属辖区由各地编制，建筑物编码规则与税务管理码不存在一一对应关系，且建筑物受城市规划影响经常发生变化，现实中存在大量房屋数据与纳税人数据无法匹配的情况，需人工干预核实，极大地影响了征管效能。

建议我国借鉴新加坡编码管理制度和编码维护机制，并在立法层面予以明确，统一各部门对房屋、建筑物、构筑物编码规则，对编码保持唯一性和稳定性，建立起纳税人与财产的钩稽关系。

第十一章

中印税制理论与实践比较

印度是南亚次大陆最大的国家，是四大文明古国之一，拥有丰富的文化遗产和旅游资源。印度矿产资源丰富，铝土储量和煤产量均为世界第5位，云母出口量占世界出口量的60%。人口已超过12.7亿，仅次于中国。

印度是一个联邦共和国，划分为28个邦，6个联邦属地，以及国家首都新德里。印度是世界上最大的民主体制国家，1000多个政党参与国会选举，号称全球最大规模的民主选举。规定议会民主政体的《印度共和国宪法》是印度民主政治的典型标志，多达395条，1000多项具体条款，号称“世界上最长的宪法”，该宪法宣称印度是主权的、世俗的、社会主义的民主共和国。

印度是世界上发展较快的发展中国家之一，近年来经济增长速度引人瞩目。印度中央统计局宣布，2014—2015财年（印度的财政年度采用4月制，从当年4月1日至次年的3月31日）印度GDP为126.54万亿卢比，增长率7.4%。但是，社会财富分配在印度极度不平衡，全国10%的人口掌控着全国33%的收入。

印度宗教色彩十分浓厚，它是众多宗教的发源地，被称为“宗教博物馆”。全印度约有80.5%的人口信仰印度教，还有伊斯兰教（13.4%）、基督教（2.3%）、锡克教（1.9%）。佛教起源于印度，如今在印度的影响力比较小，约占总人口的5%，但佛教的传播对印度周边的国家却有相当大的影响。

一、印度税收制度的主要特点

（一）联邦集权的税收管理体制

印度税制是以其宪法为基础构建的。《印度共和国宪法》规定，没有议会的授权，行政上不能课税，所以，各级政府课税的税种开设及范围都严格依据宪法规定。印度实行联邦、邦和地方三级课税制度，税收划分为中央税和地方税两大类。

印度各级政府实行按税种划分的分税制管理体制。各级政府的税权划分，由宪法规定。税收立法权和征收权主要集中在联邦。专由联邦政府课征的税种有个人所得税、公司所得税、财富税、遗产和赠与税、销售税、消费税、增值税、社会保障税、节省外汇税、注册税、土地和建筑物价值税、支出税、印花税及关税等。各邦征收的税种主要有交通工具税、土地价值税、农业所得税、职业税等。地方政府征收的税种主要有土地捐、土地与建筑物税（对租金征收）、土地增值税、广告税、财产转让税（印花税的补充）等。印度的联邦、邦和地方政府均有各自明确的课税权，但地方税名目繁多，税源不大。

联邦和各邦的课税权有明确划分，在税收总收入中，中央的税收收入约占2/3，地方的税收收入约占1/3，但中央收入的一部分要按一定比例划给各邦。以2014—2015财年为例，印度的中央税和地方税税种及税收来源，见表11.1和表11.2。

表11.1　近年印度中央政府税收收入　　单位：百万卢比

	2014—2015年	2015—2016年
总税收（1+2-3）	908463	919842
1. **直接税**	699767	791579

续表

	2014—2015 年	2015—2016 年
a. 公司所得税	426079	470628
b. 个人所得税	272610	320839
c. 遗产税	0	0
d. 利息税	0	0
e. 财富税	950	0
f. 赠与税	0	0
g. 土地税	128	111
h. 酒店收入税	0	0
i. 消费支出税	0	0
2. 间接税	551624	657912
a. 关税	188713	208336
b. 联邦消费税	184731	229054
c. 服务税	168132	209774
d. 州消费税	485	532
e. 印花登记税	162	163
f. 销售税	2450	2555
g. 汽车税	167	168
h. 商品劳务税	8	8
i. 电税	13	13
j. 其他	6764	7309
3. 排除统一基金外的州共享	342928	529648

表 11.2 近年印度地方税收收入 单位：百万卢比

	2014—2015 年	2015—2016 年
税收收入	1212786	1453597
1. **直接税**	226569	298253
a. 所得税共享税	84233	112583
b. 酒店收入税	67	79
c. 遗产税共享税	0	0

续表

	2014—2015 年	2015—2016 年
d. 土地收入税	10402	13649
e. 农业所得税	161	182
f. 公司所得税共享税	124944	163611
g. 财富税共享税	384	284
h. 其他	6376	7864
2. 间接税	986217	1155344
a. 联邦消费税共享税	37935	50634
b. 州消费税共享税	98350	114107
c. 一般消费税	523319	600851
d. 车用汽油消费税	18487	19448
e. 印花登记税	92110	105008
f. 汽车税	42699	48363
g. 商品劳务税	20529	23192
h. 电税	26613	28415
i. 娱乐税	2245	2530
j. 甘蔗税	167	188
k. 关税共享税	58919	76841
l. 服务税共享税	59587	80049
m. 其他	5259	5717

数据来源：印度财政部，http：//dea. gov. in/sites/default/files/IPFS% 20English% 202015 – 16. pdf。

印度的中央税由财政部收入署负责，收入署下分设联邦直接税局及联邦关税与消费税局具体实施征管任务。在收入署内还设有一个独立的常设委员会，专门负责处理特殊的税务案件。

（二）以间接税为主体的税制结构

印度以消费税为主体税种，关税、销售税为辅助税种。以 2014—2015 财年为例，间接税占比达到 65. 83% 左右。

近年来所得税有所发展，所占比重不断提高。以个人所得税为例，个人所得税不断提升，见图 11.1。

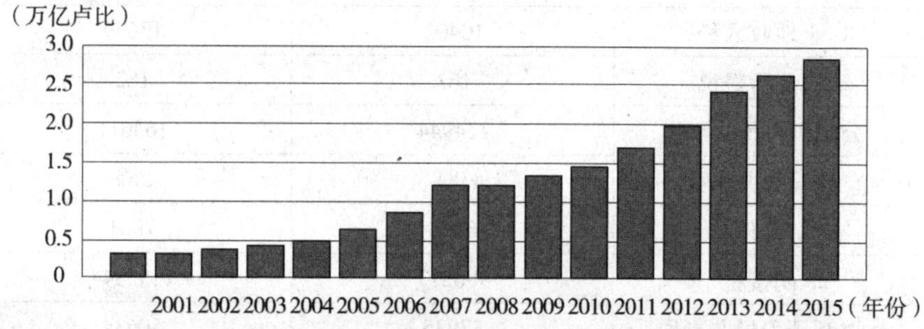

图 11.1　印度个人所得税动态变化趋势图

（三）税收收入占国内生产总值的比重低

税收收入占财政收入的比重也不大。以 2014—2015 财年为例，税收收入与非税收入合计为 GDP 的 19.14%，税收收入占财政收入的比重为 50% 左右。

二、印度主体税种介绍

（一）个人所得税

1. 纳税人

印度个税纳税人为个人，分为居民、非常住居民及非居民。居民纳税人有两个标准，具备以下任何一个标准，都是居民纳税人。

（1）在征税年度的前一年度在印度居住时间累计达到或超过 182 天的个人。

（2）一年内停留 60 天以上并且前四年在印度居住时间累计超过 365 天的个人。

非居民是指不具备确定居民身份必备条件的个人。事实上，新移居印度的个人在印度的前九年通常不被认定为居民纳税人。

2. 课税对象

印度税法对居民与非居民规定了不同的征税范围。居民应就其来自印度境内外的全部所得纳税。非居民应就其来自印度境内的所得纳税。非常住居民则只就印度境内所得及由印度控制的国外源泉利得纳税。

印度的个税免征额随中央财政预算调整，每年免征额都不同。免征额还因性别不同而不同，女性免征额高一些。

3. 税率

印度个人所得税税率采用超额累进税率。受雇所得（包括工薪、实物福利、股票期权）、生产经营所得、专业服务所得及大部分投资所得（包括股息、利息），根据年龄段适用不同的税率和级距。

表 11.3　2014—2015 征收年度印度个人所得税税率表（不包括资本利得）

年龄	级数	全年应纳税所得额	税率（%）
60 岁以下	1	不超过 200000 卢比的部分	0
	2	200000 卢比至 500000 卢比的部分	10
	3	500000 卢比至 1000000 卢比的部分	20
	4	超过 1000000 卢比的部分	30
60 ~ 79 岁	1	不超过 250000 卢比的部分	0
	2	250000 卢比至 500000 卢比的部分	10
	3	500000 卢比至 1000000 卢比的部分	20
	4	超过 1000000 卢比的部分	30
80 岁及以上	1	不超过 500000 卢比的部分	0
	2	500000 卢比至 1000000 卢比的部分	20
	3	超过 1000000 卢比的部分	30

（1）资本利得。资本利得包括长期资本利得和短期资本利得。转让长期资本性资产的利得适用 20% 的固定比例税率，但销售长期股票和共同基金的利得免税。长期的标准为证券类资产持有期不少于 1 年，其他资产不少于 3 年。转让短期资本性资产的利得适用 10% 的税率，但转让股票和共同基金且已缴纳证券交易税的短期资本利得适用 15% 的税率。同时，无论长期资本利得和短期资本利得，对其应纳税额都要加征 2% 的教育税以及 1% 的中等教育和高等教育税。

（2）其他所得。个人来自赛马、彩票、赌博及类似活动的所得适用

30%的税率。2014年4月1日起，要对总收入超过1000万卢比的纳税人的应纳税额加征10%的附加税、2%的教育税、1%的中等教育和高等教育税。

印度按照“抓大放小，力求公平”的原则进行个税征收制度的设计，“大”就是中高收入者，由于免征额规定得比较高，印度2014年只有不足3000万个人所得税的名义纳税人，但其中1620多万人什么税都没缴，所以印度仅有1200多万人缴纳了个人所得税，相当于总人口的1%。“小”则是低收入者——工薪阶层和小商小贩，农民和绝大部分妇女免征个人所得税。在大部分是穷人的人口大国里，这种设计可以缩小贫富差距，缓解社会矛盾，有利于经济社会的和谐发展。

4. 应纳税所得额和应纳所得税额的计算

应纳税所得额是由各类所得分别进行扣除后计算得出。所得几乎包括所有的经济增值，但是居民纳税人为工作所取得的实物报酬（如住房、汽车等）一般不征税，如果实物福利是由某些免税的或者不纳税的企业提供的，则应征税。现金补贴，如探亲补贴、教育补贴等也征税。所得分为工薪所得、房产所得、经营所得、资本利得和其他所得。

各类所得分别进行扣除后，计算出应纳税所得额，最后加总按超额累进税率计算征收应纳所得税额。这里的扣除项目包括：

（1）经营性支出项目的扣除。经批准后允许按毛收入的5%扣除，但是每年最高不超过129.6万卢比。

（2）非经营性支出项目的扣除。纳税人发生的养老保险费、人寿保险费、教育支出、高等教育的贷款利息支出以及不属于保险范围的医药费支出等允许税前扣除，但有限额限制：养老、人寿保险等的扣除每年不能超过10万卢比；医疗保险的扣除每年不超过1万卢比；不属于保险范围的医药费扣除每年不超过4万卢比。

（3）个人扣除。对纳税人本人、妻子、抚养的子女（最多不超过3个）每人分别核定扣除标准。

（4）残疾人或抚养残疾人的纳税人，每年最高可享受7.5万卢比的扣除。

（5）抵押贷款的利息也可以在15万卢比的年限额内扣除。

5. 减免规定

印度居民在60岁以下的，减免20万卢布；60～79岁的，减免25万卢比；80岁及以上的，减免50万卢比。

（二）公司所得税

1. 纳税人

公司所得税纳税人为居民公司和非居民公司。居民公司是指印度公司或者纳税年度内控制或管理中心在印度的公司，不符合上述条件的公司是非居民公司。

2. 征税对象、税率

居民公司就其来源于全世界的所得纳税；非居民公司就其来源于印度的所得纳税。印度法定企业所得税税率为35%，另有5%的附加税；而外资企业则更高达40%，另有5%的附加税。

资本利得按资产的持有期限长短分为长期资本利得和短期资本利得，并适用不同税率征税。资本利得是指资本资产出售收入扣除发生在资产转让过程中的费用和资本资产的“购置成本”，以及“改进资本资产的费用”后的余额。非居民在计算转让用外汇购买的任何一家印度公司的股票和债券而获得的资本利得时，要将购置成本、转让费用、获得补偿的所有价值换算成用以购买该股票和债券的原始外汇来计算，然后将计算出的资本利得再换算成印度货币。长期资本利得是指处置持有期限不少于3年（股票为1年）的资产实现的利得，按20%的税率征税；余者为短期利得，按10%的税率征税。资本利得也需要按10%和3%的税率计征附加税和教育税。

相应地，资本损失，不论是长期的还是短期的，只允许用于冲抵资本利得，而不能用于冲抵其他所得，而且，长期资本损失只能冲抵长期资本利得。没有冲抵完的资本损失，最多可以向后结转8年，而且只能抵免相应的资本利得。

3. 应纳税所得额和应纳税额的计算

（1）折旧。纳税人拥有和使用的、用于经营活动的资产允许扣除正常折旧，这些资产被划分为建筑物、家具和装置、机械与设备、船只。资产分类后，建筑物按照5% ~20%的折旧率折旧，家具和装置按照10% ~15%的折旧率折旧，机械和设备按照20% ~100%的折旧率折旧，船只按照10% ~20%的折旧率折旧，无形资产折旧率为25%。居民公司的开办费，可以在10年内摊销。

（2）亏损结转。在一定条件下，纳税人从事经营活动所发生的亏损允许向后结转8年，冲抵此项经营活动和其他经营活动的所得，条件是发生亏损的此项经营活动在抵减期内仍在进行。不过经营亏损如果是由未提取的折旧所引起的，则允许无限期地向后结转，抵减任何所得，条件是冲抵之年有所得。此外，如前所述，资本净损失也可以往后结转8年，但只能冲抵资本利得。

4. 税收征管

（1）关联交易。关联交易，如果交易价格被认为过高或者不合理，税务当局可以全部或者部分不予承认。

（2）所得合并。除特定情况外，每个纳税人的所得应单独计算并予以分类，由此计算出的所得总额按照适用税率征税（资本利得除外）。不允许公司在计算应纳税额时，将本公司的所得与其子公司或者其他公司的所得合并计算。

（3）纳税年度。法人和自然人纳税人从4月1日起（新企业从开业之日算起）至翌年3月31日止的所得。

（三）消费税

消费税是印度的传统税种，是对税法列举的产品在产制环节征收的一种税。

1. 纳税人

消费税纳税人是指在印度境内从事生产、销售、进口应税商品的自然人和法人。

2. 纳税对象

课税对象为烟、酒、化妆品、衣料等税法列举的100多种产品。

3. 税率

税率分比例税率和定额税率两种。比例税率分为基本税率、特别税率和附加税率三种。实行产品差别比例税率。多数商品的消费税率为16%，但七种商品消费税为32%。这七种商品为摩托车、轮胎、含二氧化碳的软饮料、空调、聚酯长丝纱线及咀嚼烟草制品。部分商品也实行定额税率。某些产品在16%的基础上还需缴纳8%的特别消费税/消费附加税。在消费税基础上还可能额外缴纳2%的教育税。在某些情况下，消费税的税率以价格或最高零售价格为标准。年生产能力达到1000万卢比的小企业免缴消费税。税率因品种而异，出口可以退税。

4. 税金计算

在征收方法上大部分商品实行从价定率，即按产品的销售价格和一个税率计算税额；也有一部分商品实行从量定额，即对一定单位的商品规定一个固定税额。征税环节是在商品从工厂和仓库运出的时刻一次性征收。商品出口时，已征的消费税额给予退还。

（四）销售税

印度税法规定，销售税分联邦销售税和邦销售税。联邦销售税是对跨邦的商品购销所征的税，其收入归联邦；邦销售税是对各邦内的商品购销征收的税，其收入归各邦自有。但联邦销售税不是由联邦自征，而是由各邦代征。

联邦销售税有统一的税率，但各邦自定其邦销售税的税率。联邦销售税，制成品销售税按4%征收。本地销售税，在邦内从事的销售活动，需要缴纳本地销售税。该税是按照有关邦税法进行管理，一般为15%。为了减少重复征税，联邦规定某些重要的原材料的邦销售税税率不得超过4%，并且只能在一个环节征收。如果这类商品在跨邦贸易过程中销售，则已征的销售税税额应予以退还。销售税的计税基础是交易者的商品营业额。

联邦销售税的纳税环节是在交易实现时征税，有些邦在进口商或制造商第一次出售商品时征税。对电力、报纸、证券、债券、股票的出售可以免交联邦销售税，各邦对生活必需品及某些特定物品规定了不同的减免税政策。

销售税是印度地方税制中的一个重要税种，是各邦财政收入的重要来源之一。

销售税在商品的售出、使用商品权利的转移（租赁合同）以及工程合约完成时原材料的转移和分期付款购买时征收。商品的内涵包括流动资产甚至包括版权、商标、专利等这些无形资产。销售税既是对州与州之间的，也对州内的销售额征收。国际销售税被称作中央销售税（CST），由中央政府征收，而州内销售税被称作地方销售税，由相关州政府征收。

（五）增值税

印度有联邦增值税和邦级增值税两种。

（1）联邦增值税。印度联邦增值税对制造业征收，适用于全国范围。印度全境制造业都必须根据《中央货物税法案（1944）》承担相应的纳税义务，并根据《联邦增值税抵扣规则（2002）》规定享受进项税额的增值税抵扣。联邦增值税适用统一的16%标准税率。

（2）邦级增值税。邦级增值税适用于商业批发和零售业。

①征税范围。对大约550种货物征税，盐、纺织品和烟草制品不属于增值税的征收范围。免税货物约有46种产品，包括天然的和未加工的产品，以及法律上规定的禁止征税产品等。规定对免税货物的进项税额不能抵扣。

②各邦已经同意设立的两个标准税率为4%和12.5%，对大部分（大约270种）各邦基本需要的物品实行4%的税率，包括药品、农产品、工业原材料资本性货物和列明的物品。其他物品按12.5%的税率征收。此外，对稀有金属，例如金、银等商品设有1%的税率。

③出口退税。对出口货物实行全额退税，并在3个月内办理完毕。

对设在经济特区的企业或出口导向型企业免征进项增值税或者3个月内退还已纳税款。

④起征点和小规模纳税人。年应税货物的销售额超过50万卢比将负有纳税登记义务，对没有达到年销售额50万卢比的小规模纳税人将不征税；对年销售额500万卢比以下的小规模纳税人实行低税率的简易办法，同时，不可抵扣进项税额。

（3）联邦增值税在制造业内部征收，商业批发和零售业的邦级增值税只在邦内征收，跨邦销售不征收邦级增值税，只征收4%的中央销售税。

（六）社会保障税

社会保障税是印度为了维护雇员的社会福利而开征的一种税。社会保障税的纳税人是雇员和雇主。社会保障税是为雇员进行养老保险和医疗保险缴纳的税。养老保险部分，雇主和雇员分别按工资总额的12%缴纳，加入雇员养老基金。不过，对月薪超过6500卢比的雇员，可能选择不参加养老基金。医疗保险部分，雇主按工资的4.75%，雇员按工资的1.75%缴纳，加入医疗保险，但月薪超过7500卢比的部分不再缴纳。所纳税款允许在所得税前扣除。

（七）财富税

印度财富税亦称“富裕税”，是于1957—1958财政年度正式开征的，纳税人主要是个人及未分劈的印度人家族。课税对象是纳税人在资产评估之日当时保存的总资产减去总负债后的“净财富”。

印度税法规定，农用土地、农作物及其他农用资产免征财富税；对免税的政府债券、短期利息、职业上的备品、供科研用资产、著作权、专利权、养老金、生命保险证券、工业企业的新投资额等不征财富税。

财富税根据净财富额的不同，按超额累进税率征收，对非居住者个人减半征收。财富税课征方法与所得税相似，要经过申报、查定和缴纳三个步骤。

（八）遗产和赠与税

遗产和赠与税包括遗产税和赠与税两种。

1. 遗产税

（1）纳税人。遗产税是印度对因财产所有人死亡而转移的财产所征收的一种税。纳税人是遗嘱执行人和遗产管理人或取得人。

（2）纳税对象。课税对象是被继承人死后留下的纯遗产额。纯遗产额是因被继承人死亡而转移的财产价值扣除殡葬费、被继承人债务、遗嘱审查费以后的余额。对农业用土地不征联邦遗产税。

（3）税率。税率是从应税遗产额的 10 万卢比的 5% 一直到应税遗产额超过 200 万卢比的 85% 的超额累进税率。

（4）减免规定。对农业用土地不征联邦遗产税。印度税法规定，一般个人和未分劈印度家族个人的免征额不同。遗嘱执行人和遗产管理人或取得人应在被继承人死亡后的一定期限内，将记载全部遗产内容的文件向法院提交，并同时向遗产检查官提交有关抄件，经核定后缴纳遗产税。

2. 赠与税

赠与税是印度对个人、未分劈家族、商行、个体协会、公司的馈赠物品征收的一种税。

（1）纳税人。印度税法规定，赠与税的纳税人是财产的受赠人。

（2）课税对象。赠与税的课税对象是居民纳税人来自印度境内外的全部动产赠品和非居民纳税人仅在印度的动产和不动产赠品。

（3）税率。赠与税的税率按累进税率征收，2 万卢比以下按最低税率 5% 征收，200 万卢比以上按最高税率 75% 征收。

（4）减免规定。个人赠品的免税限额为 2 万卢比。此外，对纳税人用于教育子女和捐给慈善机构的物品免税，对外汇资产也有多种免税。

三、中印税收制度比较

（一）中央与地方税种划分比较

在具体划分上，印度实行联邦、邦和地方三级课税制度。中国目前的分税制体系主要包括中央税、地方税以及中央与地方共享税，是两级分税制度。表11.4列出了中印两国主要税种的划分情况。

表11.4　中印主要税种划分情况比较

印度	联邦税	个人所得税、公司所得税、财富税、遗产和赠与税、邦际销售税、消费税、改良增值税、社会保障税、节省外汇税、注册税、土地和建筑物价值税、支出税、印花税及关税等
	各邦税	交通工具税、土地价值税、农业所得税、职业税等
	地方税	土地捐、土地与建筑物税（对租金征收）、土地增值税、广告税、财产转让税（印花税的补充）等
中国	中央税	消费税、关税、车辆购置税、海关代征的增值税和消费税
	地方税	营业税、土地增值税、印花税、城市建设维护税、城镇土地使用税、房产税、城市房地产税、车船税、契税、耕地占用税
	中央和地方共享税	中央与地方共享税（增值税、企业所得税、个人所得税、资源税、证券交易印花税）

（二）中印中央税与地方税占比比较

中印中央税与地方税占比比较，以2014—2015年为例，如图11.2所示。

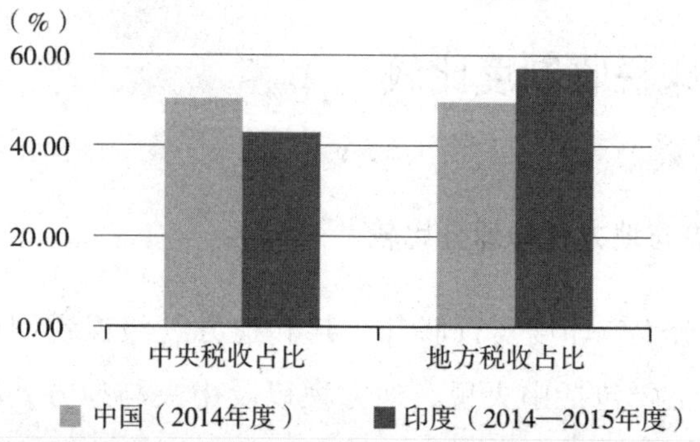

图 11.2　中印中央税与地方税占比比较

数据来源：中国国家统计局，印度财政部。

图11.2表明，印度的税收收入主要在联邦，2014—2015年度印度联邦税收收入占全部税收收入的43%左右，邦及地方政府占57%左右。印度各邦的税收来源包括两部分：一部分为各邦自主税收收入，一部分为由中央统一分配的课征税目并有支配权的税收收入，两者各占60%和40%。而中国2014年度的中央税收总额占比50.3%，比较之下，印度联邦政府的经济调控能力较强，即联邦政府运用政府财力调节地域之间差异以及用财政补贴和转移支付等手段促进其经济发展的能力较强。

（三）中印直接税和间接税数额

中印直接税和间接税数额见表11.5。

表 11.5　中印直接税和间接税数额及占比比较

种类＼国家	中国（2014 年度）		印度（2014—2015 年度）	
	税收（亿元）	占税收总额比重（%）	税收（亿元）	占税收总额比重（%）
直接税	54057.92	45.36	716774	34.16
间接税	65117.38	54.64	1381401	65.84

数据来源：《中国统计年鉴（2014）》，印度财政部。

印度实行以间接税为主体的税制结构，而中国实行间接税和直接税双主体的税制结构。从表11.5可以看出，间接税是印度中央政府最主要的税收来源，其间接税占税收总额的比重为65.84%。

自20世纪50年代至今，印度沿袭了以间接税为主体的税制结构，从总体趋势上来看，印度税制结构经历了一个间接税占比先上升后下降的“倒U形”的变化过程。伴随着20世纪80年代世界性的减税浪潮，以及1991年印度经济自由化和前所未有的经济危机，印度于1991年开启了系统的税制改革。这次税改的方向明确——拓宽税基、降低税率、减少级次、简化税制、提高征管效率。印度以这次税改为契机，通过调整税种和税制要素，使得自20世纪90年代初以来，直接税收入显著增长、其占比稳步提升、间接税税制不断优化。印度在20世纪80年代将消费税中的一部分转为有限度增值税，在2005年将销售税转为有限度增值税，这种转型是对税制结构的优化。在收入方面，短期内由于抵扣增多会影响收入增长，但长远来看，其对扩大商品流通经济规模的作用会有助于间接税收入的增长。印度通过增值税的变革实现了间接税收入的稳定增长。

2014年度中国税收收入总额119175.31亿元，其中直接税占税收收入总额的45.36%，间接税占税收收入总额的54.64%。变化趋势上，1994—2014年，中国的直接税比重在逐步上升，间接税比重逐步下降，但就目前而言，间接税比重仍要远大于直接税比重。图11.3说明了中国直接税和间接税的变化情况。

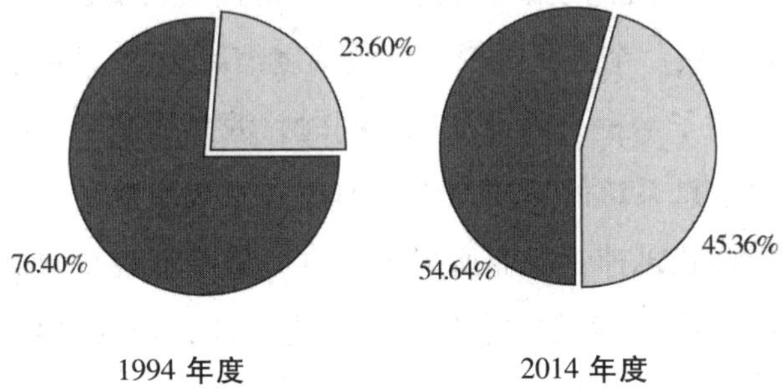

图11.3　1994年及2014年度中国直接税和间接税占比情况

来源：《中国统计年鉴（2015）》。

由于印度的直接税以所得税为主，间接税以流转税为主，因此，印度税制结构的改善更具体地体现在流转税和所得税这两大税类配比关系的变化上，近年来印度所得税有所发展，所占比重不断提高。

（四）中印流转税和所得税比较

表 11.6　中印流转税和所得税占税收收入比重比较

国家	流转税主要税种（占税收收入比重）	所得税主要税种（占税收收入比重）
中国	增值税：25.89% 营业税：14.92% 消费税：7.47% 关税：2.38%	个人所得税：6.18% 企业所得税：20.67%
印度	中央消费税：25.93% 关税：8.99% 服务税：8.01%	个人所得税：12.99% 公司所得税：20.30%

数据来源：《中国统计年鉴（2015）》，印度财政部。

表 11.6 表明，印度流转税中，消费税和关税占比较高，分别为 25.93% 和 8.99%；其所得税中公司所得税占比最高，为 20.30%，印度实行以流转税为主、所得税为辅的税收体系。中国流转税中增值税占比达到 25.89%，所得税中企业所得税占比为 20.67%。因此，中印两国在税收体系上有着相似之处，都是以流转税为主、所得税为辅。

在印度 1991 年启动的税制改革影响下，其所得税收入增长迅速，而流转税收入增长相对放缓。个人所得税通过大幅度缩减级次、降低税率、提高免征额极大地提高了纳税人的遵从度。同时，源泉扣缴和预缴税适用范围的扩大，纳税信息系统的不断完善，纳税人永久账号制度的实行等使个人所得税收入增长迅速。企业所得税通过大幅降低税率提高纳税人遵从度，清除优惠以拓宽税基，并引入最低选择税以减少税收流失，使收入得到迅速增长。与此相对，虽然服务税的开征及邦政府的销售税向有限度的增值税转型提升了两者收入的占比，但因消费税和关税税率急剧降低，其收入占比下降的幅度更大，因而流转税占比下降。由此，印度由 20 世纪 80 年代末 90 年代初以流转税为绝对主体的税制结构转向当前以流转税为主、所得税为辅的税制结构。

改革开放之初，基于对当时税制结构理论的认识，中国一直强调流转税的重要性，并将建立以流转税与所得税并重的税制结构作为税制改革的目标之一。近年来，虽然中国所得税占总税收的比重有较快增长，但以流转税为主、所得税为辅的税制结构依旧稳固。

印度中央税由财政部收入署负责，在联邦分设“中央直接税管理委员会”和“中央消费税与海关管理委员会”，分管直接税和间接税，在收入署内还设有一个独立的常设委员会，专门负责处理特殊的税务案件，地方的税务机构由各邦分别按税种设置。

（五）税收负担比较

宏观税负是指一个国家的税负总水平，通常以一定时期（一般为一年）的税收总量占国民生产总值（GNP）或国内生产总值（GDP）或国民收入（NI）的比例来表示。本文采用税收总量占 GDP 的比重来衡量宏观税负。生产力发展水平、政府职能的范围以及政府非税收入规模等是决定宏观税负水平高低的主要因素。宏观税负问题始终是税收政策的核心，它反映了一个国家政府参与国民收入分配的程度，直接关系到政府提供公共服务的能力和水平。宏观税负水平合理与否对于保证政府履行其职能所需的财力，发挥税收的经济杠杆作用有着重要意义。

表 11.7　中印税收总额及 GDP 总量比较

指标国家	中国（2014 年）	印度（2014—2015 年）
税收总额（万亿美元）	1.94	0.16
GDP 总量（万亿美元）	10.36	2.04
税负率（%）	18.73	7.84
人均税负（美元/人）	1423.89	123.53

注：印度卢比与美元折算按 2014 年卢比对美元平均汇率中间价，人民币对美元折算按 2014 年人民币对美元平均汇率中间价。

数据来源：世界银行，《中国统计年鉴（2015）》。

在总量比较上，中国的税收总额和 GDP 总量都要远远高于印度，中国的税收总额是印度的 12.12 倍，GDP 总量是印度的 5.07 倍；在税负率比较上，印度占比较低，仅7.84%，而中国则为18.73%；在人均税负的比较上，中国也远高于印度，人均税负约为印度的11.52倍。

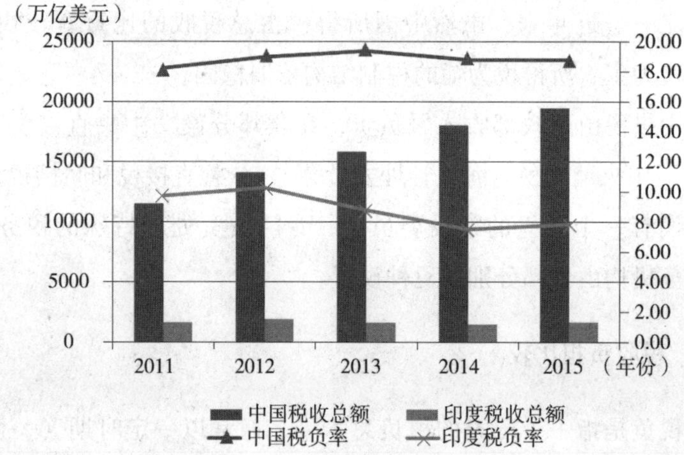

图11.4　中印2010—2014年宏观税负变化趋势比较

注：隔年数据均已按照当年平均汇率换算。印度的财政年度采用4月制，从当年4月1日至次年的3月31日。

数据来源：中国国家统计局，印度财政部。

变化趋势上，2010—2012年，中国税负率持续上升，从2010年的18.23%上升至2012年的19.37%；2012—2014年，中国税负率有所下降，下降至2014年的18.73%。印度税负率则先上升后下降，2012—2014年度降至7.84%，宏观税负的降低反映了印度集中财力能力的降低以及对宏观经济调控力度的降低。但总体上，中印两国均属于全球高税负国家。

（六）税收征管比较

税收征管条件是制约税制结构的重要因素。20世纪90年代之前，印度的税收征管水平较低，因为逃税等现象导致了大量的税收流失。90年代以后，伴随着系统的税制改革，印度不断加强其纳税人管理并完善纳税信息系统，为税收收入的快速增长提供了保障。具体来说，中印税收征管的比较主要体现在以下几个方面：

1. 征管信息化程度比较

实现对纳税人良好管理的前提是有先进配套的纳税信息系统，印度自20世纪90年代末以来在纳税信息系统建设上做了很多努力。印度的税务机关多达500多家，全部联网，而且还与银行、重要消费场所、证券交易所等机构联网，税务人员有权调阅这些机构的账目，从而掌握纳税人的信息。

（1）建立税收信息关系网（TIN）。TIN建设和使用对源泉扣缴的相关信息确认、审核，并对多种来源的纳税人收入信息进行联系比对和交叉检查，提升了纳税人税收收入的准确度。

（2）应用在线税务会计系统（OLTAS）。OLTAS的应用大大方便了纳税人申报纳税，提高了纳税人的遵从度。印度税务机关为公民纳税尽可能地提供便利，公民在每个财政年度开始时便可从税务机关网站上下载电子表格，填好各项内容后便可到银行纳税。

（3）情报搜集和重点监督相结合制度。印度税务机关在全国各地聘请了许多信息员充当“线人”，及时提供各种“情报”。印度还实行个人支票制度，大笔的现金交易被视为违法。支票通过银行结算，银行又是全国联网的，因此，在印度政府眼里，其国家每个公民的收支基本上都是透明的。印度税务部门还在全国的高档消费场所建立了监控网络，重点监视高官、巨富以及明星的消费情况。

2. 税收征管精神及保证比较

印度采用“胡萝卜加大棒”的税收征管方式。“胡萝卜加大棒”通常指的是一种奖励与惩罚并存的激励政策，是指运用奖励和惩罚两种手段诱发人们所要求的行为与政府的导向相一致。“胡萝卜加大棒”的税收征管方式，来源于一则古老的故事：“要使驴子前进”就在它前面放一个胡萝卜或者用一根棒子在后面赶它。印度无论是在税收的主动申报，还是强制征缴等方面，都形成了体现这一精神的较为完备有效的体系。一方面，税务机关通过在媒体刊登广告的形式，宣传国家利用税收在社会发展各个领域所取得的成果，让纳税人有成就感，让公民了解国家税收正在被恰当地使用。另一方面，以个人缴税统一账户、居民消费监察体系等为主体的税收监控制度也在积极发挥作用，通过极为严厉的经济处罚使那些偷逃税者得不偿失。印度税收征管方面的一大特点是为了防止偷漏税而建立了一整套详细健全的制度，其内容主要有以下几个方面。

（1）建立离境清税制度。印度税法规定，如果个人离开印度又无返回的意图，应核定其应纳所得税额，若毛所得额不易确定，可由税务官员估计，期限应从核税年度的前一年到其离开的日期为止，并按核税年度的税率进行计算。

（2）对资产转让的严格控制。印度税法规定，如果某人为了逃避缴纳所得税，打算在核税年度出卖、转让、处理资产，其所得额确定应从核税年度的前一年底到按规定开始核征税款止的毛所得。

（3）强制执行个人永久账号制度。印度所有成年公民都必须办理个人永久账号号码，这组10位数的号码会伴随一个人一生的经济活动。凡纳税人必须向税务机关申请个人永久账号。个人永久账号有助于政府监视个人财务往来资讯，如汽车交易、医院记录、饭店消费、银行账户、电话账单、股市交易等都进入政府的档案，这样纳税人的各项收入便无所遁形，一目了然。对于以现金买卖或是地下交易进行的逃税行为，则采取“重点监控”的策略。印度所有公职人员工资都打入银行账户，便于财政部门掌握，包括租房、兼职在内的经济活动也要以支票结算。在一个账号的约束下，印度的公务员不去申报收入是很难过关的。与印度相比，我国公民个人并没有永久性账号，这种情况并不利于税收管理。

（4）税务部门把主要目标锁定在一些“重点对象”上。这些“重点对象”主要包括有可能贪污受贿的高官、经营多家企业的巨富以及到处走穴多以现金结算的演艺人士。税务机关在全国各地编织了一张严密的监控网，重点对这些人的消费进行监控。

（5）印度的发票管理相对宽松。每个商户都会自制符合要求的具有自身特色的发票。在中国这是不允许的，而只能开具国家统一印制的标准格式发票。

3. 违章处理质量比较

各国都有违章处理，但就税收的违章处理质量来看，印度通过构建完善的税收罚款和起诉制度，对税收违法行为实施严厉的处罚制度。更主要的是税收处罚系统的执行质量较高。除缴纳滞纳金的相关规定外，印度建立了较为严厉的处罚制度。按印度税法规定，对不履行下述义务者处以500卢比以下罚款：提供有关证券方面的情况；提交报表、执行通知、公布所得、记录、保存账簿、文件凭证等；发出停止通知；回答问题、签署文件报告、准许检查等；缴纳预付款项；申请永久的税务账号。对违反所得税法一些规定的行为，例如不提交所得税申报表、不出示账簿、不预扣或缴纳税款、有意偷税、怂恿造假、未通过付给收款人支票或银行汇票而从他人那里接受货款或存款金额超过2.5万卢比等，就要处以监禁。对再犯和惯犯，刑罚最短为6个月，最长为7年，亦可并处罚金。若公司发生税务犯罪，主管、负责公司经营业务的任何人一旦认定犯罪，就要相应受处罚。如果犯罪行为是在有关人员不知道的情况下发生的，或者是有关人员已竭力阻止这类犯罪行为，则另当别论。

四、印度税收制度对中国的启示

中印两国的税制差异是很大的。印度税收制度对中国的启示也是很多的。

（一）分税制下税收管理体制启示

印度税收管理体制对印度社会政治经济的稳定及印度国家统一，发挥了关键作用。印度社会政治经济的基本特征之一是多元化，即多民族、多种姓、多语言、多宗教、多政党和多种经济成分。这种多元化特征常会带来民族骚乱、种姓冲突、语言纷争、宗教矛盾、政党斗争、经济纠纷等诸多问题。但印度却没有发生像大国前苏联那样的国家解体，而是在矛盾重重的国内环境中和风云突变的国际环境中保持了国家的统一。究其原因，集权型的管理体制是其重要原因之一。

印度的税收收入主要集中在联邦，联邦政府的经济调控能力极强，即联邦政府运用政府财力调节地域之间差异以及用财政补贴和转移支付等手段促进其经济发展的能力较强。

完善中国税制，稳定不能不是必须要考虑的关键要素。稳定，对大国来说，也可以说是最大的效率。所以，中国要完善分税制财政管理体制，除了理顺中央与地方的税收分配关系，依据事权划分财权外，财政大权一定要集中于中央，中央要保证有足够的调控能力。

（二）税制结构改革方面的启示

印度实行以间接税为主体的税制结构。这说明以间接税为主体的税制结构与发展中国家并不排斥，印度可以，中国更可以。中国实行以间接税和直接税为双主体的税制结构，但总体上，印度直接税和间接税的结构比例比中国更为均衡，就目前而言，中国的间接税比重仍要远大于直接税比重。中国流转税占税收总额的比重过高，所得税占比要比印度低很多。所以，中国现行的税制结构对调节收入分配效应发挥的作用较小。这给中国的税制结构改革指明了一项重要的新的方向战略。

另外，扩展宽税基、严征管的税收原则是中国进行税制结构改革的另一项重要的执行战略。现今的税制改革，不能只是简单地与经济发展挂钩，而将是更多地与税收制度的社会需求、社会问题的解决、地方政府执行职能等公共政策功能结合起来。要建立起地方政府执行职能与社会需求、社会问题的解决间的关联。扩大税基是主要内容。提升财产税和所得税质量，提升财产税估值能力，对重点人员进行所得监控。开征汽车税、遗产税与赠与税等税种。

（三）税收征管启示

结合印度的税收征管模式，中国应在诸多领域推进税收征管的现代化进程。

一是完善先进的配套的纳税信息系统。通过与银行、重要消费场所、证券交易所等机构联网，全面掌握纳税人的信息。凡是纳税公民，都要建立信用记录，并据此确定相应的奖励制度。

二是建立离境清税制度。凡是纳税人离境，必须在税收上没有任何拖欠、偷逃税的嫌疑。以此严厉查处偷逃税者，加大打击偷逃税的力度，增大偷逃税者的预期风险和机会成本。

三是加强税收征管质量。完善征管队伍建设，提高税务征管人员的政治素质和业务素质。对税务人员不能依法治税者，一律严惩。

四是鼓励网上申报，以此降低成本。建立一种纳税人主动申报为主、税务机关协同办税为辅的新型税收征管体制。

重要术语索引表

参考文献

［1］王红晓．德国个人所得税税率的特别设计及对我国的启示［J］．税收经济研究，2011（3）：35－38.

［2］苏毓敏，赵岩．德国公司并购税制：变迁、内容及特点［J］．国际税收，2010（9）：53－56.

［3］郭健．中国税制结构的累进性评价［J］．经济与管理评论，2011（6）：121－126.

［4］德国税收制度简介，2012（6），http：//blog. sina. com. cn/s/blog_ 5379ecc80102e36f. html.

［5］德国联邦统计局（Federal Statistical Office），https：//www. destatis. de/EN/Homepage. html；jsessionid = A8138D1CFCBC4E613F70E1F1BF5005BF. cae4.

［6］德国财经网：财经要闻——德国政府税收收入大幅增长，2013（12），http：//de. xinhua08. com/a/20131211/1283886. shtml.

［7］中国税网：德国——税制概况，2014 年 10 月，http：//www. ctax-news. com. Cn/guojI/guojIfa/Germany/201410/t20141021_ 2550. htm.

［8］德国关于税收的规定，http：//www. rf. hk/company/germany/14566. html.

［9］樊丽明，葛玉御，李昕凝．金砖四国税制结构变迁比较研究［J］．税务研究，2014（1）：72－78.

［10］车贤一．俄罗斯税制改革研究［D］．哈尔滨：黑龙江大学，2013.

［11］樊丽明，李昕凝．世界各国税制结构变化趋向及思考［J］．税务研究，2015（1）：39－47.

[12] 丹尼尔·V. 温尼斯基，张文珍. 俄罗斯联邦税制改革最新趋势[J]. 国际税收，2015 (1)：14－19.

[13] 白晓光. 中俄文化差异对两国经贸合作的影响 [J]. 西伯利亚研究，2012 (5)：30－33.

[14] 方海燕. 新地缘政治视角下的中俄关系研究 [D]. 武汉：湖北大学，2014.

[15] 张新，安体富. 对我国税收信息化现状的反思与国际借鉴 [J]. 税收经济研究，2012 (5).

[16] 刘莹. 政治文化视域下的中俄新型大国关系 [J]. 前沿，2015 (1)：19－26.

[17] 韩婷. 我国资源税存在的问题及对策 [J]. 环球市场信息导报：理论，2014 (6)：13.

[18] 俄罗斯联邦统计局，http：//www. guanfang123. com/website/russia. html.

[18] 杨红燕，陈天红. 英国财政社会保障支出制度结构与公平性分析 [J]. 武汉理工大学学报 (社会科学版)，2013，26 (4)：582－587.

[19] 田德文. 金融危机背景下的英国社会改革 [J]. 当代世界与社会主义，2012 (5)：10－16.

[20] 邹佳倩. 中英个人所得税制比较与启示 [J]. 财会月刊，2010 (8)：90－92.

[21] 王三秀. 英国促进贫困人群可持续就业政策及其借鉴 [J]. 中国行政管理，2011 (2)：94－97.

[22] 卫桂玲. 英国个人所得税制度的特点、作用和借鉴 [J]. 理论月刊，2016 (7).

[23] 熊鹭. 对英国增值税制度的考察与思考 [J]. 南方金融，2014 (5)：50－52.

[24] 英国政府官网：https：//www. gov. uk/.

[25] 英国税务机关和海关总署网站：http：//www. hmrc. gov. uk.

[26] 英国国家财政预算 (2011—2015 年)，HM Treasury，London：

The Stationery Office.

[27] 陈博. 澳大利亚与中国税收结构及税制设计之比较 [J]. 宁波经济: 三江论坛, 2014 (4): 41-47.

[28] 杨树琪, 徐静冉. 澳大利亚矿产资源租赁税政策对中国的启示 [J]. 昆明理工大学学报 (社会科学版), 2012, 12 (5): 60-65.

[29] 池雪, 江春霞. 澳大利亚商品与劳务税简介及与我国增值税比较 [J]. 财会月刊, 2011 (32): 34-36.

[30] 贺燕. 从澳大利亚预算案看税制改革 [J]. 国际税收, 2015 (7): 17-21.

[31] 杰弗里·欧文斯. 税收制度与经济发展保持同步——今后20年中国税制改革面临的挑战 [J]. 李娜 (译). 国际税收, 2015 (1): 34-38.

[32] 王华君. 澳大利亚纳税服务经验及对我国的启示 [J]. 国际税收, 2010 (1): 37-41.

[33] 林艳珊. 降低我国税收成本的探研 [J]. 税收征纳, 2010 (9): 7-9.

[34] 宋雷娟. 澳大利亚未来税制的主要设计与启示 [J]. 理论月刊, 2013 (4): 184-188.

[35] 娄彦冰. 我国税务信息化问题研究 [D]. 郑州: 郑州大学, 2014: 1-56.

[36] 栾斌. 我国税务信息化建设研究 [D]. 大连: 东北财经大学, 2010: 1-38.

[37] 彭天乐. 论我国税收征管制度的改革与完善 [D]. 长沙: 湖南大学, 2012: 1-38.

[38] 澳大利亚财政部, http://www.treasury.gov.au/.

[39] 澳大利亚税务局, http://www.ato.gov.au/.

[40] 澳大利亚统计局, http://www.abs.gov.au/.

[41] 崔景华. 美国近年财税改革经验与借鉴 [J]. 财会研究, 2008 (5): 28-30.

[42] 陈日生, 陆岩. 美国税制的借鉴和启示 [J]. 国际税收, 2012

(9): 36 - 40.

[43] 张友斗，苗杨，张帆. 美国税制结构特点分析及对我国的启示 [J]. 国际税收, 2013 (11): 39 - 43.

[44] 孙钰明. 中美税法之比较研究 [D]. 广州: 华南师范大学, 2004.

[45] 肖怡. 中美税制的差异 [D]. 成都: 西南财经大学, 2011.

[46] 刘溶沧. 税制改革的国际比较研究 [M]. 北京: 中国财政经济出版社, 2002.

[47] 刘畅. 美国财政史 [M]. 北京: 社会科学文献出版社, 2013.

[48] 高培勇. 世界主要国家财税体制 [M]. 北京: 中国财政经济出版社, 2010.

[49] 陈共. 美国财政政策的政治经济分析 [M]. 北京: 中国财政经济出版社, 2002.

[50] 杨志勇. 公共经济学 [M]. 北京: 清华大学出版社, 2013.

[51] 袁冰，李建军. 美国的税收征管制度及其启示 [J]. 公共经济与政策研究, 2015 (1).

[52] 陈旭东. 国际比较视角下中国宏观税负水平客观分析 [J]. 现代财经: 天津财经大学学报, 2012 (3).

[53] 王桦宇. 文化演进、制度变迁与税收法治——法理语境下的中美税制比较 [J]. 东方法学, 2013 (5): 87 - 103.

[54] 肖捷. 走出宏观税负的误区 [J]. 中国改革, 2010 (10): 8 - 13.

[55] 中国国家统计局网站: http: //www. stats. gov. cn.

[56] 美国政府税收网站: http: //www. usgovernmentrevenue. com.

[57] 美国国家税务局网站: http: //www. irs. gov.

[58]《2015 年国民经济和社会发展统计公报》, http: //www. stats. gov. cn/tjsj/zxfb/201602/t20160229_ 1323991. html.

[59] 崔成，明晓东. 日本财税体制及借鉴 [J]. 中国经贸导刊, 2015 (1): 51 - 55.

[60] 宋兴义. 中日现代税制结构比较研究 [J]. 日本问题研究,

2010, 24 (3): 1－6.

［61］包蕾. 日本税收制度对我国税务发展的启示［J］. 冶金财会, 2015 (7): 51－52.

［62］王晓丹. 日本消费税改革及对我国的启示［J］. 北方经济, 2014 (4): 92－94.

［63］刘广献. 日本税制改革及其经济效应研究［D］. 保定: 河北大学, 2014: 28－33.

［64］王长宇. 中国税收成本问题研究［D］. 北京: 首都经济贸易大学, 2016: 1－1.

［65］日本国税厅官方网站: http: //www. nta. go. jp/.

［66］郭健. 发达国家税制结构变迁路径、成因及启示［J］. 宏观经济研究, 2015 (6): 152－159.

［67］景丽. 发达国家税制结构特点及成因分析: 法美比较的视角［D］. 济南: 山东大学, 2014.

［68］靳东升. 法国个人所得税制度及征管［J］. 国际税收, 2007, 234 (12): 27－31.

［69］吴宇晖, 张在茂. 税收分权体制之国际比较研究［J］. 税务与经济, 2008 (5): 51－55.

［70］代灵敏. 中国税制优化研究［D］. 成都: 西南财经大学, 2014.

［71］崔军. 从法国个人所得税制度看我国的个人所得税改革［J］. 国家行政学院学报, 2000 (4): 89－93.

［72］杨明柱. 法国的公司所得税［J］. 中国税务, 2001 (8): 24－25.

［73］中华人民共和国财政部网站: http: //www. mof. gov. cn/mofhome/guojisi/Pindaoliebiao/cjgj/201309/t20130927_ 994351. html.

［74］法国财政部网站: http: //www. economie. gouv. fr/.

［75］法国税务局网站: http: //www. impots. gouv. fr/portal/static/.

［76］中国税收科研代表团. 韩国金融税制及其启示［J］. 国际税收, 2007 (11): 37－41.

[77] 张永学. 韩国税收负担研究 [D]. 长春: 吉林大学, 2011.

[78] 贾慧姝. 韩国税收面面观 [J]. 中国社会导刊, 2007 (23): 53-55.

[79] 伦玉君, 张立球, 靳东升. 韩国增值税制度及借鉴 [J]. 国际税收, 2012 (1): 46-50.

[80] 林姬善. 借鉴韩国经验完善地方税制 [J]. 会计之友, 2006 (11): 94-95.

[81] 朴姬善. 中韩地方税制比较及对策研究 [J]. 延边大学学报 (社会科学版), 2008, 41 (2): 108-112.

[82] 黄岩. 中韩房地产企业税制比较研究 [D]. 延吉: 延边大学, 2012.

[83] 罗文海. 中韩企业税制优化比较研究 [D]. 延吉: 延边大学, 2010.

[84] 戚骥. 中韩税法的若干比较 [J]. 吉林省经济管理干部学院学报, 2006, 20 (3): 42-45.

[85] 汤志水. 中国税收征管效能研究 [D]. 南昌: 江西财经大学, 2011.

[86] 车悦. 当前我国税务体制存在的问题及对策研究 [D]. 延吉: 延边大学, 2014.

[87] 孟红. 中韩个人所得税法比较研究 [D]. 济南: 山东大学, 2008.

[88] 景然. 中国与加拿大个人所得税比较分析 [D]. 首都经济贸易大学, 2013.

[89] 湛志伟. 加拿大对文化产业的税收优惠 [N]. 光明日报, 2013-05-02.

[90] 李忠, 沈宏, 陈伟. 加拿大环境税对我国的启示 [J]. 中国经贸导刊, 2013 (28): 47-50.

[91] 陈金保, 邢堃. 加拿大税收信用体系中的 “自我遵从” 和 “失信惩戒” [J]. 国际税收, 2008 (3): 42-46.

［92］查弦．加拿大税收征管对我国的借鉴［D］．成都：西南财经大学，2013.

［93］孙杰．完善我国税收信用体系的构想——借鉴美国、加拿大经验［J］．财政监督，2012（11）：64－65.

［94］王国璋．加拿大的地方税制及对我国税收征管的启示［J］．福建税务，2002（10）：25－27.

［95］刘晟，康东升，路昭亮．浅论中国房产税试点地区与加拿大房产税税收的比较［J］．中小企业管理与科技旬刊，2013（10）：67－68.

［96］田敬文．加拿大的税收执法监督及其启示［J］．国际税收，2004（7）：53－56.

［97］刘京焕．新加坡税制［M］．北京：中国财政经济出版社，2006.

［98］秦强．新加坡现行税制［J］．国际商务财会，2006（6）：49－51.

［99］苏毓敏，贺琛，汪卓妮．泛北部湾次区域合作中的税收协调问题研究——以中国与新加坡的税制分析为例［J］．广西师范大学学报（哲学社会科学版），2013，49（2）：8－12.

［100］国家税务总局网：http：//www. chinatax. gov. cn/.

［101］中央政府网：http：//www. gov. cn/.

［102］新加坡税务局网站：https：//www. iras. gov. sg/.

［103］新加坡财政部网站：http：//www. mof. gov. sg/.

［104］新加坡政府官网：https：//www. gov. sg/.

［105］新加坡统计局网站：http：//www. singstat. gov. sg/.

［106］朱利荣．降低中国税收成本的有效途径探讨［J］．社会科学战线，2012（3）：255－256.

［107］樊丽明，葛玉御，李昕凝．金砖四国税制结构变迁比较研究［J］．税务研究，2014（1）：72－78.

［108］朱志钢，高梦莹．论直接税与间接税的合理搭配［J］．税务研究，2013（6）：46－49.

［109］高继红．通过中印税制的比较研究国内建筑业的“营改增”问题——以国内某大型建筑施工企业为例［J］．时代金融旬刊，2014（11）：260－261.

［110］董根泰．我国宏观税负国际比较：一种基于可比性的分析［J］．财贸经济，2014（4）：30－37.

［111］国家发改委经济研究所课题组，许生，李世刚．我国宏观税负研究——我国宏观税负研究［J］．经济研究参考，2014（2）：3－42.

［112］葛玉御，樊丽明．印度税制结构嬗变分析［J］．国际税收，2015（4）：43－47.

［113］刘佐．中国直接税与间接税比重变化趋势研究［J］．财贸经济，2010（7）：2－9.

［114］刘丁菲．中国税制结构及优化问题的探讨［J］．财经界（学术版），2015（12）：333－333.

［115］印度财政部：Indian Public Finance Statistics 2015－2016，http：//dea. gov. in/sites/default/files/IPFS%20English%202015－16. pdf.